Behnam T. Said

Islamischer Staat

IS-Miliz, al-Qaida und die deutschen Brigaden

C.H.Beck

Mit 6 Abbildungen und 1 Karte

Originalausgabe
2., aktualisierte Auflage. 2014
© Verlag C.H.Beck oHG, München 2014
Satz: Fotosatz Amann, Memmingen
Druck und Bindung: Pustet, Regensburg

Umschlaggestaltung: Geviert – Grafik &Typografie, Andrea Janas
Umschlagabbildung: Propagandabild des «Islamischen Staats in
Irak und Syrien» kurz vor der Einnahme von Mosul im Juni 2014.
© Rafael Yaghobzadeh / picture alliance / abaca

Gedruckt auf säurefreiem, alterungsbeständigem Papier
(hergestellt aus chlorfrei gebleichtem Zellstoff)
Printed in Germany
ISBN 978 3 406 67210 1

www.beck.de

Inhalt

Abkürzungen	7
Vorwort	9
Einleitung	13
1. Syrien und das lange Gedächtnis des Jihads	**17**
Die Formierung der militanten Islamisten	20
Hama – eine Stadt erhebt sich (1963–1964) 20 – Aufbauphase (1964–1976) 24 – Bürgerkrieg (1976–1982) 26 – Krieg in Hama (1982) 33	
Die zweite Generation	35
Der Irakkrieg: Auftakt zum zweiten syrischen Jihad	41
Der Arabische Frühling und die jihadistische Bewegung	48
2. Der zweite syrische Jihad und der Irak	**56**
Die al-Nusra-Front	56
Der Islamische Staat in Irak und Syrien	65
ISIS und die syrischen Rebellengruppen	71
Al-Qaida oder ISIS – wer errichtet das Kalifat?	81
Zwietracht unter den Ideologen des Jihads	91
Hölle auf Erden: ISIS kehrt zurück ins Stammland	98
Grenzenlos: Der Islamische Staat im Aufwind	106
Internationale Brigaden	109
Exkurs: Der Spanische Bürgerkrieg 109 – Ausländische Kämpfer in Syrien 111	

3. Deutsche im syrischen Jihad — 118
Das Netzwerk Millatu-Ibrahim — 118
Radikaler Prediger aus Wien: Mohamed Mahmoud 118 – Ex-Rapper aus Berlin: Denis Cuspert 121 – Der Weg in die Illegalität 125
Eine Reise nach Syrien — 131
Offizieller Anschluss an ISIS — 134
Die Auswanderer: Zum Kampf auf dem «Boden der Ehre» — 137
Jihadisten in Deutschland: Spenden, Facebook und Gebete — 146
Endzeitkampf in Sham: Appell an die Daheimgebliebenen 146 – Spenden aus der salafistischen Szene 154 – Frontenwechsel 158
Die Märtyrer: auf dem Weg ins Paradies? — 161
Die Rückkehrer: traumatisiert oder radikalisiert? — 167

4. Krieg um Syrien: Geopolitische Interessen — 175
Die Unterstützer al-Asads — 176
Die Gegner al-Asads — 183

Ausblick: Jihad vor den Toren Europas — 190

Zeittafel — 198
Karte — 202
Anmerkungen — 204
Literaturhinweise — 213
Bildnachweis — 219
Register — 220

Abkürzungen

AAB	ʿAbdullah-ʿAzzam-Brigaden
AAH	ʿAsaʾib Ahl al-Haqq (Liga der Leute des Rechts)
AAI	Ansar al-Islam (Unterstützer des Islams)
AQAH	al-Qaida auf der Arabischen Halbinsel
AQI	al-Qaida im Irak
AQM	al-Qaida im islamischen Maghreb
FSA	Freie Syrische Armee
GIA	Groupe Islamique Armé (Bewaffnete Islamische Gruppe)
IBU	Islamische Bewegung Usbekistans
IF	Islamische Front
IS	Islamischer Staat
ISI	Islamischer Staat im Irak
ISIS	Islamischer Staat in Irak und Syrien
JaN	Jabhat al-Nusra (Unterstützungsfront)
MB	Muslimbruderschaft, Muslimbrüder
MI	Millatu-Ibrahim (Die Gemeinschaft Abrahams)
PYD	Partiya Yekitîya Demokrat (Partei der Demokratischen Union)
YPG	Yekîneyên Parastina Gel (Volksverteidigungseinheiten der PYD)

Vorwort

Als ich 2005 im Rahmen meines Studiums Syrien bereiste und dabei neben Damaskus auch Maalula, Aleppo, Hama und Palmyra besuchte, war das Land für mich – wie auch für viele andere Studenten der arabischen Sprache und der Islamwissenschaft aus aller Herren Ländern, die sich dort tummelten – ein kleines Paradies. Ein Paradies der Architektur, der Kultur, der geschichtsträchtigen Plätze, der kulturellen und religiösen Vielfalt und natürlich der kulinarischen Genüsse. Sicher, wir wussten von dem alles beherrschenden Machtapparat des syrischen Staates, und ja, wir hatten auch in unserem Haus in der Damaszener Altstadt Besuch von einem Vertreter des syrischen Sicherheitsapparats erhalten, der sich informieren wollte, wer alles in dem Haus wohnte. Auch bei Reisen mit dem Überlandbus wurde akkurat verzeichnet, wer von wo wohin fahren wollte. In den Straßen der Städte und auch auf dem Land war auffallend viel Polizei präsent. All das gab mir aber merkwürdigerweise nicht das Gefühl der Überwachung, sondern eher der Sicherheit. Es zeigte jedoch auch, dass die Herrschenden offensichtlich der eigenen Bevölkerung misstrauisch gegenüberstanden. Dies hatte historische Gründe, wie mir später klar wurde.

Als ich Hama besuchte, sah ich die wunderschönen, mehrere hundert Jahre alten, riesigen Wasserräder am Orontes. Bis auf diese Zeugen längst vergangener Tage fanden sich jedoch wenig historische Gebäude. Die Erklärung hierfür lag, wie ich später erfuhr, in der Bombardierung und dem Beschuss der Stadt im Februar 1982 durch die Truppen Hafiz al-Asads, die damit einen Aufstand der Muslimbruderschaft und weiterer Islamisten zerschlagen wollten, letztlich jedoch Hama in Schutt und Asche legten. Ich hatte bis dahin nie von diesem Ereignis gehört und spürte, dass man in Syrien selbst besser nicht darüber reden sollte. Ein Mantel des Schweigens und des Vergessens hatte sich – zumindest scheinbar – über die damaligen Ereignisse gelegt. Seitdem war in Syrien oberflächliche Ruhe eingekehrt. Damals, im Jahr 2005, tobte im Nachbarland Irak der Krieg gegen die US-Koalitionstruppen, dazu ein interkonfessioneller Krieg zwischen Sunniten und Schiiten. Die Auswirkungen machten sich in Syrien bemerkbar. Mit unserem Vermieter besuchten meine Frau und ich eine irakische Flüchtlingsfamilie in Damaskus. Eine von vielen zu jener Zeit. Syrien war für sie ein Ort der Stabilität und bot den Kriegsgepeinigten Aussicht auf Frieden und Sicherheit.

Nur sechs Jahre später brach der Aufstand eines Teils der syrischen Bevölkerung gegen das Regime von Bashar al-Asad aus, der mit brutaler Gewalt auf den zunächst völlig friedlichen Protest reagierte und mich mit diesem Vorgehen regelrecht schockierte. Dies war nicht das Syrien, das ich kennengelernt hatte – glaubte ich. Nach und nach glitt das Land in den Bürgerkrieg ab, mit internationaler Beteiligung. Die Gräben zwischen den Syrern, jenen Leuten, die ich als friedliche und ausgesprochen nette Menschen kennenlernen durfte, vertieften sich, und es ist heute kaum anzunehmen, dass Syrien jemals wieder das Land sein wird, das sich mir darbot.

Die Rebellion wurde insbesondere ab 2012 verstärkt von islamistischen und jihadistischen Milizen dominiert. In diesem Zusammenhang erinnerte ich mich an den Aufstand der Islamisten, der in Hama, Aleppo und auch in anderen Städten stattgefunden hatte, und es stellte sich mir zunehmend die Frage nach den historischen Wurzeln der islamistischen Militanz in Syrien. Hinzu kam mein beruflicher Blick auf den Jihadismus in Deutschland, denn dieser war – durch die Tätigkeit beim Verfassungsschutz – unmittelbar mit Syrien verknüpft, da immer mehr Deutsche nach Syrien reisten, um sich dort dem «Jihad» gegen Bashar al-Asads Regime und dessen Verbündete aus Iran, Irak und Libanon anzuschließen.

Um die geschichtlichen Zusammenhänge der jihadistischen Bewegung in Syrien, die derzeitigen schier unübersehbaren Ereignisse in Syrien und Irak sowie die Verbindung zu Deutschland und

Vorwort

Europa verständlich zu machen, beschloss ich, dieses Buch zu schreiben, das jedoch keine Studie über den syrischen Bürgerkrieg im Allgemeinen oder über die weiteren politischen Hintergründe des Aufstandes gegen das al-Asad-Regime ist. Zu diesen Themen bieten sich etwa die beiden 2013 erschienenen Bücher von Emile Hokayam und von Edlinger/Kraitt (Hrsg.) an.

Fast täglich ergeben sich im syrischen Krieg – der sich mittlerweile auch auf den Irak ausgeweitet hat – neue, teils wichtige, teils kurzlebige Entwicklungen, die es zunächst zu dokumentieren galt, um sie dann nach der tatsächlichen Relevanz und ihren langfristigen Auswirkungen zu gewichten. Diese Aufgabe gestaltete sich nicht einfach, und so bleibt es nicht aus, dass nicht sämtliche Entwicklungen im Detail berücksichtigt werden können.

Man hätte dieses Buch auch erst in einigen Jahren, aus der Retrospektive, verfassen können, und sicherlich würde dann einiges anders bewertet und eingeordnet werden. Doch erschien es mir wichtig, eben die jüngsten Ereignisse festzuhalten – andere Autoren mögen dann später darauf aufbauen.

Grundlagen des Buches sind zum einen Sekundärquellen wie Zeitungsartikel, Analysen von Experten sowie diverse Monographien. Zum anderen sind es deutsche und arabische Primärquellen, also Stellungnahmen, Videos, Tweets (Einträge auf Twitter) und Ähnliches, die von jihadistischen Netzwerken, Organisationen und Einzelpersonen veröffentlicht wurden. Die Literaturangaben zu den einzelnen Kapiteln berücksichtigen diese Primärquellen nicht; Letztere sind im Fließtext benannt.

Anliegen des Buches ist es, fachlich korrekte Informationen einem größeren Publikum in allgemeinverständlicher Form zugänglich zu machen. Die wissenschaftliche Darstellung tritt daher zugunsten einer besseren Lesbarkeit zurück. Die Umschrift der arabischen Namen und Begriffe folgt im Wesentlichen der im Englischen üblichen Notation ohne Zusatzzeichen – bis auf Ain (‘) und Hamza (’) –, außer bei Wörtern, die inzwischen im Deutschen sehr geläufig sind, etwa Scharia.

An dieser Stelle möchte ich mich bei allen bedanken, die mir während der Arbeit an diesem Buch geholfen haben: Insbesondere Claudia Dantschke vom Zentrum Demokratische Kultur gab mir zahlreiche und wertvolle Hinweise zur deutschen Jihadistenszene und begleitete die Arbeit an diesem Buch stets mit konstruktivem und kritischem Blick. Joas Wagemakers gab mir Antworten auf wichtige Fragen zu Abu Muhammad al-Maqdisi. Torsten Voß und Hartmut Licht ermöglichten und unterstützten die Arbeit an diesem Projekt. Tilman Seidensticker stellte den Kontakt zum Verlag C. H. Beck her, wo Ulrich Nolte und Petra Rehder das Manuskript zielstrebig und sorgsam betreuten. Zuletzt danke ich meiner Frau Nilab Said, die mir bei diesem Buch wie bei vielen anderen Projekten immer als große Unterstützerin, Ratgeberin und kluge Diskussionspartnerin zur Seite stand.

Hamburg, im September 2014
Behnam T. Said

Einleitung

Wer sind die Terroristen? Die Amerikaner sind die Terroristen! Darum habe ich mich «Abu Usama» genannt. Jeder hat eine *kunya* [nom de guerre] im Jihad. Weil ich Usama Bin Ladin liebe. Warum? Er hat den Köpfen der Ungerechtigkeit einen Schlag verpasst.

Dies sagte nicht etwa ein Terrorist aus Saudi-Arabien, Ägypten oder Pakistan, sondern ein junger Mann in Syrien mit einem rötlichen Vollbart – zu spärlich, um das ganze Gesicht zu bedecken –, einer Kalaschnikow und einem schwarzen, «Pakol» genannten Hut, wie ihn Männer in Afghanistan gerne tragen. Er spricht in akzentfreiem Deutsch in die Kamera. Sein Name: Philipp B. Sein Herkunftsort: Dinslaken in Nordrhein-Westfalen.

Das erwähnte Video ist Teil einer Serie mit dem Titel «Fenster zum Boden der Schlachten». Die Reihe wurde vom «Islamischen Staat in Irak und Syrien» (ISIS), früher al-Qaida im Irak, herausgegeben, jener Miliz, die am 29. Juni 2014 die Wiederauferstehung des Kalifats verkündete.[1] Für eben diese Gruppe sprengte sich am 18. Juli 2014 ein aus Deutschland stammender Mann mit dem Kampfnamen Abu al-Qaʿqaʿ zusammen mit einem weiteren Attentäter in Bagdad in die Luft.

Deutsche in den Reihen von jihadistischen Kampfverbänden in Syrien und Irak sind kein Einzelphänomen.

Über die Zahl der europäischen «Gotteskrieger», die sich aufseiten islamistischer Gruppen am syrischen und irakischen Bürgerkrieg beteiligen, können zwei Aussagen getroffen werden: Niemand kennt sie exakt, und sie steigt seit 2012 stetig.

Neben der schwierigen Erfassung der genauen Anzahl von Kämpfern (siehe Kapitel «Ausländische Kämpfer in Syrien») ergibt sich eine weitere wichtige Problematik: Was genau die Ausgereisten in Syrien und Irak machen, bleibt oft verborgen. In einigen Fällen erscheinen sie in Videos einer Organisation als Kämpfer, in anderen Fällen bestätigen Todesmeldungen einschlägiger Kampfgruppen, teilweise auch mit Bildern, die Vermutung einer Jihad-Reise. Doch es bleiben eben auch jene Fälle, in denen nicht klar ist, ob jemand beispielsweise ausschließlich humanitäre Hilfe leistet oder sich an Kämpfen beteiligt oder auch beides parallel betreibt.

Syrien und Irak haben sich in den letzten zwei Jahren zu Prestigezielen von Jihadisten aus aller Welt, unter anderem auch aus Deutschland, entwickelt. Sie wollen an dem Kampf auf dem «Boden der Ehre», wie es in ihrer Terminologie heißt, teilhaben, und nicht selten streben sie das «Martyrium» (*istishhad* bzw. *shahada*) an, um sich einen Platz auf der obersten Stufe des Paradieses, im *firdaus*, zu sichern. Dort, so glauben sie, werde ihnen durch Gott besondere Ehre zuteil werden. Dabei sind sie nicht nur bereit, den eigenen Tod inkaufzunehmen, sondern auch den anderer Menschen – Soldaten wie Zivilisten. Sie sind bereit, mitzuwirken an einem Krieg, der nicht gewonnen werden kann, sondern nur größeres Leid für die Zivilbevölkerung erzeugt. Es handelt sich bei den ausländischen Jihad-Aspiranten oftmals um junge Männer zwischen 18 und 29 Jahren. Einige von ihnen mögen daher sogar von einer jugendlich-naiven Vorstellung getrieben werden, der unterdrückten Bevölkerung zu Hilfe zu eilen. Andere wiederum wandern aus und kämpfen, weil sie es für eine religiöse Verpflichtung halten, und nicht wenige lockt die Aussicht, beim Aufbau eines islamischen Staates oder sogar bei der Errichtung und nunmehr Ausgestaltung des vermeintlichen Kalifats, das ISIS mittlerweile ausgerufen hat, mitwirken zu können. Es ist eine Generation, die hofft, auf den Spuren der «frommen Vorfahren» (*al-salaf al-salih*), jener ersten drei Generationen ab Muhammad, wandeln zu können. Sie wollen die ur-islamische Gemeinschaft wiederaufleben lassen, einen perfekten islamischen Staat errichten und den Islam von allem «reinigen», was an ihm in den letzten Jahrhunderten an Aberglaube, Volksglaube und sonstigen «unislamischen» Traditionen haften geblieben ist. Für diese Utopie sind sie bereit zu töten und getötet zu werden.

Einleitung

Doch was ist das eigentlich für ein Krieg, an dem sich deutsche Jugendliche und junge Erwachsene beteiligen? Was genau sind die Wurzeln des «Jihads» in Syrien, und wie hängt er mit der heutigen globalen Bewegung des Jihadismus und insbesondere mit der Entwicklung im Irak zusammen?

Das vorliegende Buch möchte diese und weitere Fragen beantworten. Im ersten Abschnitt wird zunächst die bis in die 1960er Jahre zurückgehende Geschichte des ersten Jihads in Syrien dargestellt und anschließend die Querverbindung zwischen dem Irakkrieg ab 2003 und dem heutigen Krieg in Syrien geschildert. Zudem werden die Auswirkungen des Ende 2010, Anfang 2011 begonnenen «Arabischen Frühlings» auf den Jihadismus beschrieben. Der folgende Teil behandelt den zweiten syrischen Jihad und die aktuellen Entwicklungen im Irak ausführlich. Dabei wird unter anderem die Entstehungsgeschichte der Milizen Jabhat al-Nusra und Islamischer Staat in Irak und Syrien nachvollzogen sowie deren konfliktreiches Verhältnis zueinander beleuchtet. Das Kapitel schließt mit einem Blick auf die internationale Beteiligung von Kämpfern am syrischen Bürgerkrieg. Im dritten Teil stehen die deutsche jihadistische Bewegung und ihre Beteiligung am syrischen Bürgerkrieg sowie die Problematik der Rückkehrer im Fokus. Dazu wird zunächst die Geschichte der unheilvollen Verbindung von Mohamed Mahmoud und Denis Cuspert sowie die Entstehung des Netzwerkes Millatu-Ibrahim in Deutschland nachvollzogen. Das abschließende vierte Kapitel analysiert die Interessen verschiedener Staaten im syrischen Konflikt, da dieser ohne die Beschreibung der geopolitischen und strategischen Interessen nicht vollständig erklärbar wäre. Insbesondere hieraus wird ersichtlich, dass in Syrien mehr als ein interner Bürgerkrieg stattfindet und dass die Krise äußerst vielschichtig und komplex ist, weshalb eine Lösung nicht ausschließlich in Syrien selbst ansetzen kann, sondern auch die vielen beteiligten Staaten miteinbeziehen muss.

Das Buch geht bewusst nicht näher auf die Verdienste und den Mut der syrischen Demokratiebewegung ein, die sich ab März 2011 formierte und deren Anhänger zunächst friedlich ihr Menschenrecht auf Versammlungsfreiheit und freie Meinungsäußerung in Form von Demonstrationen und Versammlungen wahrnahmen und ihr Eintreten für Freiheit und Menschenwürde nicht selten mit ihrer Gesundheit, ihrem Hab und Gut oder gar mit dem Leben bezahlen mussten. Ihre Geschichte kann und soll in diesem Band nicht erzählt werden, zum einen, weil eine angemessene Aufarbeitung der komplexen Entwicklung der syrischen Oppositionsbewegung den Rahmen des Themas «Jihad» sprengen und hiervon ablenken würde, zum anderen, um die demokratische Opposition eben nicht in Verbindung mit den hier beschriebenen islamistisch-jihadistischen Bewegungen zu bringen.

Dieses Buch erzählt auch nicht die Geschichte der humanitären Tragödie, die sich insbesondere in Syrien, aber auch im Irak abspielt und die sich auf alle Anrainerstaaten auswirkt, die an die Grenze ihrer Aufnahmekapazitäten gekommen sind. Doch sei an dieser Stelle an alle jene unschuldigen Opfer dieses Krieges, insbesondere auch Kinder, erinnert, deren Leid eine Mahnung und Verpflichtung für die internationale Gemeinschaft zur schnellen und effektiven Hilfe sein sollte.

1.
Syrien und das lange Gedächtnis des Jihads

22 Millionen Menschen lebten in Syrien vor Ausbruch des Krieges. Davon gehörten etwa 65 % der sunnitischen Glaubensrichtung des Islams an. Ethnische und religiöse Minderheiten im Land sind Christen (10 %), Kurden (10 %), Schiiten, Drusen und Ismaeliten sowie Alawiten, die auch Nusairier genannt werden und etwa 10–12 % Anteil an der Gesamtbevölkerung stellten. Die in Syrien herrschende al-Asad-Familie gehört den Alawiten an und stammt, wie viele andere Alawiten auch, aus der Provinz Latakia im Westen des Landes. Wirtschaftlich und politisch waren die Alawiten zunächst eine marginalisierte Randgruppe. Oftmals waren sie Landarbeiter im Dienste sunnitischer Großgrundbesitzer. Ihre Lage änderte sich jedoch nach dem Militärcoup vom 8. März 1963. Staatsstreiche gehörten im damaligen Syrien beinahe zum politischen Alltag, allein 1963 fanden vier weitere Versuche eines Coup d'état statt. Doch der Putsch vom 8. März 1963 veränderte die gesellschaftlichen, wirtschaftlichen und politischen Strukturen grundlegend. Er läutete den Beginn der Herrschaft der Hizb al-Ba'th (Partei der Wiedergeburt) ein und sorgte für einen grundlegenden Elitenwandel: Die Alawiten waren im Militär und auch in der Ba'th-Partei in besonders hohem Maße vertreten, da sie sich von der Zugehörigkeit zu diesen Institutionen einen sozialen Aufstieg versprachen. Und in der Tat wurden mit der Machtausdehnung des Militärs und der Ba'th-Partei die alten sunnitischen Machtzirkel verdrängt, und die religiösen Minderheiten aus ländlichen Regio-

nen erlebten einen plötzlichen und unerwarteten Aufstieg. Insbesondere Alawiten aus der Heimatprovinz der Familie al-Asad, Latakia, profitierten von diesem Wandel. Hafiz al-Asad war als Angehöriger des syrischen Militärs maßgeblich am Putsch beteiligt. In den darauf folgenden Jahren ging er aus einer Reihe heftiger interner Machtkämpfe in Armee und Baʿth-Partei schließlich als Gewinner hervor und konnte 1970 seinen letzten Widersacher – und ehemaligen Weggefährten – Salah Jadid verhaften lassen und sich selbst an die Spitze des Staates stellen.

Im Jahr 1975 lag der lange Machtkampf mit den ehemaligen Kameraden und Mit-Putschisten bereits fünf Jahre zurück, und die Bedrohung für die Position al-Asads kam nun eher von anderen Seiten als der eigenen Armee oder der Baʿth-Partei: Ein Mann, der ihn ständig herausforderte, war der Islamist Marwan Hadid. Nun, 1975, wurde al-Asad darüber informiert, dass es dem Geheimdienst nach langer Fahndung gelungen war, Hadid, der in den Augen des Regimes ein gefährlicher Aufrührer und Terrorist war, festzunehmen. Al-Asad begab sich kurz nach der Meldung ins Gefängnis, um Hadid zu treffen. Er wusste, dass dieser nützlicher war, wenn er ihn auf seiner Seite hätte. Dann würden die Islamisten vielleicht endlich von ihrem Ziel abrücken, seine Herrschaft zu beenden, und ihren permanenten Widerstand gegen das Regime aufgeben, womit al-Asad eine weitere Bedrohung aus dem Weg geräumt hätte. Dies mögen die Gedankengänge des damals 45-jährigen al-Asad gewesen sein, als er Hadid in die Augen schaute und ihm das Angebot unterbreitete, ihn freizulassen, wenn er sich im Gegenzug bereit erkläre, die Waffen niederzulegen. Hadid brauchte nicht lange, um zu antworten: «Ich bin einverstanden, unter der Bedingung, dass du mir hilfst, in Syrien einen islamischen Staat zu errichten.» Al-Asad war erbost! Die Macht, die er sich mühsam errungen hatte, lag fest in seinen Händen, und nun stellte ein politischer Gefangener ihm eine Bedingung, deren Erfüllung das Ende seiner Herrschaft und des politischen Systems bedeutet hätte. Nicht eine Minute länger wollte er hier verschwenden. Wortlos verließ der Präsident Syriens den Raum und ließ Hadid im Gefängnis zurück, wo er bald darauf starb.

Die Schilderungen basieren auf einem Artikel, der in *Saut al-Jihad* (Stimme des Jihads) erschienen ist, einem jihadistischen Onlinemagazin von al-Qaida auf der Arabischen Halbinsel (AQAH), also jener Qaida-Filiale, die im Jemen operiert, wobei die Mitglieder oft saudische Staatsbürger sind. Die elfte Ausgabe von *Saut al-Jihad* enthielt einen mehrere Seiten langen Artikel, in dem Hadids Lebensgeschichte erzählt wurde. Dabei kann wohl nicht jede der dort gegebenen Informationen als historischer Fakt gewertet werden, doch bemerkenswert ist allein der Umstand, dass der al-Qaida-Ableger fast 30 Jahre nach dem Tod eines syrischen islamistischen Oppositionellen diesem einen eigenen Artikel widmete, der voll des Lobes für den Verstorbenen war. So heißt es etwa, Hadid sei der «Führer der jihadistischen Bewegung in Syrien» gewesen, «ein Held, der die Wahrheit kannte und ihr folgte […]. Ein feinsinniger Dichter, ein wahrhaftiger Muslim und ein standhafter Berg im Angesichte der Tyrannei des Abfalls vom Islam, des Unglaubens und der Unsittlichkeit».

Der Artikel veranschaulicht, dass der Person Hadid und der mit ihm verbundenen Geschichte des syrischen Jihads seitens der jihadistischen Bewegung immer noch große Bedeutung beigemessen wird; gezielt versucht man auch heute noch, Hadid und den syrischen Jihad im kollektiven Gedächtnis der Jihadisten wachzuhalten. Hieraus wird ersichtlich, dass der moderne Terrorismus von al-Qaida kein Phänomen im luftleeren Raum ist, sondern sich über Jahrzehnte zu dem entwickelt hat, was der Westen spätestens am 11. September 2001 schmerzhaft kennengelernt hat.

Heute, fast 40 Jahre nach Hadids Tod, scheint sich dessen Vermächtnis im Bürgerkrieg in Syrien nun voll zu entfalten: Jihadistische Gruppierungen wie Jabhat al-Nusra (Unterstützungsfront) und IS (Islamischer Staat, vormals Islamischer Staat in Irak und Syrien) konnten von der Gewalt, die zunächst allein von Bashar al-Asads Regime ausging, profitieren und sich als feste Größe im syrischen Aufstand etablieren. Es scheint fast so, als wären die syrischen Jihadisten nach einem Tiefschlaf kräftiger und aggressiver als zuvor wieder erwacht. Der Albtraum Hafiz al-Asads holt nun dessen Sohn Bashar al-Asad ein.

Im Folgenden werden die Geschehnisse und Entwicklungen des

Kampfes zwischen Regime und islamistischen Aufständischen nachgezeichnet, um dann anhand der Person Abu Musʿab al-Suri, eines wichtigen Vertreters der zweiten Generation syrischer Jihadisten, aufzuzeigen, wie der lokal-jihadistische Aufstand gegen al-Asad ab den 1980er Jahren eine zunehmend globalere Ausrichtung annahm.

Die Formierung der militanten Islamisten

Hama – eine Stadt erhebt sich (1963–1964)

Der Umsturz vom 8. März 1963 bedeutete nicht nur eine leichte politische Kurskorrektur, sondern den Machtverlust der traditionellen urbanen sunnitischen Eliten. Insofern ist es kaum überraschend, dass sich die Opposition gegen das neue Regime insbesondere in den Zentren dieser sozialen und wirtschaftlichen Verlierer des Umbruchs formierte. Ein solches sunnitisches Zentrum war etwa die uralte, seit der Eisenzeit besiedelte Stadt Hama, am Ufer des Nahr al-Asi, der in früheren Zeiten als Orontes bekannt war. Die ablehnende Haltung gegenüber der Baʿth-Regierung und ihren Maßnahmen, etwa eine weitgreifende Landreform zu Lasten der Großgrundbesitzer, war deutlich spürbar. Bereits im Jahr 1963 war es in einigen Städten Syriens zu Auseinandersetzungen und Straßenschlachten zwischen Gegnern des Regimes, die oftmals der Muslimbruderschaft, teilweise aber auch den Nasseristen zuzurechnen waren, und dessen Anhängern oder auch der Armee gekommen. Hama war seit jeher ein Hort des Widerstandes gegen jegliche Herrschaft, die das soziale und religiöse Gefüge der Stadt und der Provinz aus dem Gleichgewicht bringen wollte. So war die Stadt eine der Hochburgen des Kampfes gegen die französische Mandatsherrschaft gewesen, die offiziell von 1923 bis 1943 andauerte. Bereits dieser Kampf wurde zum Teil als ein Kampf der Muslime gegen die christlichen Eindringlinge interpretiert, was zeigt, wie sehr die Zeit der Kreuzfahrer vom späten 11. bis zum 13. Jahrhundert im kollektiven Gedächtnis der Levante-Bewohner noch immer präsent ist.

Die Formierung der militanten Islamisten

Im April 1964 begann ein erneuter Aufstand in Hama, dieses Mal jedoch gegen die «Atheisten» des Baʿth-Regimes. Der Anlass für die ersten Demonstrationen war die Verhaftung eines Schülers am 5. April, der in seiner Schule regimefeindliche Parolen an die Wände geschrieben hatte – eine auffällige Parallele zum Beginn des heutigen Aufstandes gegen Bashar al-Asad: Auch hier lag der Anlass der ersten Proteste in der Inhaftierung und Folter von Schülern begründet. In der südsyrischen Stadt Daraʿa sollen sie im Februar 2011 regimefeindliche Parolen an das Schulgebäude gepinselt haben. Die Antwort des heutigen und des damaligen syrischen Staates auf die Demonstrationen war dieselbe: Es wurde geschossen.

Aus den ersten Kundgebungen in Hama 1964, auf die das Regime mit Gewalt antwortete, entwickelte sich bald ein Streik der Händler, an dessen Organisation auch die Muslimbrüder beteiligt waren, und unter diesen wiederum insbesondere Saʿid Hawwa. Hawwa wurde 1935 in Hama geboren und wuchs in ärmlichen Verhältnissen auf. Sein politisches Denken speiste sich aus mehreren Kanälen. Sein Vater wie auch viele andere Männer aus Hawwas Viertel ʿAliliyat waren Mitglieder der sozialistischen Partei von Akram al-Hourani. Auch wenn Hawwa sozialistische Gesellschaftsideen, insbesondere den Säkularismus, entschieden ablehnte, war er doch beeindruckt, wie geschickt die Sozialisten in Mobilisierung und Organisation waren. In seiner Autobiografie von 1987 schrieb Hawwa hierzu:

Durch die Mitgliedschaft meines Vaters in der «Arabischen Sozialistischen Partei» zu diesem Zeitpunkt wurde ich Zeuge der Dynamik und der Planung. Die Mitglieder dieser Partei waren in höchstem Maße aktiv auf allen Ebenen, und dies verlieh ihnen die Oberhand in den Mitteln, mit welchen sie Hama kontrollierten [...]. Ich war Zeuge davon, wie Pläne geschmiedet wurden, die Kontrolle über die Straßen zu erlangen.[2]

Hawwa hatte schnell gelernt, sich die Mittel der Marxisten anzueignen, wenn er auch deren Ideologie nicht teilte. Stattdessen geriet er unter den Einfluss Muhammad al-Hamids, des wichtigsten Predigers in der Stadt und Vorstehers der Sultan-Moschee. Er hatte seine religiösen Wurzeln in dem Sufi-Orden der Naqshbandiyya. Al-Hamid hatte aber auch Hasan al-Banna, den Gründer der Muslimbruderschaft, in Kairo persönlich kennengelernt und war zu einem Anhänger von dessen Organisation geworden. So kam es, dass al-Hamid nach seiner Rückkehr aus Kairo 1942 zusammen mit anderen Aktivisten den Hamawiter Zweig der Muslimbruderschaft gründete. Insofern war er Sufi und politischer Aktivist in einem. Im Jahr 1953, Hawwa war damals 18 Jahre alt, führte al-Hamid seinen Schüler Hawwa in die Organisation ein. Schnell wurde Hawwa zu einer Führungsfigur der jüngeren Mitglieder in Hama. Er trug dazu bei, eine bewaffnete Einheit auf die Beine zu stellen, die moralisch «verwerfliche» Einrichtungen, wie etwa Bars, in Hama attackierte und sich mit den Anhängern des Sozialisten al-Hourani Straßenschlachten lieferte. Hawwa avancierte trotz seiner diversen Gefängnisaufenthalte und Exilierungen zu einem einflussreichen Ideologen der syrischen Muslimbruderschaft. Er scheute grundsätzlich auch den bewaffneten Kampf nicht, doch erwies er sich letzten Endes als deutlich gemäßigtere Stimme als etwa Hadid, für den der bewaffnete Kampf die einzige Möglichkeit zur politischen Veränderung darstellte.

Dies machte sich auch in den Ereignissen von 1964 bemerkbar: Der Händlerstreik in Hama bewegte das Regime zu Verhandlungen und Zugeständnissen, und Hawwa und weitere Anhänger der Muslimbruderschaft waren auch dazu bereit. Doch sahen die radikalen Stimmen innerhalb der Hamawiter Muslimbruderschaft, deren lauteste und einflussreichste die von Hadid war, nun ihre Stunde gekommen. Sie waren keineswegs zu weiteren Verhandlungen bereit, da sie an die Möglichkeit eines Volksaufstandes glaubten, der das Regime letztlich beseitigen könnte – eine Fehleinschätzung, wie sich herausstellen sollte.

Hadid stammte aus derselben Generation wie Hawwa, er wurde 1934, 1935 oder 1936 geboren. Seine Familie galt als religiös, und so besuchte der junge Hadid neben der allgemeinbildenden Schule Unterrichtszirkel in lokalen Moscheen, insbesondere den von Muhammad al-Hamid, an dem auch Hawwa teilnahm. Zum Studium ging Hadid, wie viele andere junge Araber zu jener Zeit, in die ägyptische Metropole Kairo. Anders als vielleicht anzunehmen wäre, interessierte er sich nicht etwa für ein Studium der Scharia-Wissenschaft oder einer sonstigen islamischen Disziplin. Stattdessen studierte er Agrarwissenschaft und durfte nach dem erfolgreichen Abschluss den Titel eines Agraringenieurs führen. Anschließend studierte er noch in Damaskus. Hadid ist mit seiner Fächerwahl keine Ausnahme unter den bekannten militanten Islamisten, von denen viele eher eine naturwissenschaftliche, technische oder literarische Ausbildung durchliefen als eine fundiert religiöse. In Dingen der Religion waren Leute wie Sayyid Qutb, Muhammad Abd al-Salam Faraj, Aiman al-Zawahiri oder Usama Bin Ladin weitestgehend Autodidakten.

Die Zeit in Ägypten war für Hadids spätere politische Ansichten maßgeblich. Dort kam er mit Anhängern und Schülern Hasan al-Bannas in Berührung und lernte im Jahr 1954 Sayyid Qutb persönlich kennen. Mit Qutb traf er denjenigen Ideologen, der für die gesamte islamistisch-militante Bewegung ebenso wie für Hadid persönlich prägend war. Qutb wollte ein Königreich Gottes auf Erden errichten.[3] Seiner Überzeugung nach würde die genaue Implementierung von Gottes Willen – und diesen könne man dem Koran und der Prophetentradition entnehmen – in Form einer politischen Ordnung auf Erden Gerechtigkeit, Wohlstand und ein moralisch einwandfreies Leben für die Menschen ermöglichen. Um diese Gesellschaftsordnung zu erreichen, müsse man sich aber zunächst von den Herrschern befreien, die sich Muslime nennen, in Wirklichkeit aber vom Glauben abgefallen seien. Hier müsse eine islamisch bewusste «Avantgarde» von Revolutionären die Vorarbeit leisten. Qutb hatte einige Konzepte von anderen Denkern, wie etwa dem Pakistaner Abu al-ʿAla Maududi, übernommen. Seine Leistung war es jedoch, hieraus eine kohärente Ideologie zu formen und vor allem den revolutionären Weg zur Veränderung zu beschreiben. Viele seiner Ideen hatten ihr Vorbild in sozialistisch-revolutionären Theorien, die er islamisch ausschmückte.

1963 kehrte Hadid tief beeindruckt von seinem Ägyptenaufenthalt in seine Heimatstadt Hama zurück und rief umgehend zum bewaffneten Kampf gegen das gerade an die Macht gekommene Baʿth-Regime auf. Eine Biographie Hadids aus dem Jahr 1978 hält hierzu fest, dass Hadid nun begann, die Lehren der Muslimbrüder zu «Glaubenslehre, Moral und Jihad» zu verinnerlichen.4 In Hama stieg Hadid anschließend schnell zu einer der maßgeblichen Figuren der radikalen islamistischen Opposition auf.

Als 1964 der Aufstand in seiner Heimatstadt begann, dachte Hadid, dass nun die Chance gekommen wäre, das verhasste Regime in die Knie zu zwingen. Mit seinen Getreuen verschanzte er sich in der Sultan-Moschee in Hama, jener Moschee, deren Vorsteher Muhammad al-Hamid war. Von der Moschee aus organisierte Hadid den bewaffneten Kampf gegen die syrischen Sicherheitskräfte. An diesen Kämpfen beteiligte sich Saʿid Hawwa nicht. Er hatte zwar maßgeblichen Anteil an der Organisation des Streiks gehabt, doch sah er nun die Zeit für Verhandlungen gekommen.

Unterdessen war der Provinzgouverneur ʿAbd al-Halim Khaddam, der unter Hafiz al-Asad später zum Vizepräsidenten aufsteigen sollte, gewillt, sämtliche Mittel einzusetzen, um dem Aufstand ein Ende zu bereiten. Hierfür war er auch bereit, die Zerstörung von Teilen Hamas in Kauf zu nehmen – ein Vorgeschmack auf das, was 1982 folgen sollte. Khaddam gab schließlich die Zerstörung eines jeden Hauses in Auftrag, aus dem heraus geschossen werde. Hierzu zählte auch die Sultan-Moschee von Hadid, die von der syrischen Artillerie unter Beschuss genommen wurde, wobei mehr als sechzig Menschen getötet wurden. Auch die Vorgehensweise, ganze Häuserzeilen als Vergeltung für Beschuss zu zerstören, ist also keine Eigenart Bashar al-Asads im heutigen Bürgerkrieg, sondern scheint eine Konstante seit Bestehen des Baʿth-Regimes zu sein.

Aufbauphase (1964–1976)

Wegen seiner Beteiligung an der Konfrontation mit Regimekräften wurde Hadid verhaftet und zu einigen Jahren Gefängnis verurteilt. Die Zeit der Inhaftierung verbrachte er in Palmyra (arabisch: Tadmur), wo er angeblich auch der Folter ausgesetzt war, unter anderem in Form von Stromstößen. Vor dem Sechs-Tage-Krieg 1967 gegen Israel wurde er entlassen und formierte umgehend eine Gruppe, die über Jordanien nach Israel gelangte, wo sie nach dem Ende des Krieges mehrere militärische Operationen durchgeführt haben soll. Die Gruppe hatte zwar den vordergründigen Zweck, Israel Schaden zuzufügen, doch was dahinter stand, war weitaus wichtiger: Im Magazin *Saut al-Jihad*, herausgegeben von der jemenitischen Regionalorganisation al-Qaidas, heißt es, für Hadid seien die Aktionen gegen Israel eine Gelegenheit gewesen, die Jugend zur Teilnahme am Kampf und zur Übung an den Waffen zu bewegen, wodurch eine gewisse Anzahl ausgebildeter Kämpfer entstand, die sich später an «jihadistischen Operationen» in Syrien beteiligen sollten. Hadid dachte also strategisch und hatte stets das Ziel vor Augen, in seinem Heimatland das als «gottlos» verstandene Regime zu beseitigen und durch ein «wahrhaft» islamisches zu ersetzen.

Zuweilen ist zu lesen, es habe sich bei den Israel-Kämpfern um Angehörige einer Gruppe gehandelt, die Hadid angeblich schon 1965, also zur Zeit seiner Inhaftierung, ins Leben gerufen hatte und die zunächst unter dem Namen Kata'ib Muhammad (Bataillone Muhammads) bekannt gewesen und später (1974–75) in Tanzim al-Tali'a al-Muqatila li-l-Ikhwan al-Muslimin (Organisation der Kämpfenden Avantgarde der Muslimbrüder) umgewandelt worden sein soll.[5] Jedoch bestehen Zweifel daran, dass Hadid überhaupt der Gründer der «Bataillone Muhammads» war.[6] Vielmehr soll es sich bei der ersten von Hadid gegründeten Gruppe um einen sehr kleinen Zirkel von Personen gehandelt haben, die auch als «Gruppe Hadid» bekannt gewesen sei.[7] Aus diesem losen Personenzusammenhang sei 1973 dann eine organisierte militante Gruppe unter der Bezeichnung al-Tali'a al-Muqatila li-Hizb Allah (Die Kämpfende Avantgarde der Partei Gottes) entstanden, die später wiederum in «Organisation der Kämpfenden Avantgarde der Muslimbrüder» umbenannt wurde.[8] Ihr Name deutet darauf hin, dass es sich um einen bewaffneten Arm der Muslimbrüder handelte; diese folgten jedoch keiner einheitlichen Agenda. Vielmehr existierten innerhalb der Muslimbruderschaft radikalere und weniger radikale Flügel. Die militanten Gruppierungen unterhielten ihre Kontakte zu den radikalen Rändern der Muslimbruderschaft, die insbesondere in den nördlichen Regionen Syriens, etwa Aleppo, sowie in Hama stark waren, weniger hingegen in Damaskus, wo das Zentrum der Gemäßigten lag. Teilweise agierten die Kleinstgruppen aber auch völlig selbständig und losgelöst von den Muslimbrüdern. Insofern war auch die «Organisation der Kämpfenden Avantgarde der Muslimbrüder» kein offizieller Arm der Muslimbruderschaft, vielmehr drückte der Name einen Bezug zu den Ideen al-Bannas und insbesondere Qutbs aus. Dennoch gab es auch Absprachen und Kooperationen zwischen der Muslimbruderschaft und der Avantgarde, deren Mitglieder zudem die Muslimbruderschaft unterwanderten.

Die gemäßigten Anhänger der Muslimbruderschaft folgten den Linien von Mustafa al-Siba'i, Hasan Huwaidi und dem später nach Aachen emigrierten 'Issam al-'Attar. Ihre radikalen Kontrahenten waren Personen wie Sa'id Hawwa, 'Adnan Sa'ad al-Din oder eben Marwan Hadid. Der Richtungsstreit begann etwa ab 1964 und zog sich bis 1975 hin, dem Jahr, als sich 'Adnan Sa'ad al-Din gegen den gemäßigteren Hasan Huwaidi durchsetzte und neuer Generalinspekteur der Organisation in Syrien wurde. Infolge des Richtungswechsels wurden die paramilitärischen Strukturen in der Muslimbruderschaft aufgebaut, und die einst politisch agierende Organisation öffnete sich zunehmend für militant-islamistische Kleinstgruppen, die sich bereits in den 1960er Jahren formiert hatten. Militärisch waren diese Gruppen unter anderem von palästinensischen Organisationen ausgebildet worden. Aber auch Jordanien unterstützte schon früh die «Gotteskrieger», in denen das Königreich potenzielle Verbündete gegen das progressive Ba'th-Regime zu erkennen glaubte, und gestattete es ihnen, auf jordanischem Boden Trainingslager zu errichten. Weitaus wichtiger war jedoch die Zusammenarbeit der Islamisten mit dem Irak, vor allem nach der Machtübernahme durch Saddam Husain 1979.[9] Aus den Golfstaaten, insbesondere aus Saudi-Arabien, flossen wiederum Gelder an die Islamisten.

Bürgerkrieg (1976–1982)

Marwan Hadid verstarb bald nach seiner eingangs geschilderten angeblichen Begegnung mit Hafiz al-Asad im Gefängnis, im Jahr 1976. Zur Todesursache gibt es unterschiedliche Versionen: So soll er einem Bericht zufolge an Atemnot gestorben sein, nachdem er bereits längere Zeit gesundheitlich angeschlagen war, angeblich infolge schlechter Behandlung und Folter. Andere vermuten, das Regime habe ihn gezielt umgebracht. Dies alles lässt sich nicht mehr rekonstruieren. Fakt ist, dass Hadids Tod den Übergang zu einer Phase markierte, in der die islamistische Opposition gewalttätiger gegen das Baʿth-Regime vorging als je zuvor. In seiner 1995 erschienenen, noch immer sehr empfehlenswerten Studie über die islamistische Opposition in Syrien notierte Hans Günter Lobmeyer zu den Auswirkungen des Todes von Hadid:

Die Festnahme und der Tod Hadids wirkten wie ein Fanal auf die Islamisten und ließen deren Gewaltbereitschaft so weit ansteigen, dass sie zur Gewaltanwendung schritten. Noch vor dem Tod Hadids wurde Muhammad Gharra, Geheimdienstchef in Hama, das erste Opfer eines islamistischen Mordanschlages. Nachdem sich im Juli 1976 die Nachricht über Hadids Schicksal verbreitet hatte, kam es in einigen nordsyrischen Städten zu bewaffneten Auseinandersetzungen zwischen Islamisten und Sicherheitskräften.[10]

Hadids Tod mag zwar den Islamisten den Anlass geliefert haben, verstärkt gegen das Regime vorzugehen, aber die Vorbereitungen hierfür liefen bereits seit den 1960er Jahren, als sich die Radikalen an Waffen ausbilden ließen. Einige weitere Faktoren spielten eine Rolle dabei, dass gerade 1976 den Beginn des Aufstandes markierte. Hierzu gehört sicherlich der Bürgerkrieg im Libanon, der 1975 ausgebrochen war. Syrien betrachtete das Land traditionell als den eigenen Hinterhof und hatte dort dementsprechende Interessen, die Hafiz al-Asad rücksichtslos verfolgte. Dabei ging es ihm nicht um Ideologie, denn sonst hätte er die Palästinenser unterstützen müssen, für deren Befreiungskampf gegen die «Zionisten» er sich stets einzusetzen vorgab. Aber es kam anders: Al-Asad schlug sich auf die Seite christlich-konservativer Milizen, die gegen eine Koalition aus Schiiten, Drusen und palästinensischen Gruppierungen – oftmals solche, die eher linksorientiert waren – kämpften. 1976 intervenierte al-Asad zugunsten der christlichen Milizen und machte sich somit zur Zielscheibe der Wut von linken Palästinensern und Islamisten zugleich. Für die Islamisten war dies ein Verrat am Islam, und sie wiesen verstärkt auf den vermeintlich alawitischen Charakter des Regimes hin. Zudem setzte al-Asad ab Mitte der 1970er Jahre aufgrund verstärkt einsetzender Kritik an den sozialen, politischen und ökonomischen Verhältnissen im Land immer mehr auf Repression und baute seinen Geheimdienstapparat drastisch aus. Dies machte sich etwa in der Zahl politischer Gefangener bemerkbar, die von 1976 bis 1977 von 600 auf 1500 stieg. In diesem Klima konnte eine demokratische Artikulation politischer Opposition kaum noch stattfinden, und so war es absehbar, dass die Gewalt des Regimes Gegengewalt erzeugen würde. Die ausgehenden 1970er Jahre in Syrien waren daher geprägt von einer Welle staatlicher wie auch oppositioneller Gewalt, wobei die radikale Opposition keineswegs nur aus Islamisten, sondern auch aus Linken und Nationalisten bestand. Zudem wurden regime-interne Fehden zuweilen in Form von Anschlägen gegen Kontrahenten ausgetragen. Diese Anschläge wurden dann zumeist als Taten des irakischen Baʿth-Regimes dargestellt, mit dem das syrische tief verfeindet war. In der Tat trug auch der Irak zur Eskalationsspirale in Syrien bei. So unterstützte Bagdad etwa die – ideologisch eigentlich sehr fern stehenden – Islamisten in ihrem Kampf gegen das beiden Seiten verhasste al-Asad-Regime. Dies geschah zunächst verhalten, dann mit der Machtübernahme Saddam Husains im Jahr 1979 immer massiver.

So kam es, dass sich der syrische Jihad in der zweiten Hälfte der 1970er Jahre mit voller Wucht entfaltete und die radikalen Gruppen die gemäßigten Stimmen innerhalb der Muslimbruderschaft immer mehr an den Rand drängen konnten.

Dies machte sich unter anderem in einer um sich greifenden jihadistischen Dichtungs- und Liedkultur bemerkbar. Marwan Hadid war einer ihrer ersten Exponenten. In seinen Gedichten fanden sich bereits früh Formulierungen, Bilder und Ideologeme, wie sie für den heutigen Jihadismus prägend sind. Sie tragen Titel wie «Bis wann noch diese Not?» (*hatta mata hadha l-balaʾ*), «Die Treue des Märtyrers» (*wafaʾ ash-shahid*), «Der Wunsch des Märtyrers» (*umniyat ash-shahid*), «Zwischen dem Paradies und dem Feuer» (*bain al-janna wa-n-nar*), «Die Führung des Unglaubens» (*qiyadat al-kufr*) oder «Der muslimische Kämpfer» (*al-muqatil al-muslim*). In dem Gedicht *Zuffa sh-shahīd* («Der Märtyrer wird vermählt») besingt Hadid die Glorie des Märtyrertodes und die zu erwartenden Belohnungen im Paradies – und formuliert gleichzeitig klare politische Absichten und Ziele. Er beschreibt den Ist-Zustand als Vorherrschaft des Unglaubens und der Tyrannei über ein gläubiges Volk, womit die Herrschaft der Alawiten in Syrien über die mehrheitlich sunnitische Bevölkerung gemeint ist. Dem werden Freiheit und Würde der Gläubigen gegenübergestellt, die sie lediglich in einem islamischen Staat, in dem der Koran als «Verfassung» wirkt, erlangen können. Doch zur Erlangung dieses Ziels müsse Gewalt eingesetzt werden und der Wille zur Aufopferung vorhanden sein. In diesem Kontext rückt daher die vermeintlich vorrangige Thematisierung des Märtyrertodes in den Hintergrund, er wird bloßes Mittel zum Zweck in der militärischen Auseinandersetzung. Die Sprache des Gedichts ist besonders grob und brutal und reflektiert somit die damalige gewalttätige Auseinandersetzung zwischen den Lagern in Syrien.

Die Paradiesjungfrauen rufen freudig aus: «Der Märtyrer wird vermählt!»
Die Paradiesjungfrauen weigern sich, mit einem Einfältigen vermählt zu werden.
Die Weite der Gärten Edens erhält nur der Märtyrer, dem seine lobenswerten Taten zugutekommen.
Wir opfern uns mit unserer Seele für unsere Religion und ihren Propheten. Die Religion wird durch Blut und Eisen siegen.
Wir unterwerfen und beugen uns nicht einem Herrscher, der unser Volk mit Unglauben wie Sklaven regiert.
Nimm deine Waffe, o Bruder, und zermalme mit ihr die Scheitel ihrer Köpfe, denn ihr Geruch ist der von übelriechendem Eiter.
Unser Koran wird zurückkehren, ob sie wollen oder nicht. Seine Fahnen flattern an höchster Stelle hoch oben [wörtlich: über der Hochebene].
Wir werden das Land, das von seinen Herrschern verkauft wurde, von allen starrsinnigen Gewalthabern reinigen.
Und wir werden den Unglauben, der sich auf der Erde befindet, mit den Löwen des Rechts bekämpfen, deren Entschluss felsenfest ist.

Wir errichten Gottes Herrschaft überall, damit wir uns mit unserem Blut für den Tag des Jüngsten Gerichts [wörtlich: «für den versprochenen Tag»] absichern.

Unsere Verfassung ist unser Koran, so ehre ihn, denn ohne ihn ist der Tag der Schlacht gleich der Halsschlagader.[11]

Wir werden nicht mit unserem Leben zufrieden sein, solange es nicht mit Würde versehen ist und der Freie das erhält, was er möchte.

Unser Ziel [wörtlich: Weg] ist die Selbsthingabe für den Schöpfer, und unsere Belohnung werden die ewig bestehenden Gärten sein.

Die Paradiesjungfrauen darin [in den Gärten] verrenken sich den Hals in Richtung eines Ankömmlings, und ihr Ruf ist: «Welche Freude! Der Märtyrer wird vermählt!»

Die Gedichte Hadids leben bis heute im kollektiven Gedächtnis der Jihadisten fort. Über einschlägige Internetseiten kann sein Diwan (Gedichtsammlung) abgerufen werden. Auch ist der oben übersetzte Text mittlerweile als Hymne verbreitet und fand etwa Eingang in das Video «Der kompromisslose Bräutigam» der Islamischen Bewegung Usbekistans (IBU), einer zentralasiatischen jihadistischen Organisation, deren Hauptquartier in Waziristan/Pakistan angesiedelt ist. In den Reihen der IBU befinden sich auch Deutsche; unter diesen haben insbesondere die Brüder Mounir und Yassin Chouka eine gewisse Bekanntheit erlangt. Der Film «Der kompromisslose Bräutigam» ist dem angeblich aus Deutschland stammenden «Farooq al-Almani» gewidmet, der am 1. Juli 2010 einen Selbstmordanschlag auf die «CIA-Zentrale in Kunduz» ausgeführt haben soll. Moderiert wird der Kurzfilm von Yassin Chouka alias Abu Ibraheem al-Almani, der als Produktionsdatum des Films den 14. März 2011 nennt. Die Bilder des Mannes, der dem Publikum als «Farooq» vorgestellt wird, sind mit der gesungenen Hymne Hadids unterlegt, was zeigt, welche Bedeutung dem frühen syrischen Kämpfer seitens der entsprechenden Szene auch heute noch beigemessen wird.

Weitere relevante islamistische syrische Dichter und Sänger im Syrien der 1970er Jahre waren Abu Ratib, Abu Dujana und Abu Mazin. Letzterer komponierte die bekannte Kampfhymne «Mit unserem Jihad» (*bi-jihadina*), die sich schriftlich erstmals 1984 nachweisen lässt, vermutlich aber eher aus den ausgehenden 1970er Jahren oder beginnenden 1980er Jahren stammt. Die Hymne wurde seitdem einige Male neu interpretiert. Die heute am weitesten verbreitete Version stammt von dem saudischen Sänger Abu 'Ali. Seine Interpretation unterlegt seit Jahren diverse Videos von Organisationen, die entweder zu al-Qaida gehören oder ihr nahe stehen. Auch hier lässt sich also wieder eine Linie von den 1970er und 80er Jahren in Syrien zum heutigen Jihadismus ziehen. Die damals entstandene Liedkultur des Jihads war ein wichtiges Mobilisierungselement und lebt als solches bis heute fort.

Der Text von *bi-jihadina* besingt den Jihad als Kampf gegen die Tyrannen und als Weg zur Veränderung. Dabei wird insbesondere auch der eigene Wille und Mut bekundet, diesen Kampf aufzunehmen:

Durch unseren Jihad lassen wir Felsen zerbröckeln und reißen den Tyrannen und den Unglauben in Stücke.
  Durch eine mächtige und große Entschlossenheit und einen Willen, der die Beugung nicht kennt.
  Wir mobilisieren die Seelenkräfte und den Intellekt. Mit unserem Blut werden wir die Morgendämmerung färben.
  O meine umma, wir suchen sie [die Morgendämmerung] zum Siege auf. Durch unseren Kampf ändern wir den Verlauf [der Geschichte bzw. der Dinge].
  Durch unseren Jihad, mit der lodernden Fackel wird die Nacht der Götzendienerei (*shirk*) und der Gottlosigkeit verschwinden.
  Wir lassen uns mutig mit Entschlossenheit und Kampf darauf ein und brechen die Unterdrückung der Ketten und Fesseln.

Ab 1976 gingen die Jihadisten in die Offensive und töteten gezielt Personen aus dem Kreis des Regimes und des Militärs. Die Opfer gehörten dabei der alawitischen Minderheit an, die zumeist die höheren Ränge in Militär und Staatsapparat bekleidete. Bis 1979 soll es mehrere Hundert Todesopfer gegeben haben, die auf das Konto der Jihadisten gingen. Den vorläufigen Höhepunkt erreichte die Auseinandersetzung mit dem al-Asad-Regime jedoch 1979, als bei einer Attacke auf eine Militärschule in Aleppo zwischen 60 und 80 Kadetten getötet wurden. Diese Ereignisse spielten sich, wie erwähnt, in einem Klima allseitiger politischer Gewalt in Syrien ab. Hafiz al-Asad verschärfte seinen Kurs ab 1980 noch einmal, und seine Sicherheitskräfte, die auch bewaffnete halbstaatliche Milizen umfassten, machten nun Jagd auf alle politischen Gegner, ob sie nun der säkularen Opposition angehörten oder der islamistischen. Auslöser für die erneute Eskalation war eine Streikwelle, die im Frühjahr 1980 begonnen hatte. Die Verantwortlichen, insbesondere Berufsverbände der Ärzte, Apotheker und Ingenieure, forderten vor allem die Verbesserung der Menschenrechtslage in Syrien, nicht jedoch den Sturz al-Asads. Doch bereits in dem Ruf nach Reformen sah al-Asad eine Gefährdung seiner Macht und war daher auch nur zu minimalen Zugeständnissen bereit, was an der allgemeinen Unzufriedenheit nur wenig änderte.

Die Streikwelle, an der sich auch viele Händler und Geschäftsleute beteiligten, erfasste vor allem den Norden Syriens, jene Region, die bereits in den 1960er Jahren als Widerstandszentrum gegen die Baʿth-Partei aufgefallen war. Der Grund hierfür war, dass der Norden wirtschaftlich und politisch eher marginalisiert war als andere Landesteile wie etwa Damaskus oder die Provinz Latakia im Westen. Den Feldzug gegen seine tatsächlichen und vermeintlichen Gegner führte Hafiz al-Asad dabei ähnlich, wie sein Sohn Bashar ihn gut 30 Jahre später führen sollte. So wurden Kollektivstrafen gegen Dörfer und Städte, insbesondere Hama und Aleppo, verhängt, die etwa darin bestanden, die Strom- und Wasserversorgung ganzer Viertel, die als oppositionell betrachtet wurden, zu unterbrechen, Häuser zu zerstören und Zivilisten, darunter auch Frauen und Kinder, hinzurichten. Besonderes Augenmerk richtete das Regime dabei auf die tatsächlichen und vermeintlichen Islamisten, und so wurde am 7. Juli 1980 ein Gesetz erlassen, das für die Zugehörigkeit zur Muslimbruderschaft die Todesstrafe vorsah. Im Herbst 1980 dachte al-Asad, er habe den Krieg gewonnen, doch die Islamisten hatten noch lange nicht klein beigegeben. Es folgten zwei Jahre voller Anschläge gegen Soldaten und Regierungskreise, die nun auch vermehrt und massiv in der Hauptstadt selbst stattfanden. Weder Islamisten noch der syrische Staat nahmen bei ihren Aktionen in dieser Zeit auf die Zivilbevölkerung Rücksicht, die unter den Kämpfen zwischen beiden Lagern zu leiden hatte.

Krieg in Hama (1982)

Das Jahr 1982 brachte im Krieg zwischen Islamisten und al-Asads Sicherheitskräften die vorläufige Wendung, die zunächst zum Verstummen der syrischen islamistischen Opposition führte. Bereits Ende 1981 hatten die Auseinandersetzungen zwischen Regime und Islamisten an Schärfe zugenommen. So hatten militante Islamisten am 29. November 1981 im Zentrum der Hauptstadt eine Autobombe gezündet, durch die wahrscheinlich mehrere Hundert Menschen getötet wurden. In den Augen des Regimes wahrscheinlich noch entscheidender war jedoch, dass die Attacke nicht irgendwelchen Gebäuden, sondern den zentralen Stützpunkten der Geheimdienste galt. Somit hatten die Aufständischen es geschafft, einen gezielten Anschlag auf das Nervenzentrum der syrischen Sicherheitsdienste zu verüben und diese sowie Hafiz al-Asad vorzuführen.[12] Zudem war es islamistischen Oppositionellen in Hama und Aleppo gelungen, Teile der Städte unter ihre Kontrolle zu bringen. Damals wie heute lag die Strategie des al-Asad-Regimes darin, ganze Straßenzüge in den umkämpften Städten dem Erdboden gleichzumachen, wobei schwere Waffen der Artillerie und zum Teil auch die Luftwaffe eingesetzt wurden.

Am 2. Februar 1982 eskalierte die Situation in Hama schließlich, als vermutlich bei einer Hausdurchsuchung – wobei dieser Begriff nicht ganz angemessen scheint, da im Zuge solcher «Durchsuchungen» zumeist Menschen verletzt oder getötet wurden – eines Verstecks der Militanten in Hama diese das Feuer auf die Sicherheitskräfte eröffneten. Von den Moscheen ertönten nun Aufrufe, dass die Zeit des Jihads gekommen sei, sowie die Aufforderung an die Bürger Hamas, sich hieran zu beteiligen. Auch wenn einige Hamawiter diesem Aufruf gefolgt sein sollen, so wollten sich doch nicht allzu viele Bürger in die Rolle des Kombattanten begeben, sondern sich aus den Kämpfen heraushalten. Die Zahl der tatsächlichen Kämpfer aufseiten der Islamisten soll daher lediglich rund 500 betragen haben. Diesen wenigen Kämpfern gelang es jedoch, die Stadt vom 2. bis zum 12. Februar unter Kontrolle zu halten; offensichtlich war die syrische Armee von den Ereignissen überrumpelt. Zu denjenigen, die zu dem Aufstand aufriefen, gehörte neben Abu Nasr al-Bayanuni und Adnan Saʿid al-Din auch Saʿid Hawwa. Wie immer in solchen Situationen wurde der Krieg auch propagandistisch geführt. Während die Islamisten ihren Krieg als Aufstand gegen das «ungläubige Alawiten-Regime» rechtfertigten, warfen al-Asads Leute den Islamisten vor, unter anderem von den USA und Israel Unterstützung zu erhalten – ein Vorwurf, der auch heute noch in der arabischen Welt gerne von verschiedenen Seiten gegenüber dem jeweiligen politischen Gegner erhoben wird. Neben dem Einsatz von Kampfhubschraubern versuchten mehrere Tausend Mann der syrischen Armee, Herr der Lage zu werden, was bereits zeigt, auf welch harte Gegenwehr sie gestoßen sein und welch erbitterte Kämpfe in den Straßen von Hama getobt haben müssen. Diese endeten erst am 21. Februar; sie hinterließen eine verwüstete Stadt und eine nie wirklich ermittelte Anzahl von Todesopfern. Aufseiten der Armee soll es etwa 1000 Todesopfer gegeben haben, unter der Zivilbevölkerung einigen Angaben zufolge bis zu 40 000. Amnesty International bezifferte in einem Bericht von 1983 die Opfer der Kämpfe auf 10 000 bis 25 000 Menschen. Verlässliche Zahlen gibt es bis heute nicht, da das Regime alles tat, damit internationale Medien und Beobachter keinen Zugang zu Informationen erhielten und somit unabhängige Aufarbeitungen der Ereignisse erschwert wurden.

Die Auswirkungen der Kämpfe, die in ähnlicher Form auch in Aleppo und Homs tobten, auf die militante Opposition waren so, wie al-Asad es sich gewünscht hatte: Es herrschte nun Friedhofsruhe. Denn die islamistische Bewegung hatte physische Verluste erlitten, die nicht einfach zu kompensieren waren. Weiterhin hatte das Regime der Bevölkerung unmissverständlich gezeigt, dass es bereit war, wortwörtlich über Leichen zu gehen sowie das eigene Land in Schutt und Asche zu legen, um an der Macht zu bleiben. Und schließlich war es den Islamisten nicht gelungen, an breitere Teile der Bevölkerung anzuknüpfen. Immer wieder seit 1964 hatten radikale Kräfte innerhalb der islamistischen Bewegung auf Initialzündungen gehofft, um einen Volksaufstand im ganzen Land auszulösen. So war dies mit ein Kalkül, das hinter dem Autobombenanschlag in Damaskus vom 29. November 1981 steckte, ebenso wie beim Jihad-Aufruf von Hama im Februar 1982. Doch nie waren den Militanten die Volksmassen hinterhergelaufen. Die Mehrheit der Bevölkerung verhielt sich abwartend, und viele Syrer lehnten zwar das Regime ab, waren aber ebenso entschiedene Gegner der Islamisten, denen es nicht gelungen war, der Bevölkerung eine wirkliche politische Alternative zum herrschenden System aufzuzeigen. Ihr Projekt war bis auf weiteres gescheitert.

Die zweite Generation

Viele Anhänger der Muslimbruderschaft und auch von radikaleren Gruppen wie der «Kämpfenden Avantgarde» flüchteten nach dem gescheiterten Aufstand von 1982 ins Exil. Insbesondere die Muslimbruderschaft erholte sich nicht wieder von den aufreibenden Auseinandersetzungen mit al-Asads Machtapparat und blieb über Jahrzehnte geschwächt und paralysiert. Die Mitglieder extremerer Organisationen waren zumeist ebenfalls ins Ausland geflohen. Dort vernetzten sie sich mit Radikalen aus anderen arabischen Ländern, insbesondere auf den Schlachtfeldern Afghanistans in den 1980er Jahren, woraus letztlich die globale jihadistische Bewegung entstand.

Ein Mann, der diese Bewegung maßgeblich mitgeprägt hat und beispielhaft für die weitere Radikalisierung und Internationalisierung der syrischen Jihadisten steht, ist Mustafa Bin ʿAbd al-Qadir Sitt Mariam Nasar, der unter seinen Aliasnamen Abu Musʿab al-Suri (al-Suri = der aus Syrien stammende) sowie ʿUmar ʿAbd al-Hakim bekannter geworden ist als unter seinem bürgerlichen Namen.[13]

Die Geschichte beginnt in Aleppo, wo al-Suri 1958 geboren wurde, der somit etwa 25 Jahre jünger ist als Hawwa und Hadid. Abu Musʿab al-Suri ist daher der zweiten Generation von militanten Islamisten in Syrien zuzurechnen. Wie in Hama toben seit den ausgehenden 1970er Jahren auch und gerade in Aleppo teils heftige Kämpfe zwischen den Mujahidin («denen, die den Jihad führen») und den staatlichen Sicherheitskräften. Mit 21 Jahren schloss al-Suri sich der bereits erwähnten «Organisation der kämpfenden Avantgarde der Muslimbrüder» an, die, anders als es der Name vermuten ließ, kein offizieller Kampfverband der Muslimbruderschaft war, sondern sich lediglich auf deren Gründer Hasan al-Banna sowie den radikalen Vordenker Sayyid Qutb berief. In jenen Sommer- und Herbsttagen begannen die Mitglieder der «Kämpfenden Avantgarde» eine bedeutendere Rolle in den Auseinandersetzungen in Aleppo einzunehmen, so dass die Organisation nun auch verstärkt staatliche Aufmerksamkeit auf sich zog. Dies führte dazu, dass al-Suris gerade begonnene «Jihad-Karriere» ein vorschnelles Ende fand und er 1980 gezwungen war, zusammen mit einigen anderen Kampfgefährten die Flucht nach Jordanien anzutreten. Al-Suri war zwar ein Mitglied der «Kämpfenden Avantgarden» gewesen, schloss sich in Amman zunächst jedoch der dortigen Exilgruppe der syrischen Muslimbrüder an. Diese befand sich ebenfalls, zum Teil unter der Führung von Saʿid Hawwa, in militärischen Auseinandersetzungen mit dem syrischen Regime, jedoch bestanden ideologische und strategische Unterschiede zur «Kämpfenden Avantgarde», die al-Suri später dazu bringen sollten, mit der syrischen Muslimbruderschaft zu brechen.

Zunächst wurde er von dieser in den Irak und nach Ägypten geschickt. Dort verbrachte er einige Monate und erhielt, zusammen mit anderen jungen Rekruten der syrischen Muslimbruderschaft, durch Angehörige der irakischen und ägyptischen Armeen eine militärische Ausbildung. Dies war für seine spätere terroristische Laufbahn von großer Bedeutung, da er das erworbene Wissen in den 1980er und 1990er Jahren an diverse andere Jihadisten in Trainingscamps in Afghanistan weitergeben sollte. Die erste Zeit im Exil war für al-Suri auch in ideologischer Hinsicht prägend. Wie bereits erwähnt, war al-Suri mühelos zunächst von der «Kämpfenden Avantgarde» zu den Muslimbrüdern gewechselt, aber die diversen Streitpunkte zwischen den Gruppen waren ihm noch nicht bewusst, wie er notierte. Während seiner Zeit im Irak brachte ihm dann der Ägypter ʿAbd al-ʿAziz ʿAli alias Abu Usama al-Misri seine Ideen nahe, und so wurden die ideologischen Grundsteine für die von al-Suri später propagierte weltweite terroristische Kampagne gelegt. Der radikale ägyptische Theoretiker Abu Usama al-Misri, der Terrorismus (*irhab*) als zum Islam zugehörig betrachtete, nahm dabei für al-Suri eine Vorbildfunktion ein; dieser radikalisierte sich weiter, was zu dem späteren Bruch mit der Muslimbruderschaft führte.

Im Nachgang zu den Ereignissen von Hama 1982 zeigte die syrische Muslimbruderschaft verstärkt Bereitschaft, Gespräche mit der säkularen Opposition zu führen und Kompromisse mit dem syrischen Regime einzugehen. Diese Strategie widerstrebte den Radikalen und somit auch al-Suri, der die Muslimbruderschaft zudem wegen ihrer ablehnenden Haltung gegenüber der «Kämpfenden Avantgarde» kritisierte. Einfluss auf diese Haltung könnte auch ein Treffen al-Suris mit dem Anführer der «Kämpfenden Avantgarde» ʿAdnan al-ʿUqla in Amman 1982 gehabt haben. Al-Suri schloss sich nun wieder der Organisation al-ʿUqlas an und brach mit der syrischen Muslimbruderschaft, zu deren schärfstem Kritiker er anschließend wurde und die er für das Scheitern des islamistischen Aufstandes verantwortlich machte.

1982 verließ al-Suri Jordanien und begab sich zunächst für einige Monate in das benachbarte Königreich Saudi-Arabien und von dort im Jahr 1983 nach Frankreich. Dies markiert den Beginn seiner europäischen Zeit, die etwa 15 Jahre dauern sollte und die er hauptsächlich in Frankreich, Spanien und Großbritannien verbrachte. Allerdings reiste er zwischenzeitlich auch immer wieder ins außereuropäische Ausland. Prägend war dabei vor allem die Phase von 1987 bis 1991, in der al-Suri sich am sogenannten Jihad in Afghanistan beteiligte. Dort fand er zunächst Kontakt zu ʿAbdullah ʿAzzam, dem frühen Mentor Bin Ladins. ʿAzzam unterhielt ein «Gästehaus» im pakistanischen Peschawar für die arabischen Kämpfer, die sich zum Jihad nach Afghanistan begeben wollten. Bei dem ersten Treffen mit ʿAzzam 1987 traf al-Suri zufällig auch Abu Usama al-Misri wieder, seinen alten Mentor aus Bagdader Zeiten, der ihn in grundlegende Taktiken des Guerilla-Kampfes eingewiesen hatte. Später wurde al-Suri dann mit Bin Ladin selbst bekannt und früh Teil von dessen im Entstehen begriffenen Netzwerk al-Qaida, auch wenn er Bin Ladin und seine Organisation stets eher als kritischer Querdenker und nicht als linientreues Mitglied begleiten sollte.[14] Während der ersten Zeit in Afghanistan übernahm al-Suri insbesondere die militärische Ausbildung neu angekommener Rekruten. Später jedoch gab er sich nicht mehr ausschließlich mit dieser Rolle zufrieden und wandelte sich zum Theoretiker, oder, wie Brynjar Lia sagt, «Architekten» des globalen, dezentralisierten Jihads, als der er heute vor allem bekannt ist.

In Afghanistan sammelte al-Suri Felderfahrung und gab sein Wissen in Kampftechniken an andere Jihadisten weiter. In Europa, das weiterhin seinen Lebensmittelpunkt darstellte, knüpfte er Kontakte zu Jihadisten in verschiedenen europäischen Staaten, etwa Spanien, Großbritannien, Belgien, Frankreich, den Niederlanden, Deutschland sowie einigen skandinavischen Ländern. Der Aufbau seines europäischen Netzwerkes fand vornehmlich in den Jahren 1991 bis 1994 in Madrid und 1994 bis 1997 in London statt, bevor er 1998 mit seiner Familie nach Afghanistan umzog. Einige seiner Kontakte waren neu, etwa zu Angehörigen und Unterstützern der algerischen GIA (Groupe Islamique Armé), andere wurden lediglich aufgefrischt, insbesondere die zu seinen ebenfalls aus Syrien geflüchteten ehemaligen Mitstreitern der «Kämpfenden Avantgarde». Eine wichtige Rolle spielte al-Suri auch im al-Qaida-Netzwerk des in Madrid ansässigen Imad al-Din Barakat Yarkas alias Abu Dahdah. Einige Analysten sahen in al-Suri sogar den Gründer der spanischen al-Qaida-Zelle. Ob er tatsächlich als solcher gelten kann oder ob die Rolle eher Yarkas oder ʿAdnan Muhammad Salih zukam, kann nicht abschließend beantwortet werden. Klar ist jedoch, dass al-Suri zusammen mit anderen Gesinnungsgenossen verantwortlich für die al-Qaida-Unterstützerstrukturen in Spanien war und seine Funktion auch noch wahrnahm, nachdem er nach London umgezogen war. Sowohl al-Suri als auch Yarkas sollen offensiv versucht haben, junge Männer für den Jihad in Bosnien zu werben. Die Aktivitäten der spanischen al-Qaida-Zelle umfassten weiterhin Finanztransfers, Indoktrinierung durch Unterricht, Verteilung von Propagandamaterial, Rekrutierung und Schleusung für die jihadistischen Milizen in Bosnien, Tschetschenien, Afghanistan und Indonesien sowie Dokumentenfälschung und weitere «Dienstleistungen».

Die internationale und europäische Vernetzung von al-Suri und Yarkas sowie Ausmaß und Bedeutung ihrer Aktivitäten für die globale jihadistische Szene dürfen nicht unterschätzt werden, auch wenn es als unwahrscheinlich gelten kann, dass al-Suri direkt an der Planung von Terroranschlägen, etwa in Madrid 2004, beteiligt gewesen ist. Dies hätte auch der von ihm propagierten Strategie widersprochen, Propaganda- und Medienaktivisten von operativ tätigen Zellen strikt zu trennen. Äußerst wahrscheinlich ist hingegen, dass auch heute noch Mitglieder des Netzwerkes in Europa aktiv sind und möglicherweise auch den zweiten syrischen Jihad unterstützen, etwa durch Finanzdienstleistungen, aber auch durch Rekrutierung und Vermittlung europäischer Kämpfer für den Krieg in Syrien.

Der jihadistische Lebenslauf al-Suris endete im November 2005 im pakistanischen Quetta mit seiner Verhaftung im Zuge des «Kriegs gegen den Terrorismus» der USA, wobei die genauen Umstände der Gefangennahme nach wie vor im Dunkeln liegen. Die USA hatten bereits im Januar 2005 ein Kopfgeld von 5 Millionen US-Dollar auf die Ergreifung al-Suris ausgesetzt. Es ist nicht zu klären, inwieweit US-Agenten bei der Festnahme al-Suris in Quetta eine Rolle spielten oder ob der Zugriff ausschließlich durch pakistanische Sicherheitskräfte erfolgte, möglicherweise auch mit Informationen der US-Regierung. Als gesichert gilt nur, dass die Falle zuschnappte und der lang gesuchte al-Suri nach Jahren des Versteckens festgenommen werden konnte. Es gibt viele Behauptungen über mögliche Tatbeteiligungen an Terroranschlägen, doch bewiesen werden konnte hiervon nichts. Die Festnahme al-Suris hätte dazu führen können und müssen, den Angeklagten einer ordentlichen Gerichtsbarkeit zuzuführen, die dann in einem rechtsstaatlichen Verfahren seine Schuld oder Unschuld hätte feststellen können. Doch wurde diese Chance im damaligen Klima des «War on Terror» vertan. Al-Suri verschwand – vermutlich zunächst in einem Geheimgefängnis der CIA, von wo er dann an Syrien ausgeliefert wurde und wo er seitdem inhaftiert sein könnte, wie al-Suris Frau Elena Moreno in einem Interview mit dem Projekt «Cageprisoners» mutmaßte.[15]

Ab 2011 kursierten eine Zeitlang Berichte über die angebliche Freilassung oder Flucht von Abu Musʿab al-Suri. Allerdings sprechen ranghohe Führer der jihadistischen Bewegung, etwa Aiman al-Zawahiri, stets die Formel «Möge Gott seine Gefangenschaft beenden» nach der Nennung seines Namens, so dass es naheliegt, dass al-Suri weiterhin in Haft sitzt.

Al-Suri erlangte in breiteren Kreisen der jihadistischen Szene erst durch die Jagd auf ihn, insbesondere durch das hohe Kopfgeld, und die spätere Verhaftung Bekanntheit. Bis dahin übte er zwar auf einen kleinen Kreis von eher intellektuellen Jihadisten Einfluss aus, doch den meisten Anhängern der Szene war er noch nicht bekannt. Dies lag zum einen daran, dass er ein Theoretiker war, dessen Texte lang und nicht immer leicht zugänglich waren. Zum anderen wollte al-Suri sich zumeist keiner bestimmten Gruppe offiziell anschließen. Wenn er auch Sympathien für bestimmte Organisationen und Bewegungen wie GIA und al-Qaida sowie für die Taliban hegte und diese auch offen unterstützte, so war er doch darauf bedacht, eine gewisse Distanz und somit seine Unabhängigkeit zu bewahren. So nahm er auch kein Blatt vor den Mund und kritisierte zum Teil hochrangige und angesehene Jihadisten-Führer wie Bin Ladin, wenn auch eher für deren taktischen Fehler als für ihre Weltanschauung. Aufgrund dieser Kritik konnte al-Suri zumeist auch nicht die offiziellen Verbreitungswege der Gruppen und Netzwerke auf regulärer Basis nutzen, sondern war auf Einzelveröffentlichungen in Zeitschriften oder auch auf eigene Internetseiten und Eigenpublikationen angewiesen, was seinen Einfluss zunächst erheblich schmälerte. Spätestens ab 2005 jedoch, nachdem die USA durch das Kopfgeld in Höhe von 5 Millionen US-Dollar signalisiert hatten, dass sie al-Suri als wertiges Ziel ansahen, stiegen sein Ansehen und sein Bekanntheitsgrad in der jihadistischen Szene schlagartig. Diesen «Erfolg» konnte er allerdings nicht mehr in Freiheit genießen, doch ist sein Erbe nach wie vor lebendig, wie die heutigen Ereignisse in Syrien und die Bezugnahme von syrischen al-Qaida-Kreisen auf ihn zeigen.

Seine Schriften und Gedanken werden von Jabhat al-Nusra-Anhängern massiv über das Internet verbreitet, so etwa von Sami al-ʿUraidi alias Abu Mahmud al-Shami (geb. 1973), der als einer der bedeutendsten Scharia-Gelehrten der Miliz gilt und Ende Juli 2014 zum Generalmufti der Organisation ernannt wurde. Zwischen dem 12. und 16. Februar 2014 setzte der gebürtige Jordanier al-ʿUraidi über den Mikroblog Twitter einige «Tweets» ab, also Kurzmitteilungen mit einer Länge von 140 Zeichen, in denen er neunzehn Ratschläge des Abu Musʿab al-Suri wiedergab. Diese warnten vor verschiedenen Fallstricken, die den Mujahidin gefährlich werden könnten, und zielten insbesondere darauf ab, sich mit der lokalen Bevölkerung, in deren Umfeld die Kämpfer sich bewegen und auf die sie angewiesen sind, gut zu stellen und sie nicht unnötig zu gefährden, sondern sie sich zu Freunden zu machen. Insofern waren die Tweets in der Situation, in der al-ʿUraidi sie absetzte, als Kritik der Jabhat al-Nusra am ISIS zu verstehen, der brutal gegen die lokale Bevölkerung, gleich welcher Konfession, vorging. Am 21. März veröffentlichte al-ʿUraidi dann weitere sechs von Abu Musʿab al-Suri stammende Thesen, die besagen, dass das islamische Wiedererwachen (*al-sahwa al-islamiyya*) von vier Strömungen geprägt sei: jener, die sich apolitisch verhalte, jener, die das Gegenteil hiervon tue und sich in die Politik einmische, den Jihadisten sowie den Takfiristen (denjenigen, die anderen Muslimen rigoros die Zugehörigkeit zum Islam absprechen). Laut al-Suri bestehe die Strategie des Westens vor allem darin, die Jihadisten von der Gemeinschaft der Muslime und von der *sahwa* zu isolieren. Dies würden die westlichen Staaten insbesondere durch Förderung der Takfiristen versuchen, deren schlechtes Verhalten auf die Jihadisten zurückfalle. Die Worte al-Suris wurden von al-ʿUraidi ebenfalls als Kritik an ISIS veröffentlicht und bedeuteten, dass al-ʿUraidi ISIS vorwarf, ebensolche Takfiristen und somit Erfüllungsgehilfen des Westens gegen die Jihadisten, also Jabhat al-Nusra, zu sein.

Anhand der durch al-ʿUraidi geposteten Ratschläge und Thesen wurde sehr deutlich, dass die Gedanken Abu Musʿab al-Suris im syrischen Bürgerkrieg Widerhall finden und er vielen Jihadisten als Autorität gilt.

Der Irakkrieg: Auftakt zum zweiten syrischen Jihad

Syrien und Irak teilen sich 605 Kilometer Grenze. Etwa die Hälfte der Grenze auf irakischer Seite gehört zur Provinz Anbar. Dieser Teil des Irak ist sunnitisch dominiert und bildet den westlichen Teil des sogenannten «sunnitischen Dreiecks» im Irak. In dieser Provinz liegt auch die berüchtigte Stadt Falludscha, in der der Widerstand gegen die amerikanischen Truppen besonders ausgeprägt war. Insbesondere die Bilder von den verkohlten und an einer Brücke aufgehängten Leichen getöteter Mitarbeiter der privaten US-Sicherheitsfirma Blackwater am 31. März 2004 machten die Stadt international bekannt. Der bewaffnete Widerstand in Falludscha war insbesondere durch islamistische Extremisten dominiert. In diesem Zusammenhang wurde auch die Organisation *al-Tauhid wa-l-Jihad* (Monotheismus und Jihad, TwJ) bekannt, die von dem Jordanier Ahmad Fadil Nazzal al-Khalayila alias Abu Musʿab al-Zarqawi geführt wurde und die am Tag nach dem Angriff der US-Truppen auf Falludscha im Oktober 2004 bekannt gab, sich nunmehr al-Qaida angeschlossen zu haben und fortan unter dem Namen *Qaʿidat al-Jihad fi Bilad al-Rafidain* (al-Qaida im Zweistromland[16]) zu operieren. Al-Zarqawi hatte zuvor offiziell den Treueeid auf den damaligen al-Qaida-Führer Usama Bin Ladin abgelegt (mehr zum Verhältnis al-Qaida und al-Zarqawi im Kapitel «Der Islamische Staat in Irak und Syrien»).

So wie al-Suri einer der Wegbereiter für die globale Ausrichtung des Jihadismus war, so drückte al-Zarqawi dem Jihadismus im Irak seinen Stempel auf. Bis heute ist er die maßgebliche Person, auf die sich der Islamische Staat in Irak und Syrien beruft. Aus diesem Grund scheint ein kurzer Blick auf seinen Lebensweg lohnenswert zu sein.

Der Zusatzname «al-Zarqawi» bedeutet «der aus Zarqa Stammende». Zarqa ist eine jordanische Stadt mit knapp 400 000 Einwohnern. Dort wurde der spätere Gründer der irakischen al-Qaida 1966 geboren, er ist also etwa acht Jahre jünger als Abu Musʿab al-Suri. Die Jugend al-Zarqawis war von zum Teil schwerster Kriminalität geprägt. Er kam jedoch in Kontakt mit radikalen Salafisten, was bei ihm eine Art Erweckungserlebnis ausgelöst haben muss. Wie viele Menschen, die plötzlich wieder oder das erste Mal zur Religion gefunden haben, nahm al-Zarqawi seine neue Religiosität sehr ernst. Hinzu kam bei ihm ein ausgeprägter Hang zur Gewalt. Bei vielen Radikalisierungsverläufen ist festzustellen, dass die Kombination aus religiösem Eifer und Gewalttätigkeit eine äußerst explosive Mischung ist. So auch bei al-Zarqawi, der 1989 nach Afghanistan reiste, um sich dort dem Jihad gegen die Sowjetunion anzuschließen, der zu jener Zeit allerdings bereits so gut wie beendet war. Dafür begann alsbald der afghanische Bürgerkrieg, in dem sich die verschiedenen Mujahidin-Parteien, die zuvor vereint gegen die sowjetischen Besatzer gekämpft hatten, nun gegenseitig bekriegten. Al-Zarqawi hegte Sympathien für die Fraktion um Gulbudin Hekmatyar, einen radikalen und äußerst brutalen Islamisten, an dessen Raketenterror zu Beginn der 1990er Jahre die Kabuler Bevölkerung noch immer mit Grauen zurückdenkt. Al-Zarqawi schloss sich jedoch dann dem Warlord Jalaluddin Haqqani an, dem Begründer des «Haqqani-Netzwerks», das Wurzeln in Ostafghanistan hat und eng mit der Gründungsgeschichte von al-Qaida verflochten ist.[17] Anschließend durchlief al-Zarqawi diverse Trainingscamps, wo er an verschiedenen Waffentypen ausgebildet wurde.

1993 kehrte er schließlich aus Afghanistan nach Jordanien zurück, wo er Bekanntschaft mit einem Mann namens ʿIsam Muhammad Tahir al-Barqawi schloss, der jedoch eher unter dem Namen Abu Muhammad al-Maqdisi Bekanntheit erlangte. Er ist bis heute ein einflussreicher Jihad-Ideologe, auf den sich insbesondere auch das Millatu-Ibrahim-Netzwerk von Mohamed Mahmoud in Deutschland bezog (siehe Kapitel «Das Netzwerk Millatu-Ibrahim»). Al-Zarqawi und al-Maqdisi waren sich einig in ihrer Feindschaft gegenüber Israel und dem jordanischen Königshaus, das sie als vom Islam abtrünnig ansahen. Al-Maqdisi, der Intellektuelle, und al-Zarqawi, der Mann für das Grobe, begannen ihre fatale Zusammenarbeit. Al-Zarqawi kannte sich in der Szene der jordanischen Afghanistanrückkehrer bestens aus, baute ein Netzwerk auf und führte eine von ihm und al-Maqdisi gegründete Gruppe mit dem Namen Jamaʿat al-Muwahhidin (Gruppe der Monotheismusbezeuger) an, die in den Medien später als Baiʿat al-Imam (Treueeid auf den Imam) bekannt wurde. Diese Gruppe war zum einen ideologisch ausgerichtet und bestrebt, durch *daʿwa* (Ruf zum Islam) die Ansichten al-Maqdisis zu verbreiten. Zum anderen war sie aber auch gewaltorientiert und bereitete Anschläge in Jordanien vor, was auch der Grund dafür war, dass sowohl al-Maqdisi als auch al-Zarqawi verhaftet wurden. Al-Zarqawi erlangte 1999 seine Freiheit wieder. Er begab sich daraufhin abermals nach Afghanistan, wo er sich al-Qaida anschloss und das Vertrauen Bin Ladins erwarb. Zu jener Zeit hielt sich auch Abu Musʿab al-Suri in Afghanistan auf, der mit al-Zarqawi bekannt wurde. Auch wenn es einige Differenzen zwischen beiden gegeben haben mag,[18] teilten sie doch eine gewisse Skepsis gegenüber Bin Ladin und dessen Dominanz über die Jihadisten in Afghanistan. Wie al-Suri strebte al-Zarqawi daher nach Unabhängigkeit von der al-Qaida-Führung. Dabei kamen dem Jordanier seine Führungsqualitäten zugute: er baute alsbald sein eigenes Netzwerk auf, darunter einige Syrer, und gründete nahe der Stadt Herat in Westafghanistan ein Trainingscamp. Damit hatte er sich fernab der al-Qaida-Führung eingerichtet, die sich zur damaligen Zeit teils in Kabul, teils in Ost- und Südafghanistan aufhielt.

Ende 2001 begann der Krieg der internationalen Koalition in Zusammenarbeit mit der afghanischen «Nordallianz» gegen die Taliban, und wie viele andere Jihadisten war al-Zarqawi gezwungen, Afghanistan zu verlassen. Zunächst ging er in den Iran und von dort aus über den Irak nach Syrien (s. u.) und kam dann vermutlich im Jahr 2002 zusammen mit seinen Männern zurück in den nördlichen Irak. Dort hatte sich die Organisation Ansar al-Islam (Unterstützer des Islams; AAI) Ende 2001 unter Führung von «Mullah Krekar» (geb. 1956) gegründet. Viele Mitglieder waren ethnische Kurden, aber auch Araber waren Teil der AAI. Diverse AAI-Kämpfer hatten bereits in Camps der al-Qaida in Afghanistan trainiert. Zudem war Mullah Krekar mit Bin Ladin und al-Zawahiri in der Vergangenheit bereits einige Male zusammengetroffen. Es bestanden also enge Kontakte zwischen AAI und al-Qaida. Diese wurden ab Oktober 2002 seitens al-Qaida intensiviert: Man ahnte die bevorstehende Invasion des Irak durch die USA. So entsandte al-Qaida, deren Zentrale in der afghanisch-pakistanischen Grenzregion auf pakistanischer Seite lag und noch immer liegt, einige hochrangige Mitglieder aus Pakistan in den Irak, um die Kooperationsmöglichkeiten mit AAI zu sondieren. Noch im Jahr 2002 trafen sich Mullah Krekar und al-Zarqawi und vereinbarten eine Zusammenarbeit. Allerdings bedeutete die US-Invasion im Irak im März 2003 auch, dass die Lager der AAI bombardiert wurden. Zudem hatten bereits vorher die «afghanischen Araber», also jene Araber, die in Afghanistan Jihad geführt hatten, begonnen, die Strukturen und Camps der AAI sukzessive zu übernehmen. Die AAI spaltete sich aufgrund dieser äußeren Umstände nun in diverse Gruppen, und al-Zarqawis Netzwerk wurde *Al-Tauhid wa-l-Jihad* (Monotheismus und Jihad) genannt, wobei der Name offiziell wohl erst im Mai 2004, nach der Enthauptung der Geisel Nicholas Berg, erstmalig von der Gruppe offiziell verwendet wurde, also nur sechs Monate vor dem Anschluss des al-Zarqawi-Netzwerks an al-Qaida.

Syrien kam während der gesamten Zeit des Kampfes gegen die US-geführten Koalitionstruppen im Irak und die irakische Übergangsregierung eine besonders wichtige Rolle zu: Über die Grenze nach Syrien führte die wichtigste Nachschubroute für al-Zarqawis Organisation und andere Gruppen. Neben Material gelangten auch freiwillige Kämpfer über Syrien in den Irak. Dokumente, die diese Entwicklung aufzeigen, sind die sogenannten *Sinjar Records*. Es handelt sich um 606[19] Einzeldokumente, die von al-Qaida im Irak zu Registrierungszwecken angefertigt wurden. Die Papiere enthalten Daten freiwilliger Kämpfer aus dem nichtirakischen Ausland, die zwischen August 2006 und August 2007 in den Irak gekommen waren, vermutlich allesamt über Syrien. Die Bezeichnung *Sinjar Records* geht auf die nahe der syrischen Grenze gelegenen Stadt Sinjar in der westirakischen Provinz Ninive zurück, wo Koalitionstruppen bei einer Razzia im Oktober 2007 die Dokumente beschlagnahmen konnten. Die *Sinjar Records* zeigen, dass die syrische Grenze als Drehscheibe für die islamistisch-militante Opposition im Irak diente. Allerdings stellten nach diesen Aufzeichnungen nicht Syrer selbst den größten Anteil an ausländischen Kämpfern im Irak, sondern Saudi-Araber, und zwar mit 41 %.[20] Die nächstgrößere Gruppe waren Libyer (18,8 %). Erst dann folgten Syrer (8,2 %), Jemeniten und Algerier und schließlich Marokkaner und Jordanier. Von den 49 Syrern, die als solche in den *Sinjar Records* verzeichnet sind, sind in 35 Fällen die Heimatstädte bekannt: 34,3 % kamen demnach aus Dair al-

Zaur, der Hauptstadt der gleichnamigen Provinz im Osten Syriens mit Grenzverlauf zum Irak. Weitere Herkunftsstädte waren Idlib, al-Dair,[21] Daraʿa, Latakia, al-Hasaka und al-Tal.

Auch nicht-syrische Araber nutzten vornehmlich Dair al-Zaur als Durchreisestadt, um sich über die Grenzstadt al-Bukamal (auch: Albukamal oder Abu Kamal) dem Aufstand im Irak anzuschließen. Die Mittelsmänner und Netzwerke, auf die sie dazu in Syrien zurückgreifen mussten, waren teils krimineller Natur, teils ideologisch geprägt, so insbesondere das Netzwerk des «Abu al-Qaʿqaʿ», welcher eng mit al-Zarqawi kooperierte. Auch heute sind einige der Herkunftsstädte der syrischen Irak-Kämpfer – und die Provinzen, in denen sie liegen – Zentren der jihadistischen Bewegung, wobei natürlich den an den Irak grenzenden Provinzen Dair al-Zaur und al-Hasaka besondere strategische Bedeutung zukommt, da über diese Gebiete der transnationale Verkehr von Menschen und Material erfolgt.

Die amerikanische Militärverwaltung im Irak nahm ebenfalls den Zustrom von Aufständischen über Syrien wahr und machte die syrische Regierung dafür verantwortlich. Bereits im September 2003 berichtete Paul Bremer, der damalige Zivilverwalter der USA im Irak, dass 248 ausländische Kämpfer festgenommen wurden, davon angeblich 123 Syrer. Zudem sagte Bremer, dass die meisten ausländischen Kämpfer über Syrien in den Irak kämen, eine Anschuldigung, die kurz zuvor bereits der hochrangige US-Militär Richard B. Myers, bis zum 30. September 2005 Vorsitzender der Joint Chiefs of Staff, erhoben hatte. Myers hatte sogar behauptet, dass mindestens 80 ausländische Kämpfer, die über Syrien in den Irak gelangten, ein mehrmonatiges Training in einem syrischen Camp erhalten hatten. Syrien, so Myers Schlussfolgerung, sei daher ein wesentlicher Unterstützer des Aufstands im Irak. Diese und weitere Berichte aus den Kreisen der damaligen US-Regierung und des US-Militärs zeigen das tiefe Misstrauen der USA gegenüber der syrischen Regierung.

In der Tat hatte al-Zarqawi Ende 2001/Anfang 2002 Syrien nach seiner Flucht aus Afghanistan zu seinem Stützpunkt gemacht. Von dort aus plante er Operationen gegen Jordanien, und dort erhielten seine Leute eine Ausbildung und in einzelnen Fällen wohl auch Waffen und anderes Material, wie Jean-Charles Brisard in seinem Buch über al-Zarqawi berichtet. In einer von Turki Bin Mubarak al-Binʿali verfassten Biographie über den ISIS-Sprecher Abu Muhammad al-ʿAdnani heißt es zudem, dass dieser zu Beginn der 2000er Jahre in Syrien zusammen mit 35 weiteren Männern auf al-Zarqawi den Treueschwur abgelegt haben soll.

Syrien unterstützte damals in der Tat jihadistische Gruppierungen, mit Zielrichtung Libanon, Jordanien oder Irak. Grund hierfür waren jeweils politische Kalküle. Im Falle Iraks wollte man beispielsweise verhindern, dass die damalige US-Doktrin des «Regime-Change» erfolgreich umgesetzt würde, da man fürchtete, selbst ins Fadenkreuz der Doktrin zu geraten. Zudem konnte man sich aufrührerischer Jihadisten – die in Syrien in den 2000er Jahren wieder zunehmend aktiv wurden – entledigen, indem man sie in das Nachbarland reisen ließ oder sie hierbei sogar aktiv unterstützte. Es scheint daher nicht abwegig, dass die syrische Regierung auch al-Zarqawi und seinen Männern Unterstützung gewährte.

Der Aufstand im Nachbarland Irak war daher stets eng mit der jihadistischen Bewegung in Syrien verknüpft. Dies wird auch anhand eines Interviews des Journalisten Taisir Alluni mit Abu Muhammad al-Jaulani, Anführer der Jabhat al-Nusra (s. u.), deutlich, das der in Qatar ansässige Nachrichtenkanal al-Jazeera am 19. Dezember 2013 ausstrahlte. In mehr als 50 Minuten erklärte darin al-Jaulani, der sich seinen Kampfnamen nach den von Israel besetzten Golanhöhen (*al-Jaulan*) ausgesucht hat, Ziele und Strategie seiner Organisation sowie seine Ansichten zum Jihad in Syrien. Al-Jaulani äußerte sich auch zum Irak und sagte, dass er selbst sich am dortigen Jihad von Anfang an beteiligt habe und bereits früh den Gedanken hegte, in Syrien ebenfalls den Jihad zu führen. Ihm zufolge hatte der irakische Jihad gegen die amerikanische Besatzung großen Einfluss auf die syrischen Jihadisten, für deren Erstarken auch das syrische Regime selbst mitverantwortlich war.

Der Arabische Frühling und die jihadistische Bewegung[22]

In Tunesien begannen im Dezember 2010 Proteste gegen das System des Diktators Ben Ali, und die dortige erfolgreiche Revolution Anfang 2011 machte auch den Ägyptern Mut, gegen Husni Mubarak auf die Straße zu gehen. Die am 25. Januar 2011 einsetzende ägyptische Revolution führte dann zunächst zur Entmachtung Mubaraks und zu freien Parlaments- und Präsidialwahlen. Doch wurde der gewählte Präsident Muhammad Mursi am 3. Juli 2013 durch das Militär gestürzt. In einigen Ländern – zum Beispiel Marokko oder Jordanien – gelang es den Herrschern, durch Zugeständnisse und Reformen die Demonstranten zu beruhigen. Anderswo, etwa in Libyen und Syrien, folgten den Volkserhebungen Bürgerkrieg und Anarchie. Wie die Ergebnisse der Umwälzungen, die in vielen Fällen noch nicht klar erkennbar sind, auch sein mögen: Die politische Landkarte des Nahen und Mittleren Ostens hat sich grundlegend verändert. Diverse gesellschaftliche Gruppen nutzten die – teilweise nur kurz währenden – politischen Freiheiten oder das entstandene Machtvakuum, um sich in neuen Organisationen, Netzwerken und Parteien zusammenzuschließen. In Ägypten etwa entstanden nach der Revolution diverse neue politische Parteien unterschiedlichster Couleur, die sich zur Parlamentswahl 2011/2012 aufstellen ließen. In Libyen wiederum, wo ein bewaffneter Aufstand zur Entmachtung Muammar al-Gaddafis geführt hatte, gewannen Milizen zunehmend an Einfluss auf die Geschicke des Landes.

Der Jihadismus war in den 1970er und 1980er Jahren aus autoritären Gesellschaften hervorgegangen, die keine wirkliche politische Mitbestimmung zuließen und oppositionellen Stimmen zumeist mit Gewalt begegneten. Das autokratische Herrschaftsmodell spiegelt sich in der jihadistischen totalitären Auffassung von Staat und Gesellschaft wider. Insbesondere Aiman al-Zawahiri, der aus Ägypten stammende Nachfolger Usama Bin Ladins in der al-Qaida-Führung, war geprägt von der Logik geheim operierender, militanter Kleinstgruppen, die den Kampf gegen das Regime verdeckt und mit terroristischen Mitteln führen. Dem 11. September 2001 folgte der vom damaligen US-Präsidenten George W. Bush ausgerufene «Krieg gegen den Terrorismus», der für Kern-al-Qaida[23] den Verlust des Rückzugsraumes Afghanistan bedeutete und die al-Qaida-Führung zum Rückzug nach Waziristan/Pakistan zwang. Der «War on Terror» sollte ein Jahrzehnt der Innen-, Außen- und Verteidigungspolitik der europäischen Staaten und der USA prägen. Er verursachte für alle Beteiligten – und auch für Unbeteiligte – enorm hohe finanzielle und menschliche Kosten. Allerdings gelang auch die Schwächung der Kernstruktur al-Qaidas, die in den letzten Jahren einige Rückschläge hinnehmen musste: So wurden, neben Bin Ladin selbst, wichtige Führer der Organisation getötet oder gefangen genommen, während gleichzeitig die Kooperation der weltweiten Sicherheitsbehörden zur Bekämpfung des Netzwerkes zugenommen hat. Für al-Qaida waren die logistischen und finanziellen Kosten also gestiegen, was – neben der besseren Zusammenarbeit der Sicherheitsbehörden – ein Grund dafür sein dürfte, dass es dem Netzwerk spätestens seit dem 7. Juli 2005 nicht mehr gelungen ist, einen größeren Anschlag in Europa oder den USA durchzuführen.

Zudem verlor Kern-al-Qaida im ersten Jahrzehnt des neuen Jahrtausends sukzessive den Anspruch, die tonangebende Organisation des Jihadismus zu sein, und musste bereits vor Ausbruch des Krieges in Syrien Macht und Deutungshoheit an diverse regionale Ableger, wie etwa al-Qaida im Irak (AQI) oder auch die jemenitische «Filiale» AQAH, abgeben. In einer Studie des Think Tanks RAND Corporation aus dem Jahr 2014 heißt es, dass es «zunehmend anachronistisch» sei, Kern-al-Qaida als Maßstab für die Stärke oder Schwäche der jihadistischen Bewegung heranzuziehen.[24]

Von ihrem Versteck in Pakistan aus verpasste al-Qaida zunächst die Entwicklungen, die sich in der arabischen Welt ab Ende 2010/Anfang 2011 abzuzeichnen begannen. Die Jihadisten, die jahrelang mit den Mitteln einer terroristischen Kampagne gegen die Autokratien im Nahen und Mittleren Osten kämpften, hatten es über die letzten Jahrzehnte nicht geschafft, auch nur einen Herrscher zu stürzen oder zu Zugeständnissen zu bewegen. Zu isoliert war die Bewegung von großen Teilen der Bevölkerung, die nun massenhaft ihr Recht auf Freiheit eingefordert hatte. Dies war nicht im Plan von al-Qaida vorgesehen. Erst relativ spät reagierte die al-Qaida-Führung auf die Ereignisse in Ägypten und anderswo und versuchte, diese im Nachhinein als Ergebnis ihrer bisherigen Anstrengungen zu präsentieren, wobei sie gleichzeitig dazu aufrief, nun auf die Gründung islamischer Staaten hinzuwirken. Mit dem (vorübergehenden) Sturz der Diktaturen sowie den neuen Entfaltungsmöglichkeiten für islamistische Kräfte fiel zunächst ein wichtiger Legitimierungsgrund des militanten Kampfes der Jihadisten in den betreffenden Ländern weg. Islamistische Parteien durften sich nun offen an Wahlen beteiligen, was ihnen neue Handlungsmöglichkeiten brachte. So übernahmen in Tunesien und Ägypten Akteure aus dem islamistischen Spektrum, zumindest für einen kurzen Zeitraum, die Regierung. In Ägypten kam die Partei der Freiheit und Gerechtigkeit (Muslimbruderschaft) bei den ersten freien Wahlen in Ägypten 2011/2012 auf 47 % der Stimmen, und auch die salafistische Hizb al-Nur (Partei des Lichts) konnte 24 % der Wähler für sich gewinnen. Dass Salafisten überhaupt eine Partei gegründet hatten, war dabei besonders beachtlich, weil sie bis dato Wahlen und die Beteiligung an einem parlamentarischen Prozess eher abgelehnt hatten. Nun jedoch, da sie eine Chance sahen, das System von innen heraus zu verändern, passten sie ihre Strategie an und stellten sich dem Wählerwillen. Dies betraf neben der al-Nur-Partei auch die in den 1980er und 1990er Jahren noch militant vorgehende salafistische Gruppe Jamaʿa Islamiyya, die sich nach der ägyptischen Revolution als Hizb al-Binaʾ wa-l-Tanmiya (Partei des Aufbaus und der Entwicklung) an den Parlamentswahlen 2011/2012 im Wahlbündnis al-Kutla al-Islamiyya (Islamischer Block) beteiligte, dem auch die salafistische Hizb al-Asala (Partei der Authentizität) angehörte. Andere Salafisten, insbesondere die Jihadisten, lehnten eine Beteiligung am parlamentarischen Prozess weiterhin ab. Jihadisten wie Ahmad Ashush oder Muhammad al-Zawahiri verurteilten beispielsweise die Teilnahme am ägyptischen Verfassungsreferendum vom 15. und 22. Dezember 2012, während die neu etablierten politisch-salafistischen Parteien, wie die Partei des Lichts, das Referendum befürworteten. Die Debatte über Demokratie verlief nun also nicht mehr zwischen «westlich» gesinnten Kräften und Islamisten, sondern wurde innerhalb der islamistischen Szene selbst geführt.

Die zunächst erfolgreich scheinenden Revolutionen hatten die Mängel der Ideologie und Strategie militanter Gruppierungen wie al-Qaida aufgezeigt, denen es durch ihre avantgardistische Haltung in einem jahrzehntelangen Kampf gegen die Regime in der arabischen Welt nicht gelungen ist, diese zu stürzen.

Die politischen Wirren, die neuen Freiheiten und die eingeschränkte Staatlichkeit, die durch Revolutionen und Kriege ab 2011 in diversen arabischen Staaten zu beobachten waren und zum Teil auch fortbestehen, nutzten auch Jihadisten in den betreffenden Regionen aus, um sich neu zu formieren. Dazu trug unter anderem auch bei, dass viele Jihadisten nach den Revolutionen aus dem Gefängnis entlassen worden waren (s.u.).

Unter anderem in Tunesien, Libyen und Ägypten bildeten sich ab 2011 verschiedene Organisationen, die den Namen Ansar al-Sharia (Unterstützer der Scharia) annahmen. In Ägypten gründete der Ideologe Ahmad Ashush, der eine langjährige jihadistische Vergangenheit aufweist und nach dem Sturz Mubaraks aus dem Gefängnis entlassen wurde, eine Gruppierung mit dem Namen al-Taliʻa al-Salafiya al-Mujahida Ansar al-Shariʻa (Die kämpfende salafistische Avantgarde, Unterstützer der Scharia). Diese Organisation war jedoch recht kurzlebig. Im Gegensatz dazu stehen Ansar al-Sharia in Libyen (ASL) und Ansar al-Sharia in Tunesien (AST), denen es gelang, ihren Einfluss in den jeweiligen Ländern massiv auszubauen.[25]

Die tunesische Organisation wird von Saif Allah Umar Bin Husain alias Abu ʻIyadh angeführt. Dieser ist ein weiteres Beispiel für einen nach der Revolution entlassenen Jihadisten, der anschließend zu einer wichtigen Führungsfigur aufstieg. Ansar al-Sharia in Tunesien agitiert gegen den demokratischen Prozess im Land. Sie verbreitete etwa ein Rechtsgutachten des jihadistischen Gelehrten Abu Mundhir al-Shanqiti, der die aktive Teilnahme an Demokratie als gegen die Lehren des Islams gerichtet verurteilte. Ähnlich wie die libysche Organisation stellt die tunesische Ansar al-Sharia aber auch soziale Dienstleistungen bereit. So organisierte sie beispielsweise Hilfskonvois für die Bevölkerung dreier Städte, die infolge des extrem kalten und schneereichen Februars 2012 in Not geraten waren. Beide Organisationen profitierten daher auch von der mangelnden staatlichen Wohlfahrt in Tunesien und Libyen und konnten die vom Staat gelassenen Lücken erfolgreich ausfüllen. Abu ʿIyadh betonte zwar immer wieder, dass seine Gruppe keine Waffen trage und Tunesien nicht als Kriegszone betrachte. Einiges deutet jedoch darauf hin, dass diese Aussagen Teil einer Taktik sind, zunächst Stärke durch Sympathien in der Bevölkerung aufzubauen und erst dann die eigenen Ziele auch mit Gewalt zu verfolgen. Anhänger der ASL agierten zudem durchaus gewalttätig in Tunesien, beispielsweise wenn sie gegen Polizisten oder auch Alkoholverkäufer vorgingen. Zudem legitimierte Abu ʿIyadh den gewalttätigen Jihad in anderen Ländern, wie Syrien und dem Irak, und gestand in einem Zeitungsinterview indirekt ein, Jugendliche zur Unterstützung von al-Qaida im islamischen Maghreb zu animieren. Bei der Einschleusung junger Tunesier nach Syrien soll AST eng mit ASL kooperieren. Wahrscheinlich ist, dass Tunesier im Nachbarland Libyen eine kurze militärische Ausbildung erhalten und dann nach Syrien verbracht werden.

Offiziell gehören die Ansar al-Sharia-Netzwerke zwar nicht dem al-Qaida-Netzwerk an, ideologisch und zum Teil auch personell weisen sie jedoch Überschneidungen mit diesem auf. Der Name Ansar al-Sharia ist dabei als eine Art Etikett zu verstehen, das sich die Gruppen in den jeweiligen Ländern als Erkennungsmerkmal einer gemeinsamen Ideologie geben. Erstmalig trat al-Qaida auf der Arabischen Halbinsel unter diesem Namen im Frühjahr 2011 auf und war damit möglicherweise Ideengeber. Die Ansar al-Sharia-Organisationen in Tunesien und Libyen agieren jedoch von al-Qaida unabhängig und verfolgen, soweit von außen erkennbar, im Gegensatz zu al-Qaida eher lokale Zielsetzungen. Sie operieren zwar durchaus grenzübergreifend, doch lediglich mit Bezug auf die arabischen Länder, nicht auf den Westen. Mit anderen Worten: Sie sind auf den «nahen Feind» konzentriert. Der «ferne Feind» sind dabei die Länder des Westens, die mit dem «nahen Feind», also den Regimen in den muslimischen Ländern, kooperieren.

Der Arabische Frühling und die jihadistische Bewegung

Der moderne Jihadismus schwankte stets zwischen der Bekämpfung des sogenannten «nahen» und des «fernen» Feindes». In der Formierungsphase von al-Qaida existierten zunächst unterschiedliche Ansichten darüber, auf welche Zielsetzung man sich nach der Vertreibung der Sowjets aus Afghanistan konzentrieren sollte. Während die Ägypter um Aiman al-Zawahiri den saudischen Bürger Usama Bin Ladin dazu bewegen wollten, sich für den Kampf gegen das Mubarak-Regime in Ägypten zu engagieren, war es zunächst Bin Ladins Ziel, die sozialistische Regierung im Jemen, dem Herkunftsland seines Vaters, zu stürzen. Erst später, im Zuge des Zweiten Golfkrieges 1990–1991, fokussierte Bin Ladin sich zunehmend auf die USA und begann 1993 mit Planungen für eine größere Attacke gegen amerikanische Ziele. Die Bekämpfung der USA war jedoch kein Selbstzweck. Vielmehr wollte Bin Ladin das saudische Königshaus über dessen Verbündeten, nämlich die USA, treffen. Die globale Ausrichtung von al-Qaida, welche für die kommenden Jahre die operative Ausrichtung der terroristischen Jihadisten kennzeichnen sollte, manifestierte sich dann in der 1996 erschienenen «Erklärung des Heiligen Krieges gegen die Amerikaner, die das Land der beiden heiligen Stätten besetzen» sowie in der zwei Jahre später erfolgten Formierung der «Internationalen Islamischen Front für den Jihad gegen Juden und Kreuzritter», mit der Bin Ladin verschiedene militante Gruppierungen zusammenführte und diese auf die neue internationale Ideologie einschwor.

Nun, nach dem Arabischen Frühling, witterten die Jihadisten Morgenluft und glaubten, ihrem Ziel, der Errichtung «wahrhafter» islamischer Staaten in den muslimischen Kernregionen ein Stück näher zu kommen. Der Westen stellte zwar weiterhin eines der Hauptfeindbilder, doch wurde er von der Mehrheit der Jihadisten nicht mehr als Hauptangriffsziel wahrgenommen, sondern eher als ein störender Faktor auf dem Weg zur Wiedererrichtung des Kalifats. Diese Position findet sich beispielhaft in einer kurzen Schrift des Bruders von Aiman al-Zawahiri, Muhammad al-Zawahiri. Er war einer der Jihadisten, die nach dem Sturz Mubaraks aus dem Gefängnis entlassen wurden. Wieder in Freiheit, nahm al-Zawahiri seine politische Arbeit auf, ohne jedoch dabei sichtbar eine bestimmte Organisation oder Gruppe zu unterstützen. Im September 2012 veröffentlichte Muhammad al-Zawahiri das als «Vermittlungsvorschlag zwischen der islamistischen Bewegung und dem Westen» betitelte Positionspapier. Hierin sagt er deutlich, dass al-Qaida nur eine von mehreren Gruppen und die islamistische Bewegung weitaus umfassender sei. Er vergleicht sie dabei mit einem «Dämon» oder einem «Geist», der aus seiner Flasche gelassen wurde, womit er deutlich machte, dass die Bekämpfung einer einzigen Organisation wie al-Qaida nicht den vom Westen gewünschten Effekt haben würde. Daher, so sein Vorschlag, sollten der Westen und die islamistische Bewegung zu einem Friedensabkommen finden. Dieses müsse beinhalten, dass sich die westlichen Staaten militärisch und politisch aus den muslimischen Regionen zurückziehen, die Bekämpfung der islamistischen Bewegung einstellen und auch nicht gegen die Errichtung islamischer Staaten im muslimischen Kernland intervenieren. Im Gegenzug würde man dem Westen Sicherheitsgarantien geben, so die Idee von al-Zawahiri.

Al-Zawahiri machte also sehr deutlich, dass es ihm um die muslimischen Länder ging, nicht etwa um die Unterwerfung des Westens. Abgesehen davon, dass dieses Vermittlungsangebot reine Phantasterei geblieben ist und al-Zawahiri selbst sagt, dass er nicht im Namen einer bestimmen Organisation, sondern als Teil der islamistischen Bewegung spricht, scheint dieses Argument dennoch wesentlich, da auch andere Islamisten und Jihadisten ähnliche Aussagen gemacht und sich auch entsprechend verhalten haben: Nach dem Arabischen Frühling hat es einen erneuten Schwenk im Austarieren zwischen der Bekämpfung des «nahen» und des «fernen» Feindes, gegeben, nämlich eine Fokussierung auf den «nahen» Feind. Dies belegt auch eine Studie von Seth G. Jones, der zu dem Ergebnis kam, dass im Jahr 2013 99 % der Angriffe, die auf das Konto von Jihadisten gingen, nicht gegen den Westen, sondern gegen den «nahen Feind» gerichtet waren und die Regionen Nordafrika und Mittlerer Osten betrafen.

Die Studie zeigt zudem, dass die jihadistische Propaganda, die sich auf die Erfolge der Bewegung konzentriert, zumindest nicht gänzlich abwegig ist: Tatsächlich haben die Jihadisten zwischen

2010 und 2013 Aufwind erhalten. So sei die Anzahl der jihadistischen Gruppen in diesem Zeitraum um 58 % gestiegen, und die Zahl der salafistischen Jihadisten habe sich verdoppelt. Ein maßgeblicher Faktor für diese Entwicklung war der Krieg in Syrien.

2.
Der zweite syrische Jihad und der Irak

Die al-Nusra-Front

Im Januar 2012 erschien das erste Video der Jabhat al-Nusra (Unterstützungsfront; JaN). Darin gab Abu Muhammad al-Jaulani, der als «Generalverantwortlicher der Jabhat al-Nusra» betitelt wurde, die Formierung des Kampfverbandes bekannt. Al-Jaulani begann seine Rede mit einem Verweis auf die vergangenen Monate seit Ausbruch der Proteste, also seit März 2011, und auf die brutale Reaktion des Regimes hierauf. Deshalb, so al-Jaulani weiter, seien er und seine Leute nach Syrien zurückgekehrt, um die Bevölkerung zu schützen. Dementsprechend lautete der volle Name der Organisation zunächst «Front zur Unterstützung der Leute von Shaam (Syrien)». Sie bestehe aus Kämpfern, so al-Jaulani, die zuvor auf anderen «Feldern des Jihads», also in Ländern wie etwa dem Irak, Afghanistan und Pakistan, aktiv waren. Die in dem Video geäußerte Hauptkritik gilt zwar Bashar al-Asad, doch ordnete al-Jaulani bereits hier den Kampf gegen das syrische Regime in die größere Auseinandersetzung mit «dem Westen und den USA» ein, die al-Asad und seine Verbrechen unterstützen und einen weltweiten Krieg gegen die Muslime führen würden. Dies ist ein äußerst wichtiger Punkt, da schon beim ersten öffentlichen Auftreten die globale Ausrichtung der Gruppe deutlich gemacht wurde, um sich damit gegen andere, lokal ausgerichtete Rebellen abzugrenzen. Als Verbündeten der USA und des Westens zählte al-Jaulani auch die Türkei und deren Ministerpräsidenten Erdogan auf, woraus deutlich wird, dass auch dessen Regierung den globalen Jihadisten keineswegs als verbündet gilt. Denn die türkische Regierung, so al-Jaulani, repräsentiere lediglich einen «formalen Islam ohne Kern», mit dem die USA zufrieden seien. Das gleiche gelte auch für die Arabische Liga. Als einen weiteren Feind benannte al-Jaulani Iran und dessen Projekt zur Ausdehnung des eigenen Machtbereichs, bei dem Syrien als «Verbündeter» eine wichtige Rolle spiele. Insgesamt machte al-Jaulani also von Anfang an sehr deutlich, dass die al-Nusra-Front den Sturz al-Asads und die Errichtung eines islamischen Staates nur als eine Facette eines viel umfangreicheren Kampfes versteht.

In den Monaten nach Bekanntgabe der Gründung führte die «Unterstützungsfront» diverse militärische Operationen durch, darunter auch Autobomben- und Selbstmordanschläge, und konnte sich insbesondere in nord- und ostsyrischen Landesteilen festsetzen. Die ersten Berichte über ihr Auftreten im syrischen Bürgerkrieg zeichnen dabei ein Bild, demzufolge die Organisation sich gegenüber anderen Rebellengruppen durch ihre Fähigkeiten im Guerilla-Kampf abheben und sich durch wirkungsvolle Angriffe einen guten Ruf erarbeiten konnte. Nicht die Ideologie der «Unterstützungsfront», sondern ihre Fähigkeiten waren anfangs bei den syrischen Rebellen gefragt. Die Freie Syrische Armee (FSA) bestand zumeist aus Deserteuren der regulären syrischen Armee. Diese hatten eine traditionelle militärische Ausbildung erhalten, die zum Kampf gegen reguläre Armeen befähigte, nicht jedoch zum asymmetrischen Krieg, der nun in Syrien begonnen hatte. Die Mitglieder der al-Nusra-Front hingegen waren geschult in Sprengfallen und weiteren Hit-and-Run-Techniken und hatten ihre Fähigkeiten zum Teil bereits als Mitglieder von al-Qaida im Irak (AQI) bzw. des Islamischen Staates in Irak (ISI) anwenden können. Dies war der Grund, weshalb Jabhat al-Nusra und ihre Kämpfer von weiten Teilen des syrischen Widerstandes mit offenen Armen empfangen wurden.

Dabei bekämpfte sie bald schon nicht mehr ausschließlich die Truppen der syrischen Regierung, sondern in den kurdischen Regionen auch die «Volksverteidigungseinheiten» (Yekîneyên Parastina Gel; YPG) der im Norden Syriens agierenden kurdischen Partiya Yekitîya Demokrat (Partei der Demokratischen Union; PYD), die mit der Arbeiterpartei Kurdistans (PKK) verbunden ist. Insbesondere in der Provinz al-Hasaka versuchte die al-Nusra-Front, Territorien unter Kontrolle zu bringen, dies in mehreren Fällen auch mit Erfolg. Al-Hasaka ist eine wirtschaftlich marginalisierte Provinz im Nordosten Syriens, mit einer Grenze zum Irak. Die Region ist hauptsächlich landwirtschaftlich geprägt und hat nur etwa 1,5 Millionen Einwohner, hauptsächlich Kurden und Assyrer, aber auch Araber. Ein Großteil der Araber wurde erst in der Zeit von 1965 bis 1976 von der Baʿth-Partei dort angesiedelt, um den «Arabischen Gürtel» zu stärken und so die Macht der Partei auszubauen. Etwa 60 000 Kurden wurden im Zuge der Arabisierung des Landes umgesiedelt. Die drei größten Städte sind al-Hasaka, Qamischli und Ras al-ʿAin. Es gibt zwei Gründe dafür, dass Jabhat al-Nusra und auch ISIS/IS (s. u.) ein Interesse an der Region haben: Erstens ist al-Hasaka eine Provinz mit Ölvorkommen. Erdöl wird zum einen zur Versorgung der eigenen Truppen und der Fahrzeuge benötigt, zum anderen kann daraus Einkommen erzielt werden. Daher bemühte sich die al-Nusra-Front im Jahr 2013 auch sehr um die Eroberung der Stadt al-Shaddadeh und ihrer Ölfelder. Zweitens liegt al-Hasaka strategisch günstig: Innersyrisch grenzt die Provinz an Dair al-Zaur, jenen ebenfalls ölreichen Landesteil, in dem die Jihadisten und die al-Nusra-Front traditionell stark verankert sind und um den sich JaN und ISIS/IS ab Frühjahr 2014 heftige Gefechte lieferten. Am östlichen Ende von al-Hasaka wiederum verläuft die Grenze zur im Irak gelegenen Provinz Ninive (Arabisch: Ninawa), die als Bastion von ISIS/IS gilt und seit Juni 2014 weitestgehend unter Kontrolle von diesem steht. In Ninive liegt auch die Stadt Sinjar, wo die oben erwähnten *Sinjar Records*, also jene Papiere, die Auskunft über ausländische Jihadisten im Irak gaben, gefunden wurden. Wer al-Hasaka kontrolliert, verfügt damit über einen Korridor vom Irak bis an das westlich angrenzende al-Raqqa (Hauptquartier von ISIS/IS in Syrien) und daran anschließend Aleppo. Dies ist das Territorium, das für die Jihadisten sowohl von Jabhat al-Nusra als auch von ISIS/IS von größter Bedeutung ist, um Menschen und Material bewegen zu können, Rückzugsräume zu nutzen sowie aus dem Ölreichtum Profit zu schlagen.

Im Gegensatz zu ISIS/IS war die al-Nusra-Front jedoch nicht nur in den östlichen Landesteilen operativ stark (dort bis Frühjahr 2014). Zwar hat ISIS/IS auch Aktivitäten in der Region Homs vorzuweisen, doch ist Jabhat al-Nusra weitaus besser im Westen und Süden Syriens vernetzt und anerkannt als der Islamische Staat. Daher operiert sie auch zusammen mit der Islamischen Front (IF) von Zahran ʿAllush, innerhalb derer die Kooperation mit Ahrar al-Sham (Freie Männer Syriens, s. u.) besonders ausgeprägt ist. Zudem arbeitet die «Unterstützungsfront» auch mit anderen Milizen zusammen. Durch diese Strategie war es ihr sogar möglich, Offensiven in der Hochburg des al-Asad-Regimes Latakia sowie in der Provinz Quneitra und in südlichen Landesteilen durchzuführen, etwa in Daraʿa, wo sie Ende April 2014 die Kleinstadt Nawa mit etwa 60 000 Einwohnern einnehmen konnte.

Der 11. Dezember 2012 brachte für die al-Nusra-Miliz und für die US-Außenpolitik in Syrien dann eine wichtige Weichenstellung: An diesem Tag erklärten die USA Jabhat al-Nusra offiziell zur Terrororganisation. Das Außenministerium erklärte den Schritt damit, dass die al-Nusra-Front der in Syrien tätige Ableger der al-Qaida im Irak (AQI) bzw. von ISI unter einem anderen Namen sei. Der *amir* (Anführer, Befehlshaber) der AQI, Abu Bakr al-Baghdadi alias Abu Duʿa, kontrolliere, so die damalige Einschätzung der USA, sowohl al-Qaida im Irak als auch die Jabhat al-Nusra. In der Tat war es wohl al-Baghdadi, der im Spätsommer 2011 Mitglieder seiner Miliz vom Irak nach Syrien entsandt hatte, um sich dort mit dem Aufstand vertraut zu machen und Strukturen aufzubauen. Einer dieser Gesandten war al-Jaulani. Es ist auch wahrscheinlich, dass Jabhat al-Nusra in den ersten Monaten noch ein enges Verhältnis zur irakischen Mutterorganisation pflegte. Zudem waren viele ihrer Mitglieder ehemalige «Soldaten» von ISI, neben al-Jaulani zum Beispiel auch die ehemalige Nummer zwei (bis Ende Juli 2014) der al-Nusra-Front, Abu Mariya al-Qahtani.

Al-Qahtani, dessen wahrer Name Maisar ʿAli Bin Musa Bin ʿAbdullah al-Juburi lautet, war zunächst Soldat in der irakischen

Armee zu Zeiten Saddam Husains. Nach dem Sturz des irakischen Diktators leistete er Dienst als Polizist in Mosul und war dort für die Aufstandsbekämpfung mitverantwortlich, weshalb er von den Jihadisten Todesdrohungen erhielt. Neben anderen Faktoren, wie etwa religiöse Überzeugung und der Wille, gegen die Besatzer zu kämpfen, waren es angeblich diese Drohungen, die al-Juburi dazu veranlassten, die Jihadisten aufzusuchen und ihnen gegenüber Reue für seine Tätigkeit als Polizist zu bekunden. Al-Juburi schloss sich nun dem jihadistischen Aufstand gegen die neue irakische Regierung und die US-Truppen im Lande an. Bald wurde er jedoch verhaftet und verbrachte einige Jahre im Gefängnis. Nach seiner Freilassung legte er in Mosul den Treueschwur an ISI ab. Nachdem er das zweite Mal verhaftet und anschließend wieder freigelassen wurde, flüchtete al-Juburi Ende 2011 aus Mosul nach Syrien, wo er einen Gemüseladen eröffnete, was ihm den Spitznamen «Der Gemüsehändler» (*al-baqqal*) einbrachte. Nachdem al-Jaulani auf Geheiß al-Baghdadis nach Syrien kam, um Jabhat al-Nusra zu gründen, kam es schnell zu einem Treffen zwischen den beiden Männern, die sich angeblich noch aus gemeinsamen Zeiten in Mosul kannten. Al-Jaulani ernannte al-Juburi im Jahr 2012 zum Generalmufti[26] seiner Organisation Jabhat al-Nusra. Nach einem Zerwürfnis zwischen al-Jaulani und al-Juburi soll der Posten jedoch Ende Juli 2014 an Sami al-ʿUraidi gegangen sein. Al-Juburi blieb allerdings zunächst offiziell weiterhin Regionalkommandeur für den Bereich Ost. In dieser Funktion war er in den Monaten zuvor maßgeblich an dem Konflikt zwischen al-Nusra-Front und IS beteiligt. Ab Sommer 2014 verlor al-Nusra jedoch den Kampf mit IS um die Region Ost und musste sich von dort zurückziehen, was zu einem Machtverlust von al-Juburi führte.

Die Geschichte der Jabhat al-Nusra und ihres Führungspersonals war also in der Tat eng mit ISI verstrickt. Doch al-Jaulani und seine Leute emanzipierten sich bald von Abu Bakr al-Baghdadi und ISI. So legte Abu Muhammad al-Jaulani im April 2013 direkt gegenüber Aiman al-Zawahiri, dem Führer von al-Qaida, den Treueeid (*baiʿa*) ab und unterstand somit formell nicht mehr al-Baghdadi, sondern nur noch al-Zawahiri. Auch wies al-Jaulani zugleich auf die eigene Unabhängigkeit gegenüber ISI hin, der zuvor seine Namenserweiterung bekannt gegeben hatte und sich fortan «Islamischer Staat in Irak und Syrien» nannte (ISIS, s. u.). Insofern negierte die Erklärung indirekt zwar das Argument des US-Außenministeriums, die al-Nusra-Front aufgrund der Verbindungen zu AQI auf die Liste der Terrororganisationen zu setzen, doch zugleich lieferte al-Jaulani mit seinem Schwur auf al-Zawahiri den ersten offiziellen Hinweis darauf, dass seine Miliz den syrischen Ableger des al-Qaida-Netzwerkes darstellt, wozu sich beide Gruppierungen später auch offen bekannten. Gegenüber dem Sender Al Jazeera sagte al-Jaulani in einem Interview, dass al-Zawahiri und die al-Qaida-Führungsriege Ratschläge und Richtlinien vorgäben, an denen die Führung der «Unterstützungsfront» sich dann orientiere.

Dass diese nicht nur nominell und per Schwur mit al-Qaida verbunden ist, zeigt sich auch auf der Ebene des Personals: Abu Hammam al-Shami, auch bekannt als Faruq al-Suri, ist eines von mehreren Beispielen. Er hielt sich in den Jahren 1998 bis 1999 in Afghanistan auf und durchlief eine Ausbildung in Abu Musʿabs Trainingscamp al-Ghurabaʾ (Die Fremden) in Afghanistan, bevor er ins berühmte Faruq-Camp von al-Qaida nahe Kandahar wechselte. Nach seinem Training wurde er dort selbst Ausbilder und leistete auch seinen Treueschwur (baiʿa) auf Usama Bin Ladin, den er persönlich traf. Abu Hammam war zudem für Jihadisten aus der Levante zuständig, die sich nach Afghanistan begeben hatten. Nachdem die USA und die westlichen Staaten ab Ende 2001 in Afghanistan intervenierten, beteiligte er sich noch an diversen militärischen Operationen, bevor er im Zuge des bevorstehenden Einmarsches der Amerikaner in den Irak im März 2003 als Repräsentant von al-Qaida in den Irak geschickt wurde. Dort traf er unter anderem mit Abu Musʿab al-Zarqawi zusammen, bevor er durch irakische Sicherheitskräfte verhaftet und nach Syrien abgeschoben wurde. Allerdings ließen die syrischen Behörden Abu Hammam aus nicht bekannten Gründen wieder frei. Später ging er in den Libanon, wo er abermals verhaftet wurde und fünf Jahre im Gefängnis verbrachte. Nach seiner Freilassung schloss er sich der al-Nusra-Front als militärischer Kommandeur an. Aus der Geschichte Abu Hammams wird die enge historische und personelle Verbindung von Jabhat al-Nusra mit Kern-al-Qaida, aber auch mit al-Qaida im Irak beispielhaft ersichtlich.

Die Listung der al-Nusra-Miliz als Terrororganisation durch die USA führte zunächst zu einer Welle von Solidaritätserklärungen – in Syrien wie auch außerhalb des Landes. In Syrien fanden Demonstrationen statt, auf denen die Protestierenden riefen: «Wir alle sind Jabhat al-Nusra» oder «Wir sind alle Terroristen». Vielen oppositionell eingestellten oder gar im Widerstand befindlichen Syrern – und zwar nicht nur den jihadistisch gesinnten – war es unbegreiflich, weshalb die USA eine schlagkräftige Miliz, die bei nicht wenigen Syrern damals zudem den Ruf genoss, im Gegensatz zu anderen Milizen diszipliniert und nicht korrupt zu sein, als terroristisch ansah. Außerhalb Syriens, also auch in Deutschland, griff die jihadistische Szene die Einstufung der «Unterstützungsfront» als erneuten Mobilisierungsanlass und weiteren Beweis für die in ihren Augen ungerechte US-Außenpolitik auf. Während Bashar al-Asad sein eigenes Volk töte, so die damals weit verbreitete Argumentationslinie, hätten die USA nichts Besseres zu tun, als eine Partei des Widerstands als terroristisch zu brandmarken. Die al-Nusra-Miliz nahm die Opferrolle dankbar an und spielte diese Karte genüsslich aus, um sich in der Bevölkerung als Teil des legitimen Widerstands zu etablieren. Im Internet wurden durch ihre Anhänger einprägsame Banner verbreitet, auf denen in Arabisch und Englisch stand: «Nein zur amerikanischen Einmischung! Wir alle sind Jabhat al-Nusra!»

Die al-Nusra-Miliz präsentiert sich in Syrien sowohl gegenüber der Bevölkerung als auch gegenüber anderen oppositionellen Kampfverbänden zwar strategisch geschickt, etwa durch diverse Koalitionsbildungen mit anderen Rebellenfraktionen. Auch hat sie nicht das schlechte Image der Radikaljihadisten von ISIS/IS (s. u.), da sie sich gegenüber der Zivilbevölkerung oftmals nachsichtiger und weniger brutal verhielt. Dies darf aber nicht darüber hinwegtäuschen, dass sich Jabhat al-Nusra zu der Zeit, als die USA die Organisation in die Liste der Terrorgruppen aufnahmen, zu mehr als 600 Angriffen in Syrien – darunter auch 40 Selbstmordattentaten – seit November 2011 bekannt hatte. Von ihrer Medienstelle

«Das weiße Minarett» erstellte und verbreitete Aufnahmen belegen dabei, dass die al-Nusra-Front für Gräueltaten verantwortlich ist, die als Kriegsverbrechen gelten, etwa für die Exekution von zwanzig gefangenen und gefesselten Soldaten der syrischen Armee.

Die Bewaffnung und militärische Ausbildung von Kindern, wahrscheinlich sogar der Einsatz an der Front, ist dabei ein weiterer Faktor, der die Skrupellosigkeit von Jabhat al-Nusra unterstreicht. Allerdings steht sie mit der Instrumentalisierung von Kindern im syrischen Bürgerkrieg keineswegs allein da. Ein Bericht der UNO vom 27. Januar 2014 hat sehr eindrucksvoll die Leiden der Kinder und deren Rolle als Opfer von militärischen Aktionen sowie als Kindersoldaten beschrieben und dabei auch deutlich gemacht, dass alle Bürgerkriegsparteien die Rechte von Kindern massiv verletzen. Kindersoldaten sollen mittlerweile sowohl aufseiten der Regime-Anhänger als auch aufseiten der Rebellen eingesetzt werden.

Jabhat al-Nusra und auch ISIS/IS (s. u.) versuchen jedoch sehr gezielt, insbesondere Kinder und Jugendliche langfristig an die Organisation und ihre Ideologie zu binden. Dies belegen mehrere Veröffentlichungen, beispielsweise ein Video mit dem Titel «Sportliche Aktivitäten – Die Löwenjungen des Monotheismus – Jabhat al-Nusra» (*Nashat riyadhi – ashbal al-tauhid – jabhat al-nusra*), das im März 2014 von der Medienstelle «Das weiße Minarett» veröffentlicht wurde. Zu sehen sind zunächst Fotos einer Schar von Jungen – teils bewaffnet – vor einer Hauswand, auf der der Schriftzug «Jabhat al-Nusra» deutlich zu erkennen ist. Die Bilder sind unterlegt mit der kurzen arabischen Ansprache eines Jungen, der den Stimmbruch noch vor sich hat:

Wir sind keine Kinder, aber wir sind auch nicht Männer, wie ihr es seid. Wir sind Helden! Helden unserer Religion und unserer Glaubensvorstellung. Wir sind Helden trotz aller Verlockungen, und unsere Kindheit liegt im Islam der Ehre. Dieser lehrt uns Heldentum und Ehrenhaftigkeit.

Der letzte Teil der Ansprache ist der erste Vers einer – bereits vor dem Syrienkrieg existenten – jihadistischen Hymne mit dem Titel «Unsere Kindheit liegt im Islam der Ehre» (*Tufulatuna bi-Islami l-karama*). Eine Aufnahme dieses Liedes setzt direkt im Anschluss an die Ansprache des Jungen ein, dazu werden Aufnahmen eines von Jabhat al-Nusra organisierten Fußballspiels gezeigt, zu dem die Jungen im Bus hin und wieder zurückgefahren wurden. Das Video endet mit der Busfahrt, bei der ein Mann in den Zwanzigern, der beim Spiel als Schiedsrichter fungiert hat, Losungen wie «Keine Angst, denn wir haben den Koran in unseren Händen!» vorgibt, welche die Kinder anschließend im Chor wiederholen müssen.

Jabhat al-Nusra bemüht sich also sehr, sich und ihre Ideen in der heranwachsenden Generation zu verfestigen. Wenn der syrische Bürgerkrieg zu einem Ende kommt, sollte die internationale Gemeinschaft Kindern daher intensive psychologische Hilfe zur Verfügung stellen, damit eine Auseinandersetzung mit ihrer Indoktrination und gegebenenfalls ihrer Traumatisierung durch den Einsatz als Kindersoldaten stattfinden kann.

Insgesamt ist jedoch festzuhalten, dass Jabhat al-Nusra sich im Wesentlichen nicht brutaler als andere Bürgerkriegsparteien verhält. Gegenüber der sunnitischen Bevölkerung tritt sie sogar oft disziplinierter und großzügiger auf als andere Milizen, die zuweilen stärker von kriminellen Machenschaften geprägt und daher weniger berechenbar sind. Das Kalkül der «Unterstützungsfront» in ihrem Verhalten gegenüber der Bevölkerung, der sie auch Nahrungsmittel und andere Spenden zukommen lässt, besteht darin, sich langfristig deren Wohlwollen und Rückhalt zu sichern. Dies gelingt ihr besser als der Gruppe ISIS/IS. Diese gilt in den Augen vieler Syrer als ausländische Organisation, obwohl es auch in den Reihen der al-Nusra-Miliz viele Nicht-Syrer gibt. Zudem geht ISIS/IS gegenüber der syrischen Bevölkerung ungleich brutaler und kompromissloser vor (s. u.). Dies alles darf aber nicht darüber hinwegtäuschen, dass die al-Nusra-Front der Linie von al-Qaida und ihrem Anführer Aiman al-Zawahiri bedingungslos folgt und deren Ideologie vor den Toren Europas verbreitet. Derzeit befindet sie sich (noch) in einem Kampf gegen das Regime. Doch die al-Qaida-Ideologie ist nicht auf das Erreichen eines kurzfristigen Zieles gerichtet, sondern verfolgt den langfristigen Plan, in der muslimischen Welt ein Kalifat zu errichten, in dem ihre Auslegung der Scharia angewandt wird.[27] Dabei kommt es zwangsläufig zu Interessenskonflikten mit westlichen Staaten und zu Konfrontationen.

Der Islamische Staat in Irak und Syrien

Der Islamische Staat ist auferstanden, durch das Blut der Aufrichtigen. Meine Gemeinde (umma): Die Morgendämmerung ist bereits angebrochen, und so beobachtet den Sieg der wahrhaft Gläubigen.[28]

Al-Zarqawi gab im Oktober 2004 seinen Treueschwur (*baiʿa*) gegenüber Usama Bin Ladin bekannt, zugleich änderte er den Namen seiner 1999 gegründeten Gruppe «Monotheismus und Jihad» nun in «Basis des Jihads im Zweistromland» (Qaʿidat al-Jihad fi Bilad al-Rafidain), im Folgenden al-Qaida im Irak (AQI) genannt. Al-Zarqawi war bekanntlich kein Iraker, sondern Jordanier; der transnationale Charakter von al-Qaida im Irak – und später von ISIS/IS – ist also bereits in der Gründungsgeschichte vorhanden.

Der Anschluss der Organisation al-Zarqawis im Irak an das al-Qaida-Netzwerk war keine Liebesheirat. Vielmehr suchte al-Zarqawi Aufwertung durch den Namen «al-Qaida», während diese wiederum ein Interesse daran hatte, Standbeine in verschiedenen Regionen der arabischen Welt aufzubauen. Das Verhältnis zwischen al-Zarqawi und der al-Qaida-Zentrale in der afghanisch-pakistanischen Grenzregion war daher auch keineswegs spannungsfrei. Kern-al-Qaida war von Bin Ladin und dessen engsten Vertrauten dominiert. Dieser Führungszirkel sah in den USA und ihren Verbündeten den Feind, den es zunächst zu bekämpfen galt, da die Unterstützung der USA für die autoritären bis diktatorischen arabischen Regime als Hauptgrund für deren politisches Überleben betrachtet wurde. Al-Qaida sah sich dabei als Speerspitze der Muslime, in deren Namen die Gruppe vorgab zu kämpfen. Al-Zarqawi hingegen war auf den nicht-muslimischen Einfluss in den muslimischen Gesellschaften selbst fokussiert, auf «unislamisches» Verhalten der Muslime und auf von der «reinen Glaubenslehre» abweichende islamische Strömungen und Konfessionen, darunter angeblich «abtrünnig» gewordene Sunniten, vor allem aber Schiiten. Seine Hetzreden gegen Schiiten stellten dabei immer auch den Versuch dar, die sunnitisch-irakischen Stämme, um deren Gunst sowohl die USA und ihre irakischen Helfer als auch al-Qaida im Irak buhlten, in einen konfessionellen

Bürgerkrieg hineinzuziehen, bei dem AQI sich als natürlicher Verbündeter der sunnitischen Stämme präsentieren könnte – also eine Situation zu schaffen, wie sie im Juni 2014 tatsächlich eingetreten war (siehe Kapitel «Hölle auf Erden»). Al-Qaida im Irak wurde daher vor allem durch groß angelegte und besonders perfide Angriffe auf Schiiten und schiitische Heiligtümer und Moscheen bekannt, bei denen hauptsächlich Zivilisten starben. Diese Strategie war die al-Zarqawis und entsprach nicht der al-Qaida-Leitlinie. Daher richtete im Sommer 2005 Aiman al-Zawahiri, damals die Nummer Zwei in der al-Qaida-Führung, das Wort an al-Zarqawi und rief diesen zur Mäßigung auf. Das Hauptziel, versuchte al-Zawahiri den aus dem Ruder gelaufenen al-Zarqawi zu belehren, seien die USA, nicht die Muslime. Die al-Qaida-Führung war zudem um das Image der «Marke» al-Qaida in der arabischen Welt besorgt. Die blutrünstigen Taten al-Zarqawis, wie die Enthauptungen von Geiseln vor laufenden Kameras oder Anschläge auf Zivilisten im Irak, wurden weltweit nicht nur als Taten von al-Zarqawi und seinen Leuten wahrgenommen, sondern direkt Kern-al-Qaida zugeschrieben, was ein massives Image-Problem für Bin Ladin und seine Getreuen bedeutete. Zudem ließen sich Angriffe auf Moscheen – ob schiitisch oder sunnitisch – sowie auf muslimische Zivilisten aus Sicht von al-Qaida kaum vor den Muslimen der Welt rechtfertigen.

Im Januar 2006 erfolgte dann der Zusammenschluss von al-Qaida im Irak mit einigen kleineren sunnitisch-islamistisch ausgerichteten Milizen des Widerstands gegen die US-Besatzung unter dem Namen Mujahidin-Rat (Majlis Shura al-Mujahidin), der von AQI dominiert war. Al-Zarqawi führte den Rat allerdings nur bis zum 7. Juni 2006. An diesem Tag wurde er bei einem gezielten Angriff zweier US-Kampfflugzeuge auf ein sogenanntes «safe house», einen als sicher erachteten Unterschlupf, getötet. Dem neu gegründeten Dachverband stand nun ʿAbdullah Rashid al-Baghdadi vor, der als Abu ʿUmar al-Baghdadi bekannt wurde. Allerdings folgte trotz dieser Veränderungen keine Abweichung von der Linie al-Zarqawis gegenüber den Schiiten. So bekräftigte auch al-Baghdadi in einer Stellungnahme am 9. Juni 2006, dass der Jihad gegen die irakischen Schiiten unvermindert fortgeführt werden müsse.

Der Mujahidin-Rat war eine kurzlebige Erscheinung, und nur wenige Monate nach dessen Gründung wurde am 15. Oktober 2006 die – bis April 2013 – vorerst letzte Umbenennung in al-Daula al-Islamiyya fī l-ʿIraq (Islamischer Staat im Irak; ISI) bekanntgegeben.

Über das Verhältnis von ISI zu Kern-al-Qaida gab zuletzt eine am 2. Mai 2014 veröffentlichte Rede des al-Qaida-Anführers Aiman al-Zawahiri Auskunft. In der Ansprache mit dem Titel «Zeugnis zur Bewahrung des Lebens der Mujahidin in Syrien»[29] machte al-Zawahiri zunächst klar, dass ISI zum al-Qaida-Netzwerk gehörte. Aber aus der Rede wurde auch ersichtlich, dass die Gründung von ISI nicht in Absprache mit der Führung von Kern-al-Qaida, damals noch mit Usama Bin Ladin an der Spitze, erfolgt war. Vielmehr soll Abu Hamza al-Muhajir,[30] der damalige «Kriegsminister»[31] von ISI, erst anschließend in einem Brief die «Generalführung» von al-Qaida hierüber informiert und zugleich seine Loyalität beteuert haben. Anschließend soll der Befehlshaber (*amir*) von ISI, Abu ʿUmar al-Baghdadi, Usama Bin Ladin als seinen vorgesetzten *amir* anerkannt und erklärt haben, dass ISI den Anordnungen der Jamaʿat Qaʿidat al-Jihad (Gruppe der Basis des Jihads; al-Qaida-Selbstbezeichnung) Folge leisten werde. Kern-al-Qaida wurde also von der Gründung des «Islamischen Staats» gewissermaßen überrumpelt, erkannte die Organisation dann jedoch an und versuchte sie in ihr Netzwerk zu integrieren.

Abu ʿUmar al-Baghdadi führte ISI dreieinhalb Jahre, bis er am 18. April 2010 zusammen mit Abu Hamza al-Muhajir durch einen gezielten US-Luftschlag getötet wurde, wie die Führung der Kern-al-Qaida in einem Kommuniqué vom 26. April 2010 bekannt gab. Die Generalführung von al-Qaida verlor mit Abu Hamza al-Muhajir ihren wichtigsten Vertrauensmann im Irak und somit auch Einfluss auf und Kontrolle über ISI.

Die Nachfolge Abu ʿUmar al-Baghdadis trat Ibrahim ʿAwwad Ibrahim ʿAli al-Badri al-Samarraʾi alias Abu Bakr al-Baghdadi an, der die Organisation bis heute anführt. In der Bestimmung des Nachfolgers von Abu ʿUmar al-Baghdadi spielte Kern-al-Qaida laut al-Zawahiri wohl – wie auch schon bei der Gründung von ISI – nur die Rolle des Zuschauers, so dass Bin Ladin in einem

Brief im Frühsommer 2010 mehr Informationen über den Lebenslauf von Abu Bakr al-Baghdadi anforderte. Nach dem Tod von Bin Ladin am 2. Mai 2011 erkannte al-Baghdadi dann al-Zawahiri als seinen neuen Befehlshaber an. Im März 2013 – kurz vor der offiziellen Namensänderung von ISI in ISIS (s. u.) – kam es, laut al-Zawahiri, zu einer intensiveren Kommunikation zwischen ihm und al-Baghdadi sowie mit al-Jaulani, dem Anführer der al-Nusra-Front. Al-Baghdadi bezeichnete al-Jaulani, den er als seinen Stellvertreter in Syrien ansah, gegenüber al-Zawahiri zu dieser Zeit bereits als Verräter, da al-Jaulani sich nicht mehr an seinen Treueschwur gegenüber al-Baghdadi gebunden gefühlt habe. Er habe daher al-Zawahiri vor einer Unterstützung al-Jaulanis gewarnt.

Im April 2013, gut zwei Jahre, nachdem die ersten Proteste gegen Bashar al-Asads Regime aufgeflammt waren, gab der «Islamische Staat im Irak» dann die bislang folgenschwerste Namenserweiterung bekannt: Die Organisation nannte sich nun «Islamischer Staat in Irak und Syrien» (al-Daula al-Islamiyya fi l-'Iraq wa-l-Sham): ISIS.[32]

Die Übersetzung dieses Namens bereitet aufgrund der Nennung des Gebietes Sham einige Probleme. Sham ließe sich mit Levante übersetzen, was zwar geografisch korrekt wäre, heute jedoch als veraltet wahrgenommen wird. In einigen Presseberichten wird wiederum von «Großsyrien» gesprochen, eine Bezeichnung, die sich im frühen 20. Jahrhundert im Westen etablierte.[33] Die eigentliche Bedeutung des Wortes Sham könnte man mit «die auf der linken Seite liegende Region» wiedergeben, da die Einwohner Zentralarabiens das Gebiet des Sham auf der linken Seite des Sonnenaufgangs verorteten und den Jemen auf der rechten Seite.[34] Das Gebiet des Sham, auch *bilad al-sham* (Länder des Sham) genannt, umfasst die heutigen Länder Syrien, Libanon, Israel, Palästina und Jordanien sowie die südtürkischen Provinzen Hatay, Gaziantep und Diyarbakir. Da sich der Islamische Staat derzeit jedoch de facto lediglich auf die Territorien Iraks und Syriens konzentriert, wurde hier die Übersetzung «Syrien» für Sham gewählt. Aber auch die anderen Bezeichnungen (Levante, Großsyrien) wären möglich, ebenso wie es denkbar wäre, Sham unübersetzt zu lassen.

Die Bedeutung des Begriffs Sham macht die Tragweite der Namensänderung von ISI in ISIS deutlich, und Abu Bakr al-Baghdadi stellte bald unter Beweis, dass dieser weitreichende territoriale Anspruch mehr war als nur ein leeres Wort. Eine steigende Präsenz von Kämpfern und stetige Gebietsgewinne in Syrien, die zunächst bis zum Winter 2013/14 anhielten, stellten die Führung von Kernal-Qaida um Aiman al-Zawahiri und auch den in Syrien vertretenen al-Qaida-Ableger Jabhat al-Nusra vor vollendete Tatsachen. Wie eine Lawine überrollten die Kämpfer des ISIS vom Irak aus im Jahr 2013 die nördlichen Gebiete des Nachbarlandes Syrien, und wie paralysiert waren zunächst nur wenige Gruppen fähig und willens, sich ISIS entgegenzustellen. Am schlagkräftigsten wehrten sich anfangs noch die kurdischen Milizen der YPG (s. u.).

Die am Ufer des Euphrat gelegene Stadt al-Raqqa, Hauptstadt der gleichnamigen Provinz, stand als eine der ersten und mit über 270 000 Einwohnern als größte Stadt unter der Kontrolle des ISIS, der dort sogleich sein Hauptquartier in Syrien einrichtete. Die Miliz baute zudem Verwaltungsstrukturen auf und konnte so die Herrschaft über das Gebiet al-Raqqa aufrechterhalten, von wo ISIS dann in andere Landesteile ausstrahlte. Scharia-Gerichte gingen in den von ISIS kontrollierten Gebieten schnell und hart gegen Straftäter, aber auch Gegner des ISIS vor. Eine weitere Taktik zur Herrschaftssicherung bestand darin, die lokale Bevölkerung ideologisch zu schulen. So berichteten Einwohner, dass sie ISIS-Pamphlete wie «Das Verbot der Demokratie», «Die Vorzüge des Jihads gegenüber der Zurückhaltung» oder «Die Exkommunikation der Alawiten» erhielten, dazu auch Datenträger, auf denen sich jihadistische Hymnen befanden. Religionspolizisten in den von ISIS kontrollierten Territorien sorgen für die Einhaltung der Gebetszeiten; alle Läden bleiben währenddessen geschlossen und sämtliche geschäftlichen Aktivitäten werden unterbrochen.[35] Wer sich nicht daran hält, wird hart bestraft, etwa durch Auspeitschung. ISIS ist in seinem Handeln getrieben von der Überzeugung, das koranische Gebot umzusetzen, wonach die Gläubigen dazu aufgerufen sind, das «Gute zu gebieten und das Schlechte zu verbieten».[36] Hierzu gehört nach Ansicht von ISIS, dessen Islamverständnis durch den Salafismus geprägt ist, auch die Zerstörung von Schreinen und Heiligengräbern, wie sie in Syrien und Irak

Der zweite syrische Jihad und der Irak

In den eroberten Gebieten versucht ISIS/IS, die eigene salafistische Religionsdeutung durchzusetzen, und schreckt dabei auch nicht vor der Zerstörung von Kultstätten des Volksislams, der Sufiorden und der Schiiten zurück. Das Bild zeigt den Abriss des Mausoleums von Ahmad al-Rifaʿi (1118–1182), dem Begründer des Rifaʿi-Sufiordens, nahe der Stadt Tal Afar im Irak durch ISIS/IS im Juli 2014.

ebenso wie in der ganzen islamischen Welt häufig zu finden sind.37 Dies seien Orte, an denen *shirk*, also Götzendienst, betrieben werde. Solche Maßnahmen von ISIS trugen entscheidend dazu bei, dass die Organisation von vielen Syrern und auch Muslimen andernorts als zu radikal und extrem angesehen wird.

Dort, wo ISIS sich festsetzte, eröffnete er auch Schulen, was erheblichen Anlass zur Sorge bietet. In Verbindung mit dem oben dargestellten Aufbau staatlicher Strukturen zeigt diese Maßnahme, dass die Miliz – genauso wie die al-Nusra-Front – einen Bewusstseinswandel bei der Bevölkerung anstrebt. Das könnte auch durchaus gelingen, sollte ISIS es schaffen, die eroberten Gebiete langfristig zu halten. Wenn junge Menschen die neuen Ideen verinnerlichen, würde dies dazu führen, dass eine von Kindesbeinen an indoktrinierte Generation in den von ISIS gehaltenen Territorien heranwächst. Die Ideologie von ISIS ist für Syrien, wie für den Irak, besonders bedrohlich, da sie stark sunnitisch-sektiererisch geprägt ist und somit das dortige sensible multi-ethnische und multi-religiöse soziale Gefüge schwer schädigen wird. Dabei spielt auch das Vermächtnis von al-Zarqawi eine große Rolle. Es ist allgegenwärtig, nicht nur in der ideologischen Ausrichtung, sondern auch in zahlreichen Einrichtungen, die von ISIS ins Leben gerufen wurden und den Namen des Gründers von al-Qaida im Irak tragen, wie etwa ein «Scharia-Institut al-Zarqawi» oder ein «al-Zarqawi-Camp», in dem Rekruten der Organisation eine militärische Grundausbildung erhalten.

Die auch heute noch vorherrschende anti-schiitische und anti-alawitische Orientierung von ISIS wurde exemplarisch deutlich in einer Audiobotschaft von Abu Bakr al-Baghdadi vom 15. Juni 2013 mit dem Titel «Im Irak und in Syrien bleibend».[38]

Der ISIS-Chef rief seine Anhänger dazu auf, den «Rachedurst der Gläubigen zu stillen» und über die «hasserfüllten Rafiditen [gemeint sind Schiiten], die verbrecherischen Nusairier [gemeint sind die Alawiten], die Partei des Teufels [gemeint ist die libanesische Hizbullah] sowie die eingereisten Ausländer aus Najaf, Qom und Teheran herzufallen».

Mit der Feindseligkeit gegenüber den Alawiten in Syrien steht ISIS jedoch keineswegs allein da. Dieses Feindbild gehört seit den 1970er Jahren zum gängigen Repertoire in der Argumentation syrischer sunnitischer Extremisten gegen das al-Asad-Regime und wird heute auch durch die meisten islamistisch-sunnitischen Rebellengruppen, die al-Nusra- und die Islamische Front eingeschlossen, verwendet und aufrechterhalten.

ISIS und die syrischen Rebellengruppen

Ibn Taimiyya: Die Nusairier begehen mehr Unglauben als die Juden und die Christen.
ISIS: Die Nusairier sind ehrenwerter als die Revolutionäre und Mujahidin Syriens.[39]

Ende 2013, Anfang 2014 wendete sich das Blatt in Syrien vorübergehend zu Ungunsten von ISIS, der bisher nur eine Richtung, nämlich den Vormarsch, gekannt hatte. Die Miliz bekam unerwartete Schwierigkeiten auf breiter Front: mit der Freien Syrischen Armee und mit ihr affiliierten Kampfgruppen sowie mit Jabhat al-

Nusra, der Islamischen Front und weiteren Rebellengruppen. ISIS wurde in der syrischen Bevölkerung mehr und mehr als ausländische Organisation wahrgenommen, die vor allem durch übertriebene Strenge in der Anwendung der Scharia in von ihr eroberten Gebieten sowie diversen Gräueltaten gegenüber tatsächlichen und vermeintlichen Gegnern auffiel. Dies schlug sich in vielen Bildern, Schriften und Filmen von Syrern nieder, die sich in ernster oder auch humoristisch-satirischer Weise kritisch mit ISIS beschäftigten. So kursierte etwa im Internet ein arabischsprachiges Video mit dem Titel «Wie wird mein ISIS gebastelt?», worin die Anhänger und Kämpfer von ISIS als ausländische, gehirngewaschene Kriminelle karikiert werden. Auf Demonstrationen der syrischen Opposition im Norden Syriens waren Rufe wie «Asad und ISIS sind eins!» zu hören. Hinter diesem Slogan steckte die verbreitete Theorie, ISIS müsse von al-Asad unterstützt worden sein, um die aufständischen Gruppen zu bekämpfen und Zwietracht in ihren Reihen zu stiften – eine Anschuldigung, die vielen durchaus einleuchtend erschien, zumal das syrische Regime die islamistischen Aufständischen im Irak, die gegen die US-Besatzung und die irakische Regierung nach 2003 kämpften, tolerierte, wenn nicht sogar förderte.

Die Wut gegen ISIS wuchs insbesondere nach dem im Januar 2014 bekannt gewordenen Mord an Husain al-Sulaiman alias Abu Rayya. Al-Sulaiman war ein junger Arzt und zugleich Kommandant der Rebellengruppe «Die Freien Männer Syriens» (Ahrar al-Sham), einer salafistisch orientierten, jedoch nicht al-Qaida zugehörigen Miliz im Bürgerkrieg. Am 22. November 2013 schloss Ahrar al-Sham, deren Stärke mit 10 000 bis 15 000 Mann beziffert wird,[40] sich mit weiteren islamistischen Gruppierungen zur Dachorganisation Islamische Front (al-Jabha al-Islamiyya; IF) zusammen.[41] Diese wurde mit geschätzten 50 000–60 000 Kämpfern[42] bald zu einem der mächtigsten Kampfverbände in Nord-Syrien. Ihr Programm ist gemäß ihrer Gründungserklärung vom 22. November 2011 als eindeutig islamistisch zu beschreiben. Bereits aus dem ersten Satz des ersten Kapitels ist zu erfahren, dass auch die Islamische Front die Errichtung eines islamischen Staates anstrebt:

Sie ist eine umfassende militärische, politische, gesellschaftliche und islamische Struktur, die darauf abzielt, das Regime al-Asads in Syrien in Gänze zu beseitigen und einen islamischen Staat zu gründen, in dem das Gesetz Gottes – mächtig und erhaben ist er – alleine als konsultativ, als herrschend, richtungsweisend und organisierend gilt – sowohl für das Handeln des Individuums als auch für die Gesellschaft und den Staat.

Der vermutlich von ISIS begangene Mord an einem Kommandeur des Rebellendachverbands der Islamischen Front sorgte dort für mehr als nur Empörung. Insofern hatte ISIS nun einen äußerst mächtigen Feind dazugewonnen, und sein Kampf richtete sich nunmehr nicht mehr nur gegen die Truppen des Asad-Regimes und die Yekîneyên Parastina Gel, die kurdischen «Volksverteidigungseinheiten», sondern nun auch gegen vormals verbündete Kräfte aus dem islamistischen Spektrum.

Ein Beispiel zum Konflikt mit ISIS aus der Sicht von Jabhat al-Nusra schildert in einem Video einer ihrer militärischen Befehlshaber, Abu Hammam al-Shami. Die beschriebenen Abläufe sind sehr komplex und sollen hier auf das Notwendigste reduziert werden. Abu Hammam berichtet über einen Angriff von ISIS-Truppen Anfang 2014 unter dem Kommando des Tunesiers Abu ʿUmar al-Tunisi auf eine ehemalige Militärbasis nahe al-Atarib bei Aleppo, die mittlerweile Stützpunkt der Rebellen geworden ist. Bei dem Angriff kamen offenbar mehrere Aufständische ums Leben. Abu Hammam stellte daraufhin Abu ʿUmar als verantwortlichen ISIS-Befehlshaber zur Rede, woraufhin dieser Abu Hammam und die al-Nusra-Front beschuldigte, mit den «Abtrünnigen» der Freien Syrischen Armee (FSA) zu kooperieren. Abu Hammam bemühte sich nun darum, von weiteren Kommandanten in höherer Position von ISIS eine Erklärung für den Angriff zu erhalten, bekam aber von niemandem eine befriedigende Antwort. Zuletzt wandte er sich an den hochrangigen, aus Tschetschenien stammenden ISIS-Befehlshaber Abu ʿUmar al-Shishani. Mit diesem wurde angeblich handschriftlich, auf einem Blatt Papier mit ISIS-Kopfbogen, ein Waffenstillstand (*waqf itlaq al-nar*) ausgehandelt, da die Kämpfe zwischen FSA/al-Nusra und ISIS weiter anhielten. Doch laut Abu Hammam war der Waffenstillstand das

Papier nicht wert, auf dem er geschrieben wurde – die Gefechte gingen unvermindert weiter. Abu Hammam beschreibt ISIS als eine sich sowohl gegenüber dem militärischen Gegner als auch gegenüber der Zivilbevölkerung äußerst skrupellos verhaltende Organisation, die derart sektiererisch denkt, dass sogar potenzielle Verbündete im Kampf gegen das Asad-Regime, nämlich die Freie Syrische Armee und alle, die mit ihr kooperieren, als «Abtrünnige» bekämpft werden. Im Nachhinein betrachtet wird deutlich, dass ISIS eine Strategie gegenüber den anderen Rebellengruppen verfolgte, um diese immer weiter aus dem Osten Syriens hinauszudrängen, und dass das Nichteinhalten von Absprachen wohl Teil dieser Strategie war.

Ein weiterer Mord brachte dann Ende Februar 2014 eine weitere Zuspitzung des Konflikts zwischen den islamistischen Rebellengruppen und ISIS. Am 23. Februar wurde ein Selbstmordattentat auf Muhammad al-Bahaya alias Abu Khalid al-Suri und einige Angehörige der Ahrar al-Sham in Aleppo verübt. Die al-Nusra-Front gab noch am Tage des Anschlags eine Erklärung heraus, in der Abu Khalid al-Suri als enger Weggefährte der al-Qaida-Größen Usama Bin Ladin, Aiman al-Zawahiri und Abu Musʿab al-Suri bezeichnet wurde. Dieser ersten Stellungnahme war noch keine Schuldzuweisung an ISIS zu entnehmen, doch schon bald galt ISIS als Drahtzieher hinter dem Attentat. Und in der Tat hätte er auch ein Motiv für einen gezielten Anschlag auf Abu Khalid al-Suri gehabt, war es doch dieser einflussreiche Jihadist, der sich in einer Erklärung direkt an ISIS gewandt hatte und in sieben Punkten scharf mit den Radikal-Jihadisten ins Gericht gegangen war, sie gar zur Reue vor Gott aufgefordert hatte.

Zunächst beschrieb Abu Khalid al-Suri darin ISIS als vom Teufel verführt. Dieser stelle ständig Fallen, indem er zu Übertreibung im Glauben, zu Fanatismus und zur Preisgabe muslimischen Blutes verleite. Ein Vorgehen wie das von ISIS heute habe bereits zur «Zerstörung des Jihads in Algerien und anderswo» geführt. In der Tat hatte der algerische Bürgerkrieg zwischen der Regierung und verschiedenen islamistischen Gruppen, der das Land von 1991 bis in die beginnenden 2000er Jahre in Atem hielt, bis zu 150000 Menschen das Leben gekostet, und ein nicht unerheblicher Teil ging

ISIS und die syrischen Rebellengruppen

auf das Konto von extrem gewaltbereiten und fanatischen Jihadisten.[43] Der Streit um diese Formen der Gewaltanwendung führte, neben anderen Faktoren, zur Zersplitterung der algerischen Islamistenverbände.

Weiter warf al-Suri ISIS vor, anderen islamistischen Kampfeinheiten den Glauben abzusprechen, sie also zu exkommunizieren. Diese Praxis, auf Arabisch *takfir* genannt, wird insbesondere von Salafisten verschiedenster Ausprägung zum Teil exzessiv angewandt, was zwangsläufig und immer wieder zu einer Zersplitterung dieser Bewegung führt. Der Anspruch von ISIS auf die Deutungshoheit darüber, wer Muslim ist und wer nicht, ging dann aber sogar den Extremisten von Jabhat al-Nusra und anderen jihadistischen Verbänden in Syrien zu weit. Der *takfir* leitet in der jihadistischen Praxis oft zu Gewalttaten gegen diejenigen über, die nicht mehr als Muslime angesehen werden, da in der jihadistischen Ideologie nur «Blut und Eigentum» der Muslime als geschützt gelten. Somit bietet der *takfir* ein immer wieder eingesetztes Mittel, um dem Gegner zunächst die Legitimität abzusprechen und ihn dann angreifen zu können. Die *takfir*-Ideologie steht daher mit den von ISIS-Anhängern begangenen Gräueltaten in Zusammenhang, die al-Suri ebenfalls kritisierte. Er distanzierte sich davon auch im Namen Bin Ladins, al-Zawahiris, ʿAbdullah ʿAzzams, Abu Musʿab al-Suris und Abu Musʿab al-Zarqawis, von denen er glaubte, dass sie das Vorgehen von ISIS nicht gebilligt hätten. Außerdem genossen sie derart viel Respekt in der Szene, dass die Berufung auf sie den eigenen Aussagen weitaus mehr Gewicht verlieh. Schließlich wies Abu Khalid al-Suri darauf hin, dass der innere Kampf (*al-iqtital al-dakhili*), also der unter den Mujahidin, nur einem nütze, nämlich dem Asad-Regime.

Zwei Tage nach dem Attentat auf Abu Khalid, am 25. Februar, verschärfte al-Nusra-Anführer al-Jaulani den Ton gegenüber ISIS in einer Audiobotschaft mit dem Titel «Ach, würdest du [Abu Khalid] doch meinen [al-Jaulanis] Tod beklagen!» (*Laitaka rathaitani*) und stellte ISIS nun ein Ultimatum, sich vor anerkannten jihadistischen Autoritäten wie etwa Abu Qatada und Abu Muhammad al-Maqdisi einem Schiedsgericht zu stellen oder aber sich innerhalb der nächsten fünf Tage aus Syrien zurückzuziehen.

Der zweite syrische Jihad und der Irak

Dies sorgte für erhebliche Unruhe in der jihadistischen Szene, insbesondere bei ISIS-Anhängern. Der Jemenit Ma'mun Bin ʿAbd al-Hamid Hatim, Angehöriger von al-Qaida auf der Arabischen Halbinsel und vehementer ISIS-Unterstützer, tat sich etwa auf Twitter hervor und richtete wütende Kommentare an al-Jaulani: Ob er denn die Tragweite seiner Worte bedacht habe und ob er wisse, dass seine Drohung gegen ISIS deren Anhänger auf der ganzen Welt nur noch zorniger mache? Damit sprach er die globale Komponente von ISIS an, die auch anhand einer Twitter-Kampagne unter dem Motto «Wir alle sind ISIS» deutlich wurde. ISIS-Anhänger aus aller Welt dokumentierten dabei ihre Unterstützung für ISIS durch das Einsenden von Fotos. Einige, vor allem aus Indonesien, zeigten Gruppen von Menschen, die professionelle Plakate und ISIS-Fahnen hochhielten. Andere Bilder zeigten Briefe aus Kanada, Dänemark, Frankreich, Deutschland und anderen westlichen Staaten, auf denen anonyme Personen ihre Solidarität mit ISIS bekundeten. Die Kampagne war dabei zum Teil unfreiwillig komisch. So etwa ein Bild aus Indonesien, das einen auf Regenwaldboden knienden Mann zeigt, der in der einen Hand eine Kalaschnikow und in der anderen ein Plakat hält, das sein Gesicht verdeckt und auf dem in falschem Englisch zu lesen ist: «*For: ISIS. We love you than our perents.*» Andere Einsendungen waren mit Herzen verzierte Briefe an ISIS, was angesichts der Brutalität der Terrororganisation doch recht befremdlich und infantil wirkte.

Neben al-Jaulani gab auch Zahran ʿAllush, Anführer des Kampfverbandes Jaish al-Islam (Armee des Islams) und zugleich militärischer Kommandeur der Islamischen Front, eine ausführliche Erklärung zu ISIS ab.[44] ʿAllush steht der al-Qaida-Ideologie nicht wesentlich ferner als Ahrar al-Sham oder die al-Nusra-Front. Mit letzterer ist ʿAllush nach eigener Aussage nicht verbunden, doch pflege er zur «Unterstützungsfront» eine «brüderliche» Beziehung. ʿAllush holte in seiner Botschaft zu einem detaillierten Rundumschlag gegen ISIS aus. Seine Kritikpunkte unterschieden sich nicht wesentlich von denen Abu Khalid al-Suris; wichtiger war die Tatsache, dass der ranghöchste Repräsentant der Islamischen Front einen mehr als einstündigen Vortrag zum Thema ISIS hielt. Dies zeigte deutlich, welch hohe Bedeutung dem Zwist und dem

Bruch in der islamistischen Achse mittlerweile beigemessen wurde und welche Höhepunkte die Auseinandersetzungen, die bis dato etwa 2000 Menschen in Syrien das Leben gekostet haben dürften, erreicht hatten.

Das Ultimatum der al-Nusra-Front lief ab, ohne dass es eine Einigung zwischen den Gruppen gegeben hätte, allerdings auch ohne Umsetzung der angekündigten Konsequenzen für ISIS. ISIS wurde also, entgegen der aufgebauten Drohkulisse, nicht aus Syrien und schon gar nicht aus dem Irak vertrieben, wenngleich seine Anhänger gezwungen waren, aus einigen Stellungen und eroberten Gebieten einen zumindest vorübergehenden und taktisch bedingten Rückzug anzutreten. So zog ISIS etwa Anfang März die Truppen aus der nordsyrischen Stadt Azaz ab, die er seit 2013 kontrolliert hatte. Insofern kam die Organisation in Bedrängnis, so dass ihr zunächst vornehmlich die Provinz al-Raqqa als Rückzugs- und Ruheraum blieb. Dort versuchte sie ihre Strukturen und ihre Herrschaftsgewalt weiter zu festigen. Gleichzeitig wandte sich die Terrororganisation nun wieder ihrem Ursprungsland Irak zu, wo sie ab März 2014 in den Provinzen Ninive, Anbar, Diyala und weiteren Gebieten an Boden gewann (siehe Kapitel «Hölle auf Erden»).

In Syrien befand sich ISIS Anfang 2014 zwar in der Defensive, war aber dennoch in der Lage, die Operationen im Norden und Nordosten des Landes gegen die Truppen der kurdischen «Volksverteidigungseinheiten» (YPG) zu intensivieren. Das Gebiet, das von den Kurden Rojava genannt wird, hat sich weitestgehend dem Zugriff der syrischen Zentralregierung entzogen und wird autonom, unter Dominanz der Partei der Demokratischen Union (PYD), regiert. ISIS zog im März 2014 Kämpfer aus den nordsyrischen Städten al-Raqqa, Jarablus und Tal Abyad zusammen, um gegen die autonom regierten kurdischen Gebiete vorgehen zu können. Im Rahmen dieser Operation führte ISIS beispielsweise am 26.3.2014 ein Selbstmordattentat mittels einer fahrzeuggestützten Autobombe durch, und zwar gegen einen Stützpunkt der YPG in der Kleinstadt al-Qahtaniyya in der Provinz al-Hasaka, die von ISIS *wilayat al-baraka* (Provinz der Segnung) genannt wird. Die Angaben über Opfer schwanken extrem.

ISIS-Anhänger gaben die Zahl der Getöteten mit 45 an, während arabischsprachige Nachrichtenportale darüber berichteten, dass eine Wache das Feuer auf den Selbstmordattentäter eröffnet habe, woraufhin dieser sein Fahrzeug zur Explosion brachte. Lediglich zwei Personen seien getötet und zwei verwundet worden. Wie im Krieg üblich, sind alle Angaben stets mit Vorsicht zu genießen und oftmals schwierig zu überprüfen, da jede Partei ein Interesse daran hat, ihre Sichtweise als die richtige zu präsentieren.

Fakt ist jedoch, dass ISIS sich nach dem öffentlich ausgetragenen Streit mit der al-Nusra-Front und den teils heftigen Gefechten mit der Front und der Freien Syrischen Armee gezwungen sah, sich zunächst aus der von den Gegnern beanspruchten Region Aleppo und Idlib zurückzuziehen. Dafür konnte ISIS andererseits die Offensive im März 2014 gegen Stellungen der YPG im Nordosten Syriens ungestört von dem Konflikt mit anderen aufständischen Gruppierungen durchführen. Im gleichen Zeitraum, in dem ISIS in den Kurdengebieten ihre Aktivitäten ausweitete, gelang es Einheiten der al-Nusra-Front und der Islamischen Front, sich bis an die syrische Küste in die Provinz Latakia vorzukämpfen und dort kurzfristig strategische Stellungen einzunehmen, die jedoch bald wieder von der syrischen Armee von Präsident al-Asad zurückerobert wurden. In diesem Zusammenhang beschuldigte sein Informationsminister Umran al-Zoubi die Türkei, militante Gruppen zu unterstützen und ihnen den Grenzübertritt nach Syrien zu ermöglichen.

Auch die Kurden reagierten bestürzt auf die verschärften Angriffe von ISIS. Die YPG rief daher zu einer Generalmobilmachung für die Verteidigung Rojavas auf. Dabei soll sie sich auch mit Teilen der Freien Syrischen Armee verbündet haben.

Zwar befanden sich die al-Nusra-Front und ISIS im Frühjahr 2014 längst im Streitzustand, doch liegt der durch Beobachter geäußerte Verdacht nicht fern, dass es zu jener Zeit eine Art geheime Übereinkunft zwischen den Kontrahenten gegeben haben könnte, in der bestimmte Territorien jeweils einer der beiden Parteien zugesprochen wurden. Hierfür spricht auch, dass trotz des Konflikts weiterhin lokal begrenzte Kooperationen der beiden Milizen stattfanden. So soll beispielsweise am 5. April Jabhat al-Nusra im

Kampf gegen Regimetruppen nahe Aleppo Unterstützung von ISIS angefordert haben. Doch waren solche Absprachen äußerst brüchige Konstrukte, denn bereits am 10. April 2014 tauchten Meldungen auf, nach denen die beiden Kontrahenten sich schwere Kämpfe um die Vorherrschaft über die strategisch bedeutsame Stadt al-Bukamal (auch: Albu Kamal oder Abu Kamal) direkt an der syrisch-irakischen Grenze lieferten. Bei den Gefechten wurden auch einige Kämpfer der al-Nusra-Miliz durch ISIS-Soldaten getötet. ISIS gelang es, die Stadt innerhalb eines Tages einzunehmen, zog sich aber zunächst wieder zurück und erklärte, das Ziel der Befreiung von eigenen Mitgliedern aus der Gefangenschaft bei der al-Nusra-Miliz und anderen Widerstandsgruppen erreicht zu haben.

Die Kämpfe konzentrierten sich anschließend auf das Gebiet um die Stadt Dair al-Zaur, jene Stadt, welche die Generalführung der al-Nusra-Front für die östliche Region als wichtigen Ausgangspunkt der Streitigkeiten zwischen den beiden jihadistischen Milizen eingeschätzt hatte. Dort kam es nach Meldungen von ISIS, aber auch von einigen syrischen Aktivisten (etwa der Seite Tahrirsouri.com) am Sonntag, dem 20. April 2014, zu einem folgenschweren Zwischenfall: Angeblich hatte ein Selbstmordattentäter der al-Nusra-Front ein mit Sprengstoff beladenes Auto gegen eine Stellung von ISIS zur Explosion gebracht. Außer dem Attentäter sollen bei dem Anschlag auch bis zu 30 ISIS-Kämpfer getötet worden sein, darunter Abu al-Bara' al-Libi, ein aus Libyen stammender Militärkommandeur von ISIS, der für die Region al-Hasaka zuständig war. Dieser Anschlag markierte eine erneute und in den Augen vieler ISIS-Anhänger absolute Vertiefung bestehender Gräben zwischen den beiden jihadistischen Milizen. Auch ein Aufruf Aiman al-Zawahiris Anfang Mai (siehe Kapitel «Al-Qaida oder ISIS – wer errichtet das Kalifat?») zur Einstellung sämtlicher Kampfhandlungen, die nicht gegen das Regime al-Asads gerichtet waren, führte nicht zu einer Befriedung der Lage. Zwar verkündete Jabhat al-Nusra am 4. Mai 2014 in einer Stellungnahme mit dem Titel «Erklärung zum gegenwärtigen Kampf mit der Gruppe des Staates [ISIS]» (Bayan bi-khusus al-qital al-da'ir ma'a jama'at al-daula), sich dem Befehl ihres obersten Führers al-Zawahiri beugen zu wollen. Doch hielten die Kämpfe in Wirklichkeit an und intensivierten sich sogar, wobei nach Auffassung der al-Nusra-Front die Milizen der ISIS die Schuld daran trugen. Nach dem Fall von Homs etwa, Anfang Mai 2014, wurden durch ISIS-Gegner Meldungen verbreitet, dass ISIS den sich zurückziehenden Verbänden der Aufständischen die Wege versperrt und ihnen Raketen, Panzer und leichte Waffen gestohlen habe.

Im Mai und Juni 2014 setzte ISIS die Bemühungen zur Eroberung von Dair al-Zaur fort. Die Stadt wurde von einem Konglomerat aus al-Nusra-Front und anderen Rebellengruppen, darunter auch die Islamische Front, gehalten. ISIS, der die Stadt bereits seit einigen Wochen belagerte, begann im Mai, vermehrt Selbstmordattentäter gegen strategische Punkte der Rebellen rund um die eigentliche Stadt einzusetzen. Für die al-Nusra-Front gewann der Kampf um Dair al-Zaur zunehmend an Bedeutung. Der damalige Scharia-Verantwortliche und zweite Mann in der Organisation, Abu Mariya al-Qahtani, beteiligte sich selbst an den Kämpfen gegen ISIS und hielt sich als Kommandeur der Region Ost (*al-Sharqiyya*) in der Stadt auf. Als Reaktion auf die ISIS-Strategie der Blockade von Dair al-Zaur rückten die eingeschlossenen Aufständischen enger zusammen und bildeten am 25. Mai 2014 den Mujahidin-Rat (*Majlis Shura al-Mujahidin*) für die Region des östlichen Syrien. Hieran beteiligt waren auch die in der Islamischen Front organisierten Milizen der «Armee des Islams» von Zahran ʿAllush und der «Freien Männer Syriens», neun weitere Kampfverbände sowie das Scharia-Komitee für Ostsyrien. In der Gründungserklärung heißt es, dass der Zusammenschluss die Bündelung der Kräfte sowohl gegen das Regime al-Asads – in weiteren Erklärungen auch als «System der Nusairier» bezeichnet – als auch gegen die «Bande des al-Baghdadi», womit ISIS gemeint war, bezwecke. In Punkt zwei der Erklärung wurde zudem herausgestellt, dass der Mujahidin-Rat die Belagerung von Dair al-Zaur durch ISIS beenden solle. Die Gründung des Rates unter Mitwirkung der al-Nusra-Front ist eines von zahlreichen Beispielen dafür, wie es dieser bislang immer wieder gelungen ist, sich durch geschicktes Taktieren und das Eingehen von Bündnissen innerhalb der Aufstandsbewegung als geschätzter Partner zu etablieren und sich so den Rückhalt sowohl der anderen Rebellengruppen als auch von Teilen der Bevölkerung zu sichern.

Al-Qaida oder ISIS – wer errichtet das Kalifat?

Aiman al-Zawahiri hatte mit dem Bruderkampf in Syrien ein in der Geschichte von al-Qaida noch nie dagewesenes Problem: Im selben Territorium operierten nicht mehr eine, sondern zwei Milizen, die sich zunächst beide darauf beriefen, Kern-al-Qaida anzugehören und ihr gegenüber den Treueeid geleistet zu haben. ISIS hatte bereits kurz nach der Namensausrufung im April 2013 die Mitglieder von Jabhat al-Nusra aufgefordert, sich ISIS unterzuordnen. Der ISIS-Anführer Abu Bakr al-Baghdadi verwies in diesem Zusammenhang gerne darauf, dass Abu Muhammad al-Jaulani, der Führer der «Unterstützungsfront», ein Ziehkind von ISI unter seiner Führung gewesen sei und dass er, al-Baghdadi, es gewesen war, der al-Jaulani nach Syrien entsandt hatte, um dort geeignete Strukturen aufzubauen. In der Version al-Baghdadis war al-Jaulani also der Zauberlehrling, der sich nun selbständig gemacht hatte und seinem Meister abtrünnig geworden war. Das Besondere an diesem Streit war, dass er öffentlich ausgetragen wurde. Dies war in der jihadistischen Szene bisher wenig üblich, insbesondere nicht in diesem Maße und nicht auf der Ebene von Organisationen. Meinungsverschiedenheiten innerhalb der al-Qaida-Führungsriege oder zwischen Kern-al-Qaida und den mit ihr affiliierten Regionalablegern wurden zumeist diskreter ausgetragen.

Der Streit zwischen den beiden Milizen war jedoch derart unübersehbar und wurde von beiden Seiten unter anderem über Verlautbarungen geführt, die auf den großen jihadistischen Internetseiten veröffentlicht wurden, dass auch al-Zawahiri sich zum Handeln gezwungen sah. Im Juni 2013 schlug er – und somit Kern-al-Qaida – sich erstmals öffentlich auf die Seite von al-Jaulani und forderte ISIS auf, sich auf den Irak zu beschränken. Was dann folgte, war eine bis dato unbekannte Demonstration der Stärke einer Regionalorganisation gegenüber Kern-al-Qaida. Noch nie hatte sich der Führer einer Regionalorganisation öffentlich und derart klar gegen den Befehl des Führers von Kern-al-Qaida ausgesprochen. Al-Baghdadi meldete sich in einer am 16. Juni 2013 verbreiteten Audiobotschaft zu Wort und verkündete, dass er die Anordnung al-Zawahiris nicht akzeptiere. Er sprach davon, dass «der Brief welcher dem Shaikh Aiman al-Zawahiri – möge Gott ihn schützen – zugeschrieben wurde, aus unserer Sicht eine Anzahl an Fehlern beinhaltet, welche die Ebenen der Scharia und der Methode betreffen». Daher sei der «arme Diener», wie al-Baghdadi sich bezeichnete, vor die Wahl gestellt, dem zu gehorchen, was sein Herrgott ihm befohlen habe, oder dem, was dem «Befehl Gottes» zuwiderlaufen würde, womit er nichts anderes sagte, als dass al-Zawahiris Aufforderung dem Befehl Gottes entgegenstehe.

Aus dem pakistanischen Versteck heraus, in dem sich al-Zawahiri höchstwahrscheinlich befindet, blieb dem *amir* der Kern-al-Qaida nichts anderes übrig, als diese Befehlsverweigerung hinzunehmen und zu hoffen, dass seine Getreuen sich letztlich durchsetzen würden. Doch kam es anders, und der Streit zwischen ISIS und Jabhat al-Nusra eskalierte gegen Ende 2013 zusehends, wie oben bereits beschrieben wurde.

Zu dieser Zeit erfolgte auch der nachhaltige Bruch zwischen Kern-al-Qaida und ISIS, der später vonseiten des ISIS noch deutlicher betont werden sollte. In einer auf den 15. Januar 2014 datierten Audiobotschaft mit dem Titel «Eiliger Ruf an unsere Leute in Syrien» hatte al-Zawahiri sich noch recht zurückhaltend in den Streit eingebracht. In dieser Mitteilung äußerte sich der Anführer von al-Qaida besorgt über die Kämpfe zwischen ISIS und anderen Gruppen des Widerstandes. Zwar nannte er ISIS nicht namentlich, doch war eindeutig, auf welche Situation er anspielte, als er sagte, dass die Zwietracht untereinander (*fitna*) und das gegenseitige Bekämpfen der «jihadistischen Gruppen» (*majmuʿat jihadiyya*) aufhören müsse. Dies war wohl der letzte Versuch, doch noch Eintracht zu stiften und eine Einigung der Jihadisten zu erzielen, bevor der schwelende Konflikt zwischen ISIS und al-Nusra-Front in den nun folgenden Monaten immer stärker in eine offene militärische Konfrontation umschlug. Fast zeitgleich mit der Rede al-Zawahiris distanzierte sich die al-Qaida-Generalführung in einem Kommuniqué von ISIS und wies

Al-Qaida oder ISIS – wer errichtet das Kalifat? 83

jegliche Verantwortung für dessen Handeln von sich. Unter anderem besagte das Dokument, dass eine jihadistische Gruppe nichts unternehmen solle, woraus Leid für die Mujahidin, für die Muslime oder auch die Nicht-Muslime resultiere. Außerdem sollten sich die Mujahidin an die Führungsstrukturen und an die Weisungen der Befehlshaber halten. Insgesamt war eine deutliche Kritik an ISIS herauszulesen.

Fakt ist, dass ISIS die Macht von Kern-al-Qaida immer offener und kühner herausforderte und al-Zawahiri und seinen Gefährten deutlich machte, dass diese sich fernab der wirklich wichtigen Geschehnisse aufhielten und keinen tatsächlichen Einfluss mehr ausüben konnten. Zwar sprach die Generalführung al-Qaidas letztlich ein Machtwort und distanzierte sich von ISIS, doch hatten die Ereignisse aller Welt vor Augen geführt, dass ihr alleiniger Führungsanspruch über den globalen Jihad keinen Bestand mehr hatte. Die Tendenz zur Dezentralisierung im Jihadismus, eine Entwicklung, die insbesondere mit der Vertreibung von Kern-al-Qaida aus Afghanistan einsetzte, hatte sich weiter verstärkt.

Das Zerwürfnis zwischen al-Nusra-Front und Kern-al-Qaida auf der einen und ISIS auf der anderen Seite sorgte innerhalb der jihadistischen Szene in Syrien, aber auch weltweit für erhebliche Unruhe. Die bewaffneten Zusammenstöße ab Jahresbeginn 2014 wurden zudem von einer wahren Propagandaschlacht begleitet. ISIS warf Jabhat al-Nusra deren Vorgehen gegen ISIS-Einheiten vor und umgekehrt. Anhänger von ISIS veröffentlichten im Februar 2014 zudem eine Erklärung zur «Unterstützung des Islamischen Staats», die von zwanzig Jihad-Ideologen unterschrieben war. Hierunter befanden sich etwa Ma'mun Bin 'Abd al-Hamid Hatim, Jemenit und Angehöriger der regionalen al-Qaida, der bekannte Ideologe Abu Sa'ad al-'Amili und Abu Hammam Bakr Bin 'Abd al-'Aziz al-Athari (ein weiterer Aliasname von Turki Bin Mubarak al-Bin'ali alias Abu Sufyan al-Sulami). Letzterer ist eine wichtige Autoritätsperson für das deutsche Netzwerk um die mittlerweile verbotene Vereinigung Millatu-Ibrahim von Mohamed Mahmoud und Denis Cuspert (siehe Kapitel «Das Netzwerk der Millatu-Ibrahim» und «Eine Reise nach Syrien»). In diesem Zusammenhang fiel in der pro-ISIS-Erklärung auf, dass auch ein

Abu Usama al-Gharib zu den Unterzeichnern zählte. Hierbei handelte es sich höchstwahrscheinlich um Mohamed Mahmoud. Dieser saß zwar zur Zeit der Veröffentlichung der Unterstützungsschrift in türkischer Haft. Allerdings konnte das ARD-Magazin Report München im Februar 2014 nachweisen, dass Mahmoud auch aus dem Gefängnis heraus mit seinen Anhängern kommunizierte, weshalb es auch durchaus nachvollziehbar scheint, dass Mahmoud seine Erwähnung in der Liste der Unterzeichner autorisiert hat. Wenn mit Abu Usama al-Gharib tatsächlich Mahmoud gemeint war, dann käme dies innerhalb der jihadistischen, pro-ISIS ausgerichteten Szene einem Ritterschlag gleich, stünde er dann doch de facto auf einer Stufe mit seinen Vorbildern, den bekannten «Gelehrten» wie Abu Saʿad al-ʿAmili und anderen. Insgesamt war auffällig, dass viele Personen aus dem Kreis der ISIS-Unterstützer nicht-syrische Wurzeln zu haben schienen; sie stammten vornehmlich aus anderen Teilen der arabischen Welt. Das Dokument war somit eher geeignet, die Ressentiments vieler Syrer gegenüber ISIS als ausländischer Organisation weiter zu verstärken.

Der tödliche Anschlag auf Abu Khalid al-Suri am 23. Februar 2014 (s. o.) sorgte nach den vorangegangenen Spannungen für einen weiteren Tiefpunkt in der Beziehung zwischen ISIS und der al-Qaida Zentrale. Nachdem bereits die al-Nusra-Miliz, die «Freien Männer Syriens» und andere Gruppen ISIS beschuldigt hatten, den Anschlag in Auftrag gegeben oder sogar durchgeführt zu haben, meldete sich Aiman al-Zawahiri Anfang April 2014 in einer Audiobotschaft zu Wort, die dem verstorbenen Abu Khalid gewidmet war. Zwar wurde ISIS wieder nicht explizit genannt, doch bereits die Tatsache, dass al-Zawahiri sich in der damaligen Situation zum Tod des ISIS-Kritikers Abu Khalid äußerte, sowie die in der Botschaft enthaltene Kritik an allzu radikalen und brutalen Vorgehensweisen bestimmter jihadistischer Gruppen waren ein eindeutiger Hieb gegen ISIS.

Die irakisch-syrische Terrororganisation antwortete prompt, unter anderem mit einer Brandrede des ISIS-Sprechers Abu Muhammad al-ʿAdnani, die ebenfalls im April 2014 unter dem Titel «Dies war nicht unsere Methode und sie wird es auch nicht sein»[45]

Al-Qaida oder ISIS – wer errichtet das Kalifat?

veröffentlicht wurde. Die darin enthaltenen Angriffe al-ʿAdnanis gegen al-Qaida sind äußerst massiv und offen, etwa wenn er konstatiert, dass die «Führung der Organisation al-Qaida von der richtigen Methode abgewichen» sei und dass die «Basis [*al-qaʿida*] nicht mehr die Basis des Jihads» sei, da sich al-Qaida gegen den «Islamischen Staat», also ISIS, und gegen das Projekt des Kalifats gewandt habe.

Diesem wütenden Statement al-ʿAdnanis folgten umgehend sowohl Unterstützungsbekundungen als auch Distanzierungen aus dem Lager der al-Zawahiri-Getreuen. Die jihadistischen Denker Hani al-Sibaʿi und Tariq ʿAbd al-Halim brauchten lediglich einen Tag, um eine gemeinsame Erklärung zu verfassen, in der sie al-ʿAdnani und ISIS für ihren Angriff auf die Führungsriege von Kern-al-Qaida verurteilten. «Wir hätten uns nicht vorstellen können», so die beiden al-Qaida-nahen, jedoch nicht an die Organisation gebundenen Ideologen, «dass die Organisation [ISIS] ein derartiges Ausmaß an Übertreibung und Extremismus annehmen könnte». Bereits im Mai 2013 habe der «Weise der *umma*», Aiman al-Zawahiri, das Urteil gefällt, dass ISIS sich innerhalb eines Jahres aus Syrien in den Irak zurückziehen solle. Da ISIS dem nicht nachgekommen sei, weiterhin das «Blut der Muslime» fließen lasse, die «Mujahidun» bekämpfe und al-Zawahiri und der Führung von al-Qaida eine falsche Methode (*manhaj*) vorwerfe, verkündeten al-Sibaʿi und ʿAbd al-Halim, dass sie sich von den ISIS-Taten vor Gott distanzierten. Dabei machten sie auch deutlich, dass sie keinesfalls den Anspruch von ISIS als staatliches Gebilde anerkannten. Demzufolge sprachen sie von ISIS konsequent als einer *jamaʿa*, also *einer* jihadistischen «Gruppe» (von vielen), nicht aber vom islamischen Staat.

Aus Kreisen von Kern-al-Qaida bzw. al-Zawahiri-Getreuen wurde seit 2014 immer wieder das Argument vorgebracht, dass es sich bei ISIS nicht um einen Staat, sondern um eine kämpfende Gruppe handele, wodurch der territoriale und staatliche Anspruch ISIS delegitimiert werden sollte. ISIS-Unterstützer wiesen jedoch darauf hin, dass der Name «Islamischer Staat im Irak», also ohne den Zusatz «und Syrien», von der al-Qaida-Führung nie hinterfragt wurde. So existiert etwa eine Audiobotschaft von

Usama Bin Ladin, in der er dem «Islamischen Staat im Irak» bescheinigte, der richtigen «Methode» zu folgen, und die Organisation sowie den damaligen Anführer Abu Bakr al-Baghdadi für die Kompromisslosigkeit lobte. Das nun bemühte Argument, der «Islamische Staat» sei gar kein Staat, ist also neu und fand erst Geltung, nachdem ISIS sich al-Zawahiris Anweisungen widersetzte.

Nachdem sich die Konfrontation zwischen ISIS und al-Nusra-Front im April 2014 intensiviert hatte und Kämpfer beider Seiten getötet wurden, erfolgte Anfang Mai 2014 mittels einer Ansprache ein erneuter Versuch al-Zawahiris, den Bruderkrieg zu beenden. In seiner etwa 25-minütigen Rede mit dem Titel «Zeugnis zur Bewahrung des Lebens der Mujahidin in Syrien»[46] kam der al-Qaida-Führer auf den «Islamischen Staat im Irak» (ISI) zu sprechen, den er als Teil von al-Qaida bezeichnete. Hervorzuheben ist jedoch, dass al-Zawahiri die Organisation al-Baghdadis stets als «Islamischer Staat im Irak» ohne den Zusatz «und Syrien» nannte, womit er unterstrich, dass es sich aus seiner Sicht dabei um die für den Irak zuständige Regionalorganisation handele, und zugleich deutlich machte, dass er lediglich ISI, nicht aber ISIS anerkenne. ISI sei, so al-Zawahiri, unter Einbeziehung eines Rates (*shura*) und unter Konsultation sunnitischer Stämme im Irak entstanden und nicht auf der Basis von Entzweiung (*fitna*), wie es nun in Syrien der Fall sei. Daher habe die al-Qaida-Führung die Gründung von ISI akzeptiert, auch wenn sie vorher nicht hierüber informiert worden sei.

Wie in vorhergegangenen Botschaften unternahm al-Zawahiri auch in dieser Botschaft den Versuch, das Band zwischen sich und Abu Bakr al-Baghdadi nicht komplett zu zerschneiden und ihm eine Tür offen zu lassen, in den Schoß der al-Qaida-Familie zurückzukehren. So sprach er Abu Bakr al-Baghdadi zwar unter Zuhilfenahme von Lobesformeln, wie etwa «der ehrenwerte Shaikh», an, gleichzeitig rief er ihn aber dazu auf, sich wieder dem Irak zuzuwenden und somit von Syrien abzulassen. In einem am 23. Mai 2014 veröffentlichten Schreiben al-Zawahiris an einige Autoritäten der jihadistischen Szene, wie al-Siba'i, 'Abd al-Halim und al-'Uraidi, legte der al-Qaida-Führer zudem noch einmal dar, dass al-Baghdadi ihm gegenüber Treue geschworen und ihn als *amir* anerkannt habe. Doch habe er mit der Erklärung über die Ausweitung des beanspruchten Territoriums auf Syrien und der Namensänderung zu ISIS gegen die Treuepflicht dem *amir* gegenüber verstoßen. Somit seien auch alle nach April 2013 gegebenen Treueeide an ISIS und an al-Baghdadi nichtig, so al-Zawahiri.

Al-Zawahiris Rede erzeugte in der jihadistischen Szene, sowohl aufseiten von ISIS als auch von Jabhat al-Nusra, ein erhebliches Echo. Dies hatte seinen Grund vor allem darin, dass al-Zawahiri explizit auch Abu Muhammad al-Jaulani, den Führer der al-Nusra-Front, ansprach und ihn sowie seine Milizen dazu aufrief, jegliche Kampfhandlungen gegen andere Gruppen des Widerstandes einzustellen und sich auf die eigentlichen Feinde zu konzentrieren. Wörtlich richtete der Nachfolger Bin Ladins folgenden Aufruf an al-Baghdadi und al-Jaulani:

Was den Befehl angeht, so ergeht an den Eroberer Abu Muhammad al-Jaulani – Gott möge ihn schützen – sowie an alle ehrenwerten Soldaten der Jabhat al-Nusra die Aufforderung, die auch für alle Gruppen der Mujahidin in Sham und an den Grenzen gilt, umgehend jedwede Bekämpfung einzustellen, die Feindseligkeiten gegenüber ihren Mujahidin-Brüdern und allen übrigen Muslimen beinhaltet, und sich ausschließlich dem Kampf gegen die Feinde des Islams der Baʿthisten, der Nusairier und ihrer Unterstützer aus den Reihen der Rafiditen (Schiiten) zu widmen. […] Genug mit dem Töten der Anführer des Jihads und seiner Shaikhs. Genug! Denn all euer Blut ist uns lieb und teuer. […]

Und als Erinnerung und guter Ratschlag an den ehrenwerten Shaikh Abu Bakr al-Baghdadi und seine Getreuen: Kehrt zurück zum Gehorsam gegenüber euren Anführern! […] Konzentriert euch auf den Irak, der mehr Anstrengung benötigt.

Diese nachdrückliche Aufforderung zur Einstellung aller Kampfhandlungen zeigte, wie sehr die al-Qaida-Führung fürchtete, dass der Kampf zwischen al-Nusra-Front und ISIS zu einer nachhaltigen Schwächung des Jihad-Projekts von al-Qaida führen könnte. In Anbetracht einiger Fortschritte, die al-Asads Truppen zum damaligen Zeitpunkt erzielen konnten, während die Aufständischen miteinander rangen – wie etwa die Rückeroberung von Homs Anfang

Mai 2014 –, wirkten al-Zawahiris Worte wie der Aufschrei eines alt gewordenen Mannes, der hilflos zusehen muss, wie ein über lange Jahre mühsam aufgebautes Projekt vor seinen Augen zerfällt.

Jabhat al-Nusra versprach als Reaktion auf die Rede, die Kampfhandlungen gegen ISIS einzustellen. Jedoch wurden die kriegerischen Handlungen in unverminderter Weise, teilweise sogar noch erbitterter als zuvor, fortgeführt. Dies insbesondere in und um die Stadt Dair al-Zaur, um die ISIS im Mai 2014 einen Belagerungsring zog, aber auch um al-Raqqa, deren Befreiung Abu Mariya al-Qahtani, al-Nusra-Kommandeur der Region-Ost, versprochen hatte. Während die «Unterstützungsfront» die Treue zu al-Zawahiri betonte, folgte seitens ISIS die Abrechnung mit dem Führer von Kern-al-Qaida. Diese wurde durch den Sprecher von ISIS, Abu Muhammad al-ʿAdnani, in Form der Ansprache «Entschuldigung, Befehlshaber der Qaida»[47] veröffentlicht. Die Rede ließ jegliche Rücksichtnahme auf das Ansehen von al-Zawahiri und dessen Organisation vermissen, und zwischen den Zeilen konnte jeder den Hohn und die Verachtung, die ISIS für al-Zawahiri mittlerweile entwickelt hatte, herauslesen. ISI, also die Vorstufe zu ISIS, habe sich dem Gedanken des globalen Jihads zuliebe al-Qaida nominell angeschlossen, so al-ʿAdnani, doch habe, anders als von al-Zawahiri behauptet, niemals eine hierarchische, sondern allenfalls eine ideelle Bindung an die symbolträchtige Organisation um Bin Ladin bestanden. Zu jener Zeit habe al-Qaida noch die richtige Auffassung vertreten, die jedoch inzwischen verloren gegangen sei. Al-ʿAdnani zog zudem den Anspruch al-Zawahiris auf Führerschaft ins Lächerliche, indem er ihn herausfordernd fragte, was er denn je konkret für ISI getan habe und wie er seinen beanspruchten Einfluss auf ISI ausgeübt haben wolle. Al-Zawahiri, so al-ʿAdnani, habe nur zwei Optionen: Entweder er gehe seinen bisherigen Weg weiter oder er erkenne seine Fehler an und korrigiere den Kurs. In letzterem Fall würde ISIS die «Hand ausstrecken». Auch hiermit unterstreicht al-ʿAdnani wiederum, dass ISIS in der Position des Stärkeren gegenüber der handlungsunfähigen Führung der Kern-al-Qaida sei.

Aus der Rede wurde aber auch die große Kluft in der Strategie zwischen den beiden Gruppen deutlich. So rief al-ʿAdnani al-Zawahiri dazu auf, die Schiiten als «Ungläubige» und die Armeen der arabischen Länder als «Abtrünnige» zu brandmarken. Nur aufgrund der bisherigen Rücksichtnahme auf Kern-al-Qaida, die in Iran immer wieder eine Art Rückzugsgebiet sah, habe ISI in der Vergangenheit Angriffe gegen den schiitischen Iran unterlassen. Aus dem gleichen Grund habe man keine Angriffe gegen Saudi-Arabien, Ägypten, Libyen und Tunesien geführt.

Dieser strategische Konflikt war auch in einem Interview der al-Qaida-Medienstelle mit al-Zawahiri unter dem Titel «Die Wahrheit zwischen Hoffnung und Schmerz» deutlich geworden, das am 18. April 2014 – vermutlich versehentlich – veröffentlicht wurde.[48] Hierin sprach der al-Qaida-Führer ebenfalls über Differenzen mit ISIS in der Art der Kriegsführung; al-Qaida lehne Angriffe auf Muslime ab und sehe deren Blut als *haram*, also als besonders geschützt, an. Zum anderen konzentriere sie sich auf die Konfrontation mit den USA und ihren Verbündeten, also den «Kreuzzüglern» und den «Zionisten», und nicht auf die Bekämpfung anderer Muslime. Im Gegenteil, man strebe nach Einheit unter den Muslimen.

Nach der Machtübernahme von ISIS in großen Teilen des West- und Nordirak ab dem 9. Juni 2014 wurde die Kritik von Kern-al-Qaida an ISIS deutlich leiser. Aktivisten der al-Nusra-Front agitierten noch immer gegen den sogenannten «Islamischen Staat». Doch al-Baghdadi und seine Truppe hatten beeindruckende Fakten geschaffen und ihren Anspruch auf Führerschaft im globalen Jihad zunächst erfolgreich unterstrichen. Sie konnten nun ihren Anhängern das in Aussicht stellen, worauf diese bereits seit so vielen Jahrzehnten gewartet hatten: die Etablierung sunnitisch-islamischer Staaten und die Wiedererrichtung des Kalifats. Dies war etwas, was Begeisterung in den Reihen von ISIS und in dessen Sympathisantenfeld auslöste. Al-Qaida hatte ebenfalls jahrelang die Wiedererrichtung des Kalifats als Ziel genannt, doch war es diesem klandestinen Netzwerk auch nicht annähernd gelungen, bedeutende Regionen in der muslimischen Welt zu kontrollieren. Vielmehr war die alte al-Qaida-Generation gezwungen, sich in unzugänglichen Berg- und Wüstenregionen zu verstecken und von dort aus ihre Angriffe im Stil der Hit-and Run-Technik vorzuberei-

Der zweite syrische Jihad und der Irak

Am 4. Juli 2014 hielt Ibrahim ʿAwwad Ibrahim ʿAli al-Badri al-Samarraʾi al-Qurashi, der bis dato unter dem nom de guerre Abu Bakr al-Baghdadi aufgetreten war, seine erste Rede als «Kalif Ibrahim – Gebieter der Gläubigen» in Mosul. Der ISIS/IS-Anführer sieht sich als legitimer Nachfolger des Propheten Muhammad. In seinem Namenszusatz «al-Qurashi» drückt sich aus, dass er genealogische Zugehörigkeit zu jenem Stamm beansprucht, dem der Prophet angehörte.

ten. Sie war dabei in nicht wenigen Fällen, wie in Afghanistan oder auch Pakistan, auf das Wohlwollen ihrer Gastgeber, der lokalen Taliban-Gruppen und Stämme, angewiesen. Al-Baghdadis Vorgehen unterschied sich von der Strategie der al-Qaida-Führung, für die er mittlerweile nur noch Spott übrig hatte. Seine Männer waren nicht mehr auf ein Versteckspiel mit den Sicherheitskräften im Irak angewiesen. Sie gaben sich nicht länger mit kleineren Attacken zufrieden, sondern überrannten feindliche Stellungen im Irak, schlugen die irakischen Sicherheitskräfte in die Flucht und bauten staatliche Strukturen auf. In dieser Situation schien al-Baghdadi zunächst einen deutlichen Sieg errungen zu haben, nicht nur gegen die irakische Staatsführung und deren Armee, sondern auch gegen Kern-al-Qaida und die al-Nusra-Front.

Den stärksten Ausdruck des Überlegenheitsanspruchs von ISIS stellte dann der 29. Juni 2014 dar: An diesem Tag, der zugleich der erste Fastentag im Monat Ramadan 2014 war, setzte ISIS ein Versprechen gegenüber den eigenen Anhängern um und rief das «Kalifat» aus, das sich laut ISIS-Sprecher al-ʿAdnani zunächst von Aleppo (Syrien) bis Diyala (Irak) erstreckt. Abu Bakr al-Baghdadi legte sich nun den Titel «Kalif Ibrahim – Befehlshaber der Gläubigen» zu. Auch die Organisation ISIS änderte ihren Namen und nannte sich fortan schlicht der «Islamische Staat», da man sich nicht mehr auf ein bestimmtes Territorium festlegen wollte. Sicher stellte die Ausrufung des Kalifats durch al-Baghdadi vor allem einen Propagandacoup dar, ohne eine tatsächlich stabile Basis für dieses Kalifat zu haben. Doch die Fakten waren durch die bloße Deklaration und die Landgewinne geschaffen, und al-Qaida hatte nun auch den Kampf um das Langzeitziel verloren.

Zwietracht unter den Ideologen des Jihads

Der Jihadismus ist, wie wir gesehen haben, weitaus mehr als al-Qaida und kann nicht mit dieser Organisation alleine erklärt werden. Zwar prägte sie die Szene jahrelang und setzte mit spektakulären Anschlägen – etwa gegen die US-Botschaften in Daressalam und Nairobi 1998, auf die USS Cole am 12. Oktober 2000 und natürlich auf das World Trade Center und das Pentagon am 11. September 2011 – Maßstäbe, die das Ansehen des Netzwerkes innerhalb des Jihadismus stark aufwerteten. Doch war al-Qaida weder im luftleeren ideologischen und strukturellen Raum entstanden noch war sie jemals alleiniger Repräsentant der jihadistischen Bewegung. Immer gab es andere Organisationen sowie viele einflussreiche Denker, die entweder von al-Qaida organisatorisch gänzlich unabhängig oder zeitweise mit ihr affiliiert waren, jedoch ein kritisches Verhältnis zu ihr pflegten. Zu diesen Personen gehören unter anderem Abu Musʿab al-Suri, Abu Muhammad al-Maqdisi, Hani al-Sibaʿi, Tariq ʿAbd al-Halim, Sulaiman al-ʿUlwan, Abu Saʿad al-ʿAmili, Abu Qatada al-Filastini und Abu Basir al-Tartusi. Diese Personen waren oder sind über Jahrzehnte fester Bestandteil der jihadistischen Szene und haben zu deren ideologischer Ausprägung maßgeblich beigetragen. Aufgrund ihres Wissens in religiösen Belangen wird ihnen Autorität zugesprochen, und sowohl die Führer jihadistischer Organisationen als auch einfache Anhänger der Szene fragen sie um Rat.

Ein Grundkonsens zwischen diesen Gelehrten besteht in der gemeinsamen Ablehnung säkularer Gesetzgebung, der Feindschaft gegenüber dem Westen und gegenüber den arabischen Herrschern sowie der Übereinkunft, dass islamische Staaten errichtet werden sollen und der bewaffnete Kampf zur Erreichung dieses Zieles notwendig ist. Dennoch pflegten diese Denker zum Teil auch scharfe Kontroversen, insbesondere zu Fragen der Strategie. So vertraten etwa Abu Musʿab al-Suri und Abu Qatada al-Filastini, die sich beide in den 1990er Jahren in London aufhielten, sogar in direkter Nachbarschaft voneinander wohnten und regen Kontakt miteinander hatten, dennoch sehr unterschiedliche Ansichten. Während al-Suri der Tradition radikaler Ableger der Muslimbruderschaft in Syrien entstammte und somit einem eher pragmatischen Jihad-Verständnis anhing, ist al-Filastini ein salafistischer Hardliner, der keine Scheu hatte, auch andere Jihadisten zu Ungläubigen zu erklären. Diese Differenz kam dann besonders in der Haltung zum algerischen Bürgerkrieg, der das Land in den 1990er Jahren erschütterte, zum Ausdruck. Zwar unterstützte al-Suri anfangs wie auch al-Filastini noch klar die radikale Groupe Islamique Armé (GIA), doch sagte er sich 1996 von der GIA los, die damals unter Führung des berüchtigten Jamal Zaituni stand, der dann nach internen Kämpfen von dem nicht weniger berüchtigten Antar al-Zuwabri beerbt wurde. Später verurteilte al-Suri das kompromisslose und brutale Vorgehen der GIA, deren Aktivitäten sich ab 1994 immer öfter gegen Zivilisten richteten und die damals in etwa den gleichen Ruf genoss wie heute ISIS. Al-Filastini hingegen, dessen richtiger Name ʿUmar Mahmud ʿUthman Abu ʿUmar lautet, hielt der GIA und Zaituni weiterhin die Treue, was al-Suri wiederum scharf verurteilte. Die Differenzen zwischen den beiden gingen so weit, dass al-Suri von Anhängern Abu Qatadas zuweilen als Abtrünniger bezeichnet wurde.[49]

Durch die Entzweiung der jihadistischen Bewegung in Syrien richteten sich der Blick der Jihadisten nun wieder verstärkt auf die Denker der alten Garde. Sie sollten einen Weg aus dem Konflikt weisen und wurden in diversen Botschaften, insbesondere vom Kreis um al-Zawahiri, als diejenigen benannt, die eine Schlichtung zwischen al-Nusra-Front und ISIS erwirken sollten – in einer Art islamischem Schiedsgericht. ISIS lehnte dieses Ansinnen jedoch immer wieder mit dem Hinweis ab, dass durch die eindeutige Positionierung al-Zawahiris eine neutrale Vermittlerrolle nicht mehr möglich sei, da alle Beteiligten bereits beeinflusst seien. ISIS war sich dabei bewusst, dass er sich von bekannten Kern-al-Qaida-Unterstützern isoliert hatte. Selbst der Jordanier Abu Qatada, der für seine extremen Ansichten bekannt ist, wandte sich zu einem frühen Zeitpunkt von ISIS ab. In einem Interview mit der Zeitung *al-Hayat*, das er aus einem jordanischen Gefängnis gab und dessen Inhalte im Februar 2014 veröffentlicht wurden, sagte Abu Qatada, dass sich die Kämpfer in Syrien ausschließlich der «Unterstützungsfront» anschließen sollten und dass ISIS vom Kampf gegen den wahren Feind, nämlich das al-Asad-Regime, ablenke. Seine bereits damals deutlichen Worte verschärfte er noch einmal, nachdem der ISIS-Sprecher al-ʿAdnani in seiner im April 2014 veröffentlichten Ansprache «Dies war nicht unsere Methode und sie wird es auch nicht sein» al-Zawahiri ein Abweichen von Bin Ladins Weg vorwarf.

Am 28. April 2014 erschien Abu Qatadas Reaktion «Brief an die Leute des Jihads und die, die ihn lieben».[50] Darin warf er ISIS vor, die «Kharijiten» (*khawarij*) der heutigen Zeit zu sein, ein Vorwurf, der aus al-Nusra-Kreisen immer wieder gegenüber ISIS erhoben und von ISIS strikt zurückgewiesen wurde. Die Kharijiten waren eine frühislamische Sekte, die sich durch besonderen religiösen Eifer und ein feindliches Auftreten gegenüber andersdenkenden Muslimen auszeichnete. Der Vorwurf, ein Kharijit zu sein, wird im modernen innermuslimischen Diskurs daher zumeist gegenüber jenen Ideologen und Gruppen erhoben, die andere Muslime als Ungläubige brandmarken, also *takfir* (Exkommunikation) betreiben. Er galt – bis zum Auftreten von ISIS – insbesondere vielen Denkern aus dem Umfeld von al-Qaida, unter anderem auch Abu Qatada selbst, der eben dafür bekannt war, andere Islamisten und auch Jihadisten zu Ungläubigen zu erklären. Dass nun ausgerechnet Abu Qatada ISIS als Kharijiten brandmarkte, zeigt, als wie extrem dessen Vorgehen von ihm wahrgenommen wurde. In seinem offenen Brief verteidigt er al-Zawahiri und die al-Nusra-Front gegen die Vorwürfe des ISIS-Sprechers al-ʿAdnani, vom Weg Bin Ladins abgewichen zu sein. Trotz der betrüblichen Situation in Syrien sei es jedoch gut, so Abu Qatada, dass nunmehr der Unterschied zwischen denen, die Jihad führen (al-Nusra/al-Qaida), und jenen, die der «Übertreibung und unerlaubten Neuerungen» anhingen, womit ISIS gemeint war, zu Tage getreten sei. In dem Brief sagte Abu Qatada bereits voraus, dass seine Gegner ihm nun vorwerfen würden, dass er aus dem Gefängnis heraus die Lage in Syrien nicht beurteilen könne, und tatsächlich folgten viele Äußerungen in Foren und auf Twitter von Anhängern des ISIS, die genau diesen Vorwurf enthielten.

Bereits in Abu Muhammad al-Jaulanis Botschaft «Ach, würdest du [Abu Khalid] doch meinen [al-Jaulanis] Tod beklagen!» vom 25. Februar 2014 (s. o.) wurden Abu Qatada und Abu Muhammad al-Maqdisi als diejenigen «Gelehrten» genannt, die zwischen al-Nusra-Front und ISIS richten bzw. vermitteln sollten. Daher ist es nicht allzu verwunderlich, dass sich nun auch al-Maqdisi zu Wort meldete. Er sah, wie so viele andere, nach al-ʿAdnanis Brandrede gegen die Führung von Kern-al-Qaida, insbesondere gegen al-Zawahiri, das Maß überschritten. In einer Erklärung vom Mai 2014 schrieb al-Maqdisi:

> Ihr wisst, dass die Organisation des Staates [ISIS] das verbotene Blut der Muslime vergossen hat […] wie sie auch den Führern der Mujahidin und ihren Shaikhs keine Folge geleistet hat […]. Ihr wisst, dass die Organisa-

tion des Staates [ISIS], ihr Sprecher und ihre Scharia-Verantwortlichen nicht aufgehört haben, unsere Obersten, unsere Gelehrten und unsere Shaikhs, ganz besonders unseren Bruder und geliebten Shaikh Aiman al-Zawahiri, anzugreifen.[51]

Im Folgenden rief al-Maqdisi alle Mujahidin in Syrien, also auch ISIS, dazu auf, sich der al-Nusra-Front anzuschließen. ISIS bezeichnete er als «fehlgeleitete», «abweichende» Organisation. Eindeutiger konnte man sich kaum positionieren. Mit al-Maqdisi hatte sich eine der einflussreichsten Stimmen zu Wort gemeldet und klar und eindeutig Partei für al-Qaida und Jabhat al-Nusra ergriffen.

In der Kritik al-Maqdisis an ISIS spiegelte sich auch sein Verhältnis zu al-Zarqawi, dem Gründer von al-Qaida im Irak, wider. Wie weiter oben in diesem Buch dargelegt, waren beide Männer in den 1990er Jahren zunächst Weggefährten, doch überwarf sich al-Maqdisi mit al-Zarqawi. Dieser erschien al-Maqdisi zu extrem und zu wenig strategisch denkend. Daher riet al-Maqdisi al-Zarqawi 2005 zu einer Strategieänderung, insbesondere auch unter dem Eindruck des brutalen Vorgehens von al-Zarqawi gegen die Schiiten im Irak. Joas Wagemakers beschreibt in einem Interview mit dem Autor dieses Buches drei Punkte, die al-Maqdisi an al-Zarqawi auszusetzen hatte: Dieser führe einen Jihad, der erstens nicht immer in Kongruenz zu den Richtlinien der Scharia stehe, der zweitens nicht immer effektiv, da nicht gut organisiert sei und der drittens nicht immer zu den gewünschten Ergebnissen führe, da nur der Kampf im Mittelpunkt stehe, nicht aber eine weiter gefasste Strategie zum Aufbau eines islamischen Staatswesens.[52] In der Auseinandersetzung mit ISIS, so Wagemakers, würden nun der erste und dritte Punkt wieder aufgegriffen.

Wie viele andere kritisierte auch al-Maqdisi an ISIS dessen militärisches Vorgehen gegen andere Aufstandsgruppen in Syrien. Dieses Verhalten stehe nicht in Übereinstimmung mit den Normen und den sich daraus ergebenden Werten der Scharia. Der Vorwurf al-Maqdisis an al-Zarqawi, dieser bemühe sich zu wenig um den Aufbau eines islamischen Staatswesens, konnte natürlich nicht ohne Weiteres auf ISIS übertragen werden. Doch hier, so Wagemakers, habe al-Maqdisi eine Variante des Argumentes entwickelt. Er und andere al-Nusra-Front-Unterstützer kritisierten ISIS nun dafür, dass dieser vorgäbe, das Ziel eines islamischen Staates bereits verwirklicht zu haben. Damit, so die Kritiker, präsentiere sich ISIS als Staat, obwohl es sich um eine Miliz von vielen handele.[53] Auch nach dem Fall von Mosul am 9. Juni 2014 (s. u.) kritisierten Anhänger der al-Nusra-Front, dass viele Stämme im Irak keinen Treueeid (*bai'a*) auf Abu Bakr al-Baghdadi geleistet hätten und somit der angebliche islamische Staat keine Legitimität besäße.

Wie zu erwarten, wurde die anti-ISIS Erklärung al-Maqdisis von den Anhängern der «Unterstützungsfront» und al-Qaidas begeistert kommentiert und über soziale Netzwerke im Internet verbreitet, während ISIS-Anhänger zumeist auf die Inhaftierung von al-Maqdisi verwiesen und unterstellten, dass die Erklärung unter dem Zwang der jordanischen Behörden abgegeben worden sein müsse. Auch wurden Drohungen gegen al-Maqdisi und seine Familie ausgesprochen. ISIS-Anhänger beschuldigten ihn, ein «Agent der zionistischen und kreuzzüglerischen Agenda zur Zerstörung des Projektes des Islamischen Staates und Verhinderung des Aufstiegs des Kalifats» zu sein. Bereits im Mai 2014 war der Jordanier Aiman Balawi, ein ausgesprochener al-Nusra-Befürworter, vor einer Moschee in Amman von Männern angegriffen worden, die ISIS-Parolen riefen. Wenige Wochen nach seiner anti-ISIS-Erklärung wurde al-Maqdisi aus jordanischer Haft entlassen. Am 1. Juli 2014, nur zwei Tage nach der Ausrufung des «Kalifats» durch ISIS und der Umbenennung zu Islamischer Staat (IS), veröffentlichte al-Maqdisi über seine Internetseite eine klärende Stellungnahme, in der er die bereits ausgesprochene Kritik an ISIS noch einmal bestätigte und damit die Zweifel ausräumte, dass seine erste Erklärung gegen ISIS den Umständen seiner Haft zuzuschreiben sei.[54] Al-Maqdisi reagierte zudem auf die zuvor seitens ISIS erfolgte Ausrufung des «Kalifats», die er massiv kritisierte. Zwar würden «wir alle uns die Rückkehr des Kalifats» wünschen, so al-Maqdisi, doch seien die Gegebenheiten dafür noch nicht geschaffen. Auch erinnerte er an das «Kaukasus-Emirat» und das «Islamische Emirat» der Taliban, die man nicht vergessen dürfe, nur weil ISIS/IS nun ein angebliches Kalifat ausgerufen habe.

Auf der Seite von ISIS/IS wiederum stehen insbesondere Denker aus der zweiten Reihe der «Jihad-Gelehrten» wie Ma'mun Hatim, Abu Saʿad al-ʿAmili oder Turki Bin Mubarak al-Binʿali (alias ʿAbd al-ʿAziz al-Athari alias Abu Sufyan al-Sulami). Auch deren Einfluss ist nicht zu unterschätzen, allerdings genießen sie bei weitem nicht das Ansehen eines Abu Muhammad al-Maqdisi. Einige der ISIS-Unterstützer gelangten erst in den letzten Jahren zu Prominenz. Die Steigerung ihrer Bekanntheit ist dabei eng mit der ISIS-Miliz verbunden, der sie als «Haus- und Hofgelehrte» dienen. Dies zeigt insbesondere das Beispiel al-Binʿalis, der ursprünglich al-Maqdisi ideologisch sehr nahe stand und sich erst mit seiner eindeutigen pro-ISIS-Haltung von seinem einstigen geistigen Mentor emanzipieren und sein eigenes Profil schärfen konnte.[55] Die ISIS-Gelehrten sehen in ISIS diejenige Organisation, die rigoros das in ihren Augen richtige Islamverständnis durchsetzt und konsequent ein islamisches Staatswesen aufbaut. Strategische Erwägungen, wie Jabhat al-Nusra und ihre Vordenker sie vornehmen, sind ihnen fremd, da sie grundsätzlicher denken. Sie haben ein noch extremer sektiererisches Verständnis von der Religion. Nicht nur Alawiten, Schiiten, Sufis und andere islamische Strömungen sehen sie als ihre Gegner an, sondern sogar diejenigen Sunniten, die ihren Ansichten nicht folgen oder eine andere Rebellengruppe außer ISIS, sei diese islamistisch oder säkular motiviert, unterstützen.

Der Streit zwischen al-Qaida/al-Nusra-Front und ISIS polarisiert und zwingt zu eindeutigen Positionierungen. Die Gelehrten welches Lagers sind aber nun einflussreicher? Eine mögliche Antwort auf diese Frage bietet die Auswertung einiger ihrer Twitter-Accounts. Hieraus wird ersichtlich, dass al-Qaida/al-Nusra-Ideologen zumindest auf der Plattform Twitter zumeist mehr Anhänger haben als die ISIS-Aktivisten. Der bis Ende Juli 2014 wichtigste Scharia-Gelehrte von Jabhat al-Nusra, Abu Mariya al-Qahtani, verfügt beispielsweise über mehr als 60 000 «Follower», ebenso wie der unabhängige Hani al-Sibaʿi.[56] Der Unterstützer der al-Nusra-Front ʿAbdullah al-Muhaisini, ein aus Saudi-Arabien stammender Islamgelehrter, zählt gar 309 000 «Follower». Beliebte Accounts von pro-ISIS/IS-Gelehrten halten sich hingegen in dem Bereich zwischen 20 000 und 30 000 Abonnementen auf. Auch diese Zahlen sind jedoch für sich gesehen beachtlich und unterstreichen die enorme Spaltung, die sich durch die Jihadisten-Szene zieht. Zudem darf nicht vergessen werden, dass andere ISIS-Propaganda-Accounts bei Twitter, also nicht die der sogenannten «Gelehrten», teilweise über 50 000 Abonnenten haben.

Doch welche Auswirkungen werden die akademischen Diskurse zwischen den «Jihad-Gelehrten» auf das tatsächliche Geschehen in Syrien und den Konflikt zwischen Jabhat al-Nusra und ISIS/IS haben? Es scheint unwahrscheinlich, dass sie zu einer Schlichtung beitragen oder gar den Konflikt lösen können. Ihre Äußerungen sind allerdings auch nicht zu unterschätzen und können dazu beitragen, die Unentschiedenen, seien es ganze Milizenverbände oder Einzelpersonen, zur Loyalität gegenüber der einen oder der anderen Gruppe zu motivieren. Die «Jihad-Gelehrten» sind Fixpunkte zur Orientierung der Szene. Ihre Ansichten sind nicht bindend und werden kritisch diskutiert, zum Teil auch abgelehnt. Doch die Äußerungen dieser einflussreichen Personen ziehen auch nicht völlig spurlos vorüber.

Hölle auf Erden: ISIS kehrt zurück ins Stammland

Ab März 2014 führte ISIS in den aneinandergrenzenden Provinzen Anbar und Ninive sowie teilweise auch im östlichen Diyala mehrere groß angelegte militärische Operationen gegen Angehörige der irakischen Sicherheitskräfte durch. Allein in Ninive zeichnete ISIS im März für 476 Operationen verantwortlich. Eine unabhängige Bestätigung dafür gibt es zwar nicht, doch zeigte eine Studie, dass die ISIS-Berichte zu Anschlägen und Opfern wohl relativ zutreffend sind.[57] ISIS gelang es nun, die Kontrolle über die in Anbar gelegenen Städte Falludscha und Ramadi zu übernehmen. Am 20. März 2014 veröffentlichte ISIS mehrere Videos, die Kolonnen von Pick-ups mit bewaffneten Männern an Bord zeigen, die mit ISIS-Fahnen durch Falludscha in der Provinz Anbar rollen

Hölle auf Erden: ISIS kehrt zurück ins Stammland

und von Zuschauern am Straßenrand Applaus erhalten. Sowohl Ramadi als auch Falludscha waren freilich schon einmal von den Jihadisten kontrolliert gewesen, die jedoch nicht in der Lage gewesen waren, die Städte gegen die irakische Armee und insbesondere gegen die sunnitischen Stammesmilizen (s. u.) zu verteidigen und langfristig zu halten. Die erneute Besetzung von Ramadi und Falludscha sowie die spätere Einnahme von Mosul am 9. Juni 2014 durch ISIS führten nun der Welt vor Augen, dass die irakischen Sicherheitskräfte in ihrem Bemühen, die Lage im Irak unter ihre Kontrolle zu bekommen, vorerst gescheitert waren.

Dass ISIS gerade ab März und April wieder verstärkt im Irak operierte, hatte zum einen mit dem Konflikt zwischen ISIS und anderen Jihadisten in Syrien zu tun, zum anderen standen am 30. April 2014 Parlamentswahlen im Irak an, und ISIS hatte, wie auch in den Jahren zuvor, ein großes Interesse daran, den irakischen Staat und die Wahlen mit allen Mitteln zu diskreditieren und die Lage zu destabilisieren.

Der 9. Juni 2014 und die folgenden Tage stellten dann eine entscheidende Zäsur dar: Truppen von ISIS gelang es, die Provinz Ninive und die darin liegende zweitgrößte Stadt Iraks, Mosul, einzunehmen. Mit nur wenigen Tausend Mann schlugen al-Baghdadis Anhängern die zahlenmäßig viel größere, jedoch moralisch deutlich unterlegene Armee der irakischen Regierung in die Flucht. In den folgenden Tagen befreite ISIS Tausende Häftlinge aus den Gefängnissen, erbeutete schwere Waffen – zumeist jene, die die USA zuvor an den Irak geliefert hatten –, plünderte Banken und eroberte die größte Ölraffinerie des Landes in Baiji (180 km von Mosul gelegen), die bis zu 300 000 Barrel Öl pro Tag produzieren kann. In Mosul nahmen ISIS-Kämpfer zudem 32 türkische LKW-Fahrer in Geiselhaft und stürmten einen Tag später, am 11. Juni 2014, das türkische Konsulat in Mosul, wobei weitere 46 türkische Staatsbürger, darunter auch Diplomaten und deren Familien, sowie drei irakische Mitarbeiter des Konsulats in die Hände der Aufständischen fielen.

Auch Tikrit, Hauptstadt der Provinz Salah al-Din und Geburtsort des früheren Diktators Saddam Husain, fiel in die Hände von ISIS, dessen Sprecher Abu Muhammad al-ʿAdnani in seiner Rede «Was an guten Dingen zu dir kommt, stammt von Gott»

(*Ma asabak min hasana fa-min Allah*) die Kämpfer zum Marsch auf die Hauptstadt Bagdad und auf Karbala, die heiligste Stadt der Schiiten, aufrief. Al-ʿAdnanis Ansprache unterstrich ein weiteres Mal den ausgeprägt anti-schiitischen und sektiererischen Charakter von ISIS und den unabänderlichen Willen, den Irak zu einer Hölle auf Erden zu machen.

Zwar hatte ISIS bereits im Jahr 2013 seine Aktivitäten im Irak, insbesondere in Ninive und Salah al-Din, merklich ausgeweitet, doch war die Machtübernahme in den nördlich von Bagdad gelegenen Landesteilen nicht ausschließlich mit der militärischen Macht der ISIS-Miliz zu erklären, die mit damals geschätzten 8000 bis 15 000 Mann nicht in der Lage gewesen wäre, derartige Gebietsgewinne in kürzester Zeit ohne breitere Unterstützung von lokalen Verbündeten zu erzielen. Das, was im Irak im Juni 2014 passierte, war nicht nur der Sieg von ISIS, sondern ein sunnitisch geprägter Aufstand gegen die Herrschaft Nuri al-Malikis. Zum einen waren an den Schlachten neben ISIS diverse weitere islamistische Milizen, wie die fast schon totgeglaubten Ansar al-Islam (Unterstützer des Islams) oder die Jaish al-Mujahidin (Armee der Mujahidin),[58] beteiligt. Zum anderen hatte ISIS es geschafft, die Verlierer der Regierungsjahre al-Malikis zumindest vorübergehend auf seine Seite zu ziehen: sunnitische Stämme, ehemalige Angehörige der Sicherheitskräfte Saddam Husains sowie Mitglieder seiner Baʿth-Partei, die insbesondere in Mosul zahlreich vertreten sind, dazu ehemalige Mitglieder der sogenannten «Erweckungs»(*sahwa*)-Milizen. Letztere waren durch die frühere US-Administration im Irak, namentlich durch General David Petraeus und Ryan Crocker, im Jahr 2006 organisierte und aufgestellte sunnitische Stammesmilizen, die gegen al-Qaida im Irak bzw. ISI vorgehen sollten. Die *sahwa*-Milizen schafften es tatsächlich, ISI in diversen Provinzen zwischen 2006 und 2008 immer wieder in Bedrängnis zu bringen.

Nachdem die USA die politische und militärische Verantwortung im Jahr 2009 an die irakische Regierung übergeben hatte, integrierte al-Maliki, der bereits seit 2006 die Geschicke des Landes als Premierminister leitete, die auf etwa 80 000 Mann geschätzten Milizen jedoch nur teilweise in die reguläre Armee, so dass viele *sahwa*-Angehörige ihr monatliches Salär verloren. Stattdessen gestaltete al-Maliki die irakische Armee in seinem eigenen Interesse um und verlieh ihr zunehmend einen schiitisch-sektiererischen Charakter, insbesondere im Bereich der Spezialkräfte. Damit verfolgte er eine ähnliche Militärpolitik wie die Familie al-Asad in Syrien, die hauptsächlich auf Angehörige ihrer eigenen, alawitischen Konfession in den Spitzenpositionen der Armee und in den Eliteeinheiten setzte. Zudem war al-Maliki bereits seit geraumer Zeit bemüht, wichtige sunnitische Politiker zu schwächen. So etwa im Fall seines ehemaligen Finanzministers und früheren Stellvertreters Rafi al-Issawi, dem er Nähe zu al-Qaida im Irak unterstellte – ein Vorwurf, der sich nie bestätigte. Der Premier ließ die Leibwächter al-Issawis festnehmen und beschnitt dessen Macht sukzessive. In den Städten Ramadi und Falludscha (jeweils Provinz Anbar), in denen ISIS ab 2014 die Macht zusammen mit weiteren sunnitischen Milizen übernehmen konnte, trieb die Wut über den Umgang mit al-Issawi im Dezember 2012 Zehntausende auf die Straßen, um gegen al-Malikis Politik zu demonstrieren.

Hieraus ergaben sich im Frühjahr 2013 weitere große Demonstrationen, bei denen al-Maliki zum Rücktritt aufgefordert wurde. Auch diese Proteste fanden zwar hauptsächlich in den sunnitischen Städten statt, doch betonten viele Wortführer damals, dass man nicht aus konfessionellen Gründen auf die Straße gegangen sei, sondern um gegen den Machtmissbrauch al-Malikis, die Korruption und die mangelnde Rechtsstaatlichkeit im Lande zu demonstrieren. Daher erklärten sich auch einige schiitische Politiker, wie etwa Muqtada al-Sadr, mit den Forderungen der Protestierenden solidarisch, und kleinere Demonstrationen fanden damals auch im schiitischen Süden des Irak statt. Insbesondere zwischen der Führung der schiitisch dominierten Provinz Basra und al-Maliki kam es zu heftigen Streitigkeiten, die sich an der Kontrolle der Ölproduktion und der Vergabe von Konzessionen an ausländische Firmen durch al-Maliki ohne vorherige Konsultation der Provinzregierung entzündeten.

Auch in den Kurden-Gebieten gärte es seit Längerem. Kurdische Peschmerga-Milizen und die reguläre irakische Armee belauerten sich seit Frühjahr 2014 vor Kirkuk, und Masud Barzani, Präsident der autonomen Region Kurdistans im Nordirak, hatte al-Maliki zuvor einen «neuen Diktator» genannt.

Insofern herrschte in vielen Landesteilen, jedoch insbesondere in den sunnitschen und kurdischen Gebieten westlich und nördlich von Bagdad, bereits seit Längerem und aus unterschiedlichen Gründen eine breite Unzufriedenheit mit al-Maliki, die dieser mit Repression statt mit Zugeständnissen beantwortete.[59] Diese autoritäre Herrschaftsausübung trieb insbesondere viele perspektivlose Sunniten in die Reihen des militärischen Aufstands gegen die Bagdader Zentralregierung, was letztlich zur Erhebung vom Juni 2014 führte, die zwar von verschiedenen Kräften getragen, doch von ISIS dominiert wurde.

Die Reaktionen auf den Vormarsch von ISIS im Irak selbst waren zumeist von großer Furcht vor dem totalen Chaos und vor einer Wiederkehr des konfessionellen Bürgerkriegs, der das Land ab Mitte der 2000er Jahre im Griff gehalten hatte, geprägt. Hunderttausende Bürger flohen aus den von ISIS eingenommenen Städten, manche kehrten jedoch einige Tage später zurück, da sie nicht wussten, wo sie hätten bleiben können. Großayatollah ʿAli al-Sistani, die religiöse Instanz, der die meisten Schiiten im Irak und auch in vielen anderen Ländern folgen, rief im Rahmen seiner Freitagspredigt am 13. Juni 2014 dazu auf, dass jeder Iraker, der dazu in der Lage sei, sich den irakischen Sicherheitskräften anschließen solle, um das Land gegen die «Terroristen» zu verteidigen. Anders als in diversen Medien – insbesondere den iranischen – verbreitet, war dies jedoch kein Aufruf zum «Jihad», sondern eher ein in patriotischem, wenn auch religiös gefärbtem Duktus gehaltener Aufruf zur Verteidigung der Nation. Dennoch waren es natürlich in erster Linie Schiiten, die der Ansprache al-Sistanis, «Quelle der Nachahmung», folgten und sich danach in Massen bei den irakischen Sicherheitskräften meldeten.

Die Furcht vor der sunnitischen Revolution erfasste aber auch die radikal-schiitischen Milizen aus dem Irak, die in Syrien aufseiten des Regimes kämpften. Wenige Tage nach der Machtübernahme von ISIS begannen sie ihren Abzug aus den Gebieten um Aleppo, um sich wieder in ihre Heimat zu begeben und den Kampf

Hölle auf Erden: ISIS kehrt zurück ins Stammland

In einer seiner Ansprachen sagte der Sprecher von ISIS/IS Abu Muhammad al-ʿAdnani: «Die Mujahidin erkannten, dass die Rafida [die Schiiten] der gefährlichste Feind sind, der den Islam und Muslime bedroht, und eine Axt, die die Säulen der Religion zerstört. Der Islamische Staat machte es sich zu seiner Aufgabe, die Rafida überall zu bekriegen.» Nachdem ISIS/IS ab Juni 2014 Kontrolle über große Gebiete im Irak erlangen konnte, waren es daher vor allem Schiiten, die den Aufrufen ihrer Führer folgten und sich freiwillig zur Armee meldeten. Das Bild zeigt schiitische Stammeskämpfer im Irak mit einem Bild von Ayatollah ʿAli al-Sistani am 16. Juni 2014.

gegen ISIS aufzunehmen. Auch der einflussreiche Schiiten-Führer Muqtada al-Sadr reaktivierte seine Jaish al-Mahdi (Armee des Mahdi), die früher noch gegen die Besatzung des Landes durch US-Truppen gekämpft hatte und im großen Spiel um den Irak zwischen Iran und den USA als verlängerter Arm Irans galt. Zwar änderte al-Sadr den Namen seiner Miliz in «Friedensbrigaden» (Saraya al-Salam), doch machte eine Parade durch das schiitische Viertel Sadr-City in Bagdad, bei der auch Fahnen der USA und Israels brannten, deutlich, dass Sadrs Milizionäre ideologisch weiterhin an der Linie Khomeinis, des Begründers der Islamischen Republik Iran, ausgerichtet waren.

Die Welt schreckte nun auf – insbesondere Iran und die USA, die in diesem Fall das gleiche Interesse, wenn auch aus unterschiedlicher Motivation heraus, verband: den Zerfall des Irak und die Machtübernahme von ISIS zu verhindern.

US-Präsident Barack Obama hielt am 13. Juni 2014 eine Rede im Weißen Haus, die in zweierlei Hinsicht bemerkenswert war. Zum einen deshalb, weil er betonte, keine Truppen zurück in den Irak senden zu wollen, wobei er auf «*other options*» verwies, die vorbereitet würden, um die irakischen Sicherheitskräfte zu unterstützen; zum anderen weil er recht eindeutige Kritik an der Regierung al-Malikis übte:

Ich möchte jedoch klar sein: Dies ist nicht alleine, oder gar primär, eine militärische Herausforderung. Während des letzten Jahrzehnts haben amerikanische Truppen außerordentliche Opfer gebracht, um den Irakern die Möglichkeit zur Gestaltung ihrer eigenen Zukunft zu geben. Leider haben es die irakischen Führer zu oft nicht geschafft, das Misstrauen und die konfessionellen Unterschiede, die dort seit langem köcheln, zu überwinden. Dies hat die Verwundbarkeit der irakischen Regierung wie auch ihrer Sicherheitskräfte erzeugt.

Die USA hatten offensichtlich wenig Interesse daran, sich in einen Krieg hineinziehen zu lassen, der unter anderem durch das Versagen der irakischen Staatsführung verursacht wurde. Entsprechend zurückhaltend zeigten sie sich dieser gegenüber, zumal sie auch die Verbindungen al-Malikis zur iranischen Führung kannten, die al-Maliki zwar nicht kritiklos gegenüberstand, letztlich jedoch die politische und wirtschaftliche Zusammenarbeit mit al-Malikis Regierung in den letzten Jahren ausgebaut hatte.[60] Die USA standen also vor einem Dilemma: Einen Aufstieg von ISIS wollte man verhindern; zugleich aber galt es, den iranischen Einfluss im Irak nicht noch weiter zu fördern. Zudem wollte man keinesfalls den Eindruck erwecken, offen Partei für eine Konfession zu ergreifen, was einer engen und vor allem militärischen Zusammenarbeit mit Iran als weiteres Argument entgegenstand.

Obama wollte unter keinen Umständen erneut Bodentruppen in den Irak entsenden. Hierfür hätte er in der Bevölkerung, die zu diesem Zeitpunkt kriegsmüde von den Einsätzen in Afghanistan und Irak war, wenig Rückhalt gehabt, zumal sogar in den Reihen der Republikaner die Meinung vorherrschte, dass nicht das Leben weiterer US-Bürger gefährdet und – angesichts der finanziellen Krise der USA – weitere Milliarden an Steuergeldern im Irak verschwendet werden sollten. Das Pentagon ging daher zunächst vorsichtig vor und verlegte den Flugzeugträger «George H. W. Bush» zusammen mit weiteren Kriegsschiffen in den Persischen Golf. Zudem kündigte der US-Präsident in einer Rede vom 19. Juni 2014 als weitere Maßnahmen die Entsendung von bis zu 300 Militärberatern, vermehrte nachrichtendienstliche Aufklärung im Irak, Verlegung von militärischer Ausrüstung in die Region, Unterstützung der irakischen Sicherheitskräfte durch den Austausch von Informationen sowie durch Lieferung von militärischer Ausrüstung und schließlich verstärkte diplomatische Bemühungen zur Stabilisierung des Irak an.

Zugleich sahen sowohl Iran als auch die USA ein, dass eine – wenngleich leise und vorsichtige – Kooperation in der Irak-Krise unausweichlich geworden war, da beide Staaten kein Interesse an einem kompletten Staatszerfall im Irak haben konnten. Die USA signalisierten daher früh, dass sie mit Vertretern Irans sprechen würden, unterstrichen dabei aber auch, dass dies informell ablaufen würde, und widersprachen früheren Darstellungen des US-Außenministers John Kerry, der eine militärische Kooperation mit Teheran nicht ausschließen wollte. Auch der iranische Präsident Hasan Ruhani zeigte grundsätzliche Offenheit gegenüber einer Zusammenarbeit mit den USA angesichts der Lage im Irak, aber auch er äußerte sich zurückhaltend, und iranische Offizielle betonten mehr oder weniger offen, dass sie die Ursache für das Erstarken von ISIS in der Unterstützung der Jihadisten durch die Golfstaaten, insbesondere Saudi-Arabien, sowie die USA sahen.

Insofern bestanden sowohl aufseiten der USA als auch aufseiten Irans Bedenken gegen eine gemeinsame Anti-Terror-Kooperation, insbesondere unter den Hardlinern, die dem jeweils anderen Land misstrauten und in ihm eher das Problem als die Lösung sahen.

Als IS-Kämpfer ab August in Richtung Arbil und der ölreichen kurdischen Provinzen vorpreschten, sahen die USA jedoch Anlass zum Handeln und begannen ab dem 8. August 2014 Luftschläge gegen IS-Stellungen im Nordirak.

Grenzenlos: Der Islamische Staat im Aufwind

Nachdem es ISIS gelungen war, im Irak insbesondere nach dem 9. Juni 2014 große Geländegewinne zu erkämpfen, wurden langsam erste Auswirkungen auf das Geschehen in Syrien sichtbar.

ISIS, der nun nur noch Islamischer Staat (IS) genannt wurde, hatte in den eroberten Gebieten die Grenzwälle zwischen Irak und Syrien eingerissen. In der IS-Propaganda wurde dies immer wieder auch als symbolisches Einreißen der sogenannten Sykes-Picot-Grenze beworben. Im Jahr 1916 hatten der Brite Mark Sykes und der Franzose François Georges-Picot im Auftrag ihrer Regierungen ein Geheimabkommen geschlossen, um die Erbmasse des untergehenden Osmanischen Reiches unter Frankreich und Großbritannien aufzuteilen. Teil des Osmanischen Reiches waren unter anderem auch die Gebiete des heutigen Irak und Syrien. Im Zeichen des beginnenden Erdölzeitalters hatte Großbritannien insbesondere Interesse an den erdölreichen Regionen des Irak, während für Frankreich der Zugang zum Mittelmeer an dessen östlichem Ende Bedeutung hatte. Dieses Abkommen bedeutete jedoch den Bruch aller territorialen Zusagen, die zuvor den Arabern unter Führung des Scherifen Husain von Mekka als Belohnung für deren Kampf gegen das Osmanische Reich im Ersten Weltkrieg gemacht worden waren. Das Sykes-Picot-Abkommen ist daher bis heute im kollektiven Gedächtnis der arabischen Welt präsent und steht symbolisch für den Vertrauensbruch der imperialen Mächte des Westens gegenüber den Arabern. Auch in der bisherigen al-Qaida-Propaganda wurde das Sykes-Picot-Abkommen immer wieder thematisiert.

IS feierte sich nun als denjenigen, dem es gelungen war, die historische Schmach zu tilgen, indem er die Grenzverläufe beseitigte, die mitten durch die ethnischen Siedlungsgebiete gezogen worden waren und die historisch miteinander verbundenen Völker und Stämme trennten. Natürlich steckte hinter dem Angriff auf die Grenzen mehr als reine Symbolpolitik. Es ging IS darum, sich die Nachschubwege zwischen Irak und Syrien zu sichern. Aus dem Irak wurden infolge der dortigen IS-Eroberungen große Mengen an militärischen Gerätschaften, etwa Humvee-Panzer-

Grenzenlos: Der Islamische Staat im Aufwind

Jihadisten lehnen Nationalstaaten und ihre Grenzen als eine «menschengemachte», künstliche Trennung zwischen den Muslimen und als eine Erfindung des Kolonialismus zu ihrer Schwächung ab. Als einen wichtigen Erfolg stellte die ISIS/IS-Propaganda daher die Zerstörung der Grenzanlagen – zum Teil sind dies Erdwälle – zwischen Syrien und Irak dar.

wagen, die die USA an die irakische Regierung geliefert hatten und die nun in die Hände von ISIS/IS gefallen waren, und sonstiger Nachschub für die syrische Front hereingeschafft.

Das syrische Regime hatte schnell erkannt, dass sich die strategische Lage für IS wieder ins Positive zu wenden begann. Als Reaktion auf den Vormarsch der IS-Rebellen bombardierte die syrische Luftwaffe am 15. Juni 2014 das IS-Hauptquartier in al-Raqqa. Doch dies stellte für die Aufständischen keinen allzu großen Rückschlag dar. Stattdessen übernahmen sie weitere Grenzposten zwischen Irak und Syrien und rückten sogar vom Irak aus an die saudi-arabische Grenze vor. Wenige Tage später erfolgten dann auch Luftschläge der syrischen Armee im Irak – offenbar in Absprache mit dem damaligen irakischen Ministerpräsidenten al-Maliki, dem die Angriffe der Syrer gelegen kamen.

An der jihadistischen Front konnte Ende Juni 2014 ein erster bedeutender Seitenwechsel beobachtet werden: Abu Yusuf al-Masri, ein aus Ägypten stammender Kommandeur in der strategisch wichtigen, am Ufer des Euphrat gelegenen Grenzstadt al-Bukamal (Albu Kamal/Abu Kamal), verkündete, dass er nunmehr

IS die Treue geschworen habe. Eine Rolle könnte hierbei der aus Tschetschenien stammende Abu ʿUmar al-Shishani gespielt haben, doch sind die genauen Hintergründe bislang unklar geblieben. Nach Angaben von Abu Yusuf al-Masri bewogen ihn der Wunsch nach Einheit unter den Mujahidin und das Verlangen nach einem Ende des Blutvergießens zu seiner Entscheidung. Sympathisanten der «Unterstützungsfront», aber auch der hochrangige Abu Hasan al-Kuwaiti äußerten in den Tagen nach dem Bekanntwerden des Seitenwechsels ihre Enttäuschung und ihren Zorn über den «Verrat» des Abu Yusuf al-Masri. Dies zeigte, dass die Nusra-Miliz keinesfalls bereit war, mit IS zusammenzuarbeiten, sondern in ihm noch immer eine feindliche Gruppe sah, die es zu bekämpfen galt. Umgekehrt ging IS weiterhin gegen die «Jaulani-Front», wie er die «Unterstützungsfront» nennt, vor. Aber auch aus anderen Teilen Syriens, etwa aus der Provinz Dair al-Zaur, mehrten sich Gerüchte und Meldungen zu Überläufen von Jabhat al-Nusra zu IS.

Nach der Ausrufung des Kalifats durch IS am 29. Juni 2014 schloss sich dann Jaish al-Sahaba (Armee der Prophetengefährten), eine weitere, jedoch sehr kleine und recht unbedeutende jihadistische Gruppe in Syrien, IS an. Einen Rückschlag für die al-Nusra-Front bedeutete weiterhin der Seitenwechsel von Abu Tamim al-Ansari, ihres bis dato Scharia-Verantwortlichen der Region Ost, der am 4. Juli 2014 seine Treue gegenüber al-Baghdadi erklärte.

Es zeichnete sich also ab, dass der Bodengewinn im Irak IS auch in Syrien strategische Vorteile eingebracht hatte. Dies bestätigte sich in der Einnahme der umkämpften Grenzstadt al-Bukamal (Abu Kamal) durch IS Anfang Juli sowie durch Erfolge im Kampf um die Provinz Dair al-Zaur. Dort gelang es IS ebenfalls in den ersten Juli-Tagen, die Kontrolle über das al-ʿUmar-Ölfeld, das größte Syriens, zu erlangen. Zudem verkündeten einige Anhänger von Jabhat al-Nusra und Ahrar al-Sham sowie Stammesvertreter in Dair al-Zaur, dass sie nicht weiter bereit seien, sich IS entgegenzustellen.

Auch wenn die IS-Milizen nun Gebiete kontrollierten, von denen sie wenige Monate zuvor nicht zu träumen gewagt hatten, bleibt doch eine Kernfrage bestehen: Kann IS nicht nur erobern, sondern auch regieren? Mit anderen Worten: Kann die Miliz in ihren Territorien Legitmität, Effektivität und Nachhaltigkeit unter Beweis stellen? Hiervon wird letztlich abhängen, ob IS weiter vom Verbündungseffekt mit den Verlierern der Regierungszeit al-Malikis profitieren kann oder ob die sunnitischen Stämme und andere Aufstandsgruppen ihre Waffen gegen die Jihadisten wenden, so wie sie es ab 2006 bereits getan haben. Erste Anzeichen von Rissen in der Koalition mit IS gegen al-Maliki wurden bereits ab Juli 2014 sichtbar. Zudem hat die Geschichte gezeigt, dass Jihadisten bisher nicht in der Lage waren, tatsächliche Herrschaft langfristig auszuüben.[61]

Internationale Brigaden

Exkurs: Der Spanische Bürgerkrieg

Bevor wir uns den ausländischen Kämpfern in Syrien zuwenden, ist festzuhalten, dass das Phänomen internationaler Mobilisierung keineswegs neu oder beschränkt auf den Bereich Jihadismus ist. Der Spanische Bürgerkrieg von Mitte Juli 1936 bis März (Einnahme Madrids durch die Aufständischen) bzw. April (Siegeserklärung Francos) 1939 bietet eines der besten Beispiele in der Geschichte des 20. Jahrhunderts für eine massive Mobilisierung freiwilliger internationaler Kämpfer.[62] Hintergrund des Krieges war der Wahlsieg einer linken Koalition unter Führung der Sozialisten im Jahr 1936. Bald bildete sich eine Gegenkoalition, bestehend aus Faschisten, Royalisten und Konservativen, die von Teilen des Militärs unterstützt wurden. Nach einer Reihe von politischen Attentaten und Auseinandersetzungen rief General Francisco Franco am 18. Juli 1936 die Kräfte der Republik, also diejenigen politischen Akteure, die die legitim gewählte Regierung bildeten, auf, ihre Macht an das Militär abzugeben. Die Ablehnung dieser Forderung markierte den Beginn des dreijährigen Bürgerkrieges. Die Aufständischen unter General Franco wurden von den faschistischen Regimen in Italien, Deutschland und Portugal unterstützt, zudem trafen auch freiwillige ausländische Kämpfer ein. Deren Zahl war mit geschätzten 1000 bis 1500 Personen jedoch zunächst relativ gering. Weitaus größer war die Anzahl derjenigen, die aus Europa, Nord- und Südamerika anreisten, um die Republik zu verteidigen.[63] Die ersten freiwilligen Kämpfer auf dieser Seite waren insbesondere innereuropäische Flüchtlinge, die vor den faschistischen Regimen in ihren Heimatländern nach Spanien geflohen waren. Die gezielte Rekrutierung und Mobilisierung zur breit angelegten Verteidigung der Republik fing jedoch erst mit der Gründung der Internationalen Brigaden im September 1936 an. Diese hatten ihr Hauptquartier in Paris, wurden jedoch maßgeblich von der stalinistischen Sowjetunion und der Kommunistischen Internationalen, dem Zusammenschluss kommunistisch-stalinistischer Parteien, gesteuert. Letztlich beteiligten sich bis 1939 zwischen 35 000 und 50 000 Freiwillige als Kämpfer aufseiten der spanischen Republik gegen die rechtsgerichteten Aufständischen. Das größte Kontingent stellten dabei Franzosen. Aber auch Deutsche und Italiener, die sich in Opposition zu den faschistischen Regierungen in ihren Heimatländern befanden, waren in großer Zahl vertreten. Die Organisation der Kampfverbände verlief dabei zumeist – wenn auch nicht immer – entlang nationaler Linien, da so die sprachliche Verständigung zwischen den Kämpfern gewährleistet war. Aufseiten der Republik standen auch diverse bekannte Intellektuelle und Künstler. So beteiligte sich etwa der Schriftsteller George Orwell (Eric Arthur Blair) als Kämpfer am Spanischen Bürgerkrieg. Allerdings wurde er nicht in die Internationalen Brigaden aufgenommen, da er eine trotzkistische Gesinnung hatte, die dem Stalinismus konträr gegenüberstand. Er kämpfte daher für die Arbeiterpartei der Marxistischen Einheit (Partido Obrero de Unificación Marxista; POUM). Seine im Spanischen Bürgerkrieg gesammelten negativen Erfahrungen mit dem Stalinismus und seinen Anhängern verarbeitete Orwell in der Novelle «Die Farm der Tiere» (*Animal Farm*). Der Schriftsteller Ernest Hemingway wiederum unterstützte die Sache der Republik durch seine Art der Kriegsberichterstattung und seine Fotografien, die insbesondere das durch die gegnerischen Truppen verursachte Leid der Zivilbevölkerung zeigten. Auch im syrischen Bürgerkrieg funktioniert die Mobilisierung aufseiten der Opposition in großen Teilen durch Bilder von toten und verstümmelten Kindern.

Ähnlich wie bei den Jihadisten, die seit den 1980er Jahren von einem Konflikt zum anderen reisen (s. u.), entstand auch bei den Kämpfern des Spanischen Bürgerkriegs eine transnationale Identität, in diesem Fall unter dem Etikett des Antifaschismus. Hiermit konnten sich Menschen aus unterschiedlichen politischen Lagern – Demokraten, Sozialisten, Kommunisten und Anarchisten – wie auch aus unterschiedlichen Ländern und Regionen – Ost- und Westeuropa, Nord- und Südamerika – identifizieren. Die Mobilisierung erfolgte nicht nur als Aufruf zur Verteidigung der Republik Spaniens, sondern wurde mit dem globalen Kampf der Demokratie gegen den Faschismus in Zusammenhang gebracht. Ähnlich wird auch im jihadistischen Bereich der Kampf gegen das Regime von al-Asad als ein Kampf von *haqq* (Recht) gegen *batil* (Unrecht) oder auch *iman* (Glauben) gegen *kufr* (Unglauben) in einen erweiterten Rahmen gestellt.

Eine derart breite internationale Mobilisierung von Freiwilligen wie im Spanischen Bürgerkrieg ist seit damals zwar nicht wieder vorgekommen, doch das Phänomen von Freiwilligen, die sich an unterschiedlichsten kriegerischen Konflikten oder Kriegen beteiligen, gibt es nach wie vor. Ein bekannter Fall ist etwa die Niederländerin Tanja Nijmeijer, die seit Jahren in Kolumbien aufseiten der aufständischen Guerilla-Truppe der FARC kämpft und mittlerweile innerhalb der Rebellengruppe wichtige Funktionen als Vermittlerin, Sprachrohr und Propagandistin sowie als Aushängeschild einnimmt.

Ausländische Kämpfer in Syrien

Wie bereits die Biographien von Abu Musʿab al-Suri und Abu Musʿab al-Zarqawi deutlich gemacht haben, gibt es das Phänomen von Jihad-Willigen, die von einem Kampfschauplatz zum anderen reisen, bereits seit längerer Zeit. Der Afghanistankrieg 1979–1989 war der Beginn dieser Entwicklung, die bis heute andauert. Dabei beteiligten sich zunächst nur wenige Araber an dem Krieg der sogenannten afghanischen Mujahidin gegen die Sowjetunion. Erst seit dem Jahr 1984 mit der Gründung des «Dienstleistungsbüros» im pakistanischen Peschawar durch ʿAbdullah

ʿAzzam – der damals wichtigsten geistigen Führungsperson für Jihadisten, die sich im Afghanistankonflikt engagierten – sowie durch die finanzielle Unterstützung durch Usama Bin Ladin und weitere reiche Spender aus den Golfstaaten nahm die Mobilisierung deutlich zu. Es gibt keine verlässlichen Zahlen, wie viele Araber an den zehn Jahre andauernden Kämpfen gegen die Sowjetunion teilgenommen haben. Einige Schätzungen gehen von bis zu 25 000 Personen aus, wobei viele von ihnen junge Männer aus Saudi-Arabien waren, die in den Ferienzeiten der Schule oder der Universität lediglich für wenige Wochen oder Monate als «Jihad-Touristen» nach Afghanistan fuhren und zumeist nicht an Kampfhandlungen beteiligt waren. Andere Schätzungen sprechen von 10 000 Personen. Es mögen also einige Tausend gewesen sein, die tatsächlich gekämpft haben. Legen wir die Maximalzahl von 25 000 zugrunde, so lag der Anteil der Araber gegenüber den afghanischen Kämpfern also im besten Fall bei etwa 14 % bzw. 10 %, wenn man von einer Gesamttruppenstärke der afghanischen Mujahidin zwischen 175 000 und 250 000 ausgeht. Insgesamt konnten die Araber jedoch wenig zum Kampfgeschehen in Afghanistan beitragen. Der Wert für sie bestand vielmehr darin, eine militärische Ausbildung und anschließend die Feuertaufe auf dem Schlachtfeld zu erhalten. Zudem entstanden durch die Vernetzung verschiedenster islamistischer Gruppen und Personen in Afghanistan und besonders in Peschawar/Pakistan zum einen neue Ideen und Ansichten, aus denen die Ideologie des weltweiten Jihads entstehen sollte, und zum anderen Kennverhältnisse von Personen aus unterschiedlichsten Ländern, die zur Basis des späteren Netzwerks des globalen Jihadismus wurden. Afghanistan war also *der* Antriebsmotor des Jihadismus in militärischer, organisatorischer und ideengeschichtlicher Hinsicht, und seine Bedeutung für die Bewegung sollte nicht unterschätzt werden.

Nachdem die Sowjetunion ihre Truppen aus Afghanistan zurückgezogen hatte, verblieben jedoch diverse Araber, manche kamen überhaupt erst dann am Hindukusch an. Allerdings wurden sie oftmals im innerafghanischen Bürgerkrieg, der ständig unübersichtlicher und fragmentierter wurde, zwischen den Konfliktparteien aufgerieben. Das klare Feindbild fehlte nun. Viele Araber verließen daher Afghanistan und kehrten in ihre Heimatländer zurück, um dort den Kampf gegen die eigenen Machthaber zu beginnen oder fortzusetzen. Dies betraf etwa Algerien, wo sich die Rückkehrer zumeist in der 1992 gegründeten Bewaffneten Islamischen Gruppe (GIA) organisierten. Andere schlossen sich Bin Ladin und seiner 1989 gegründeten al-Qaida an. Wieder andere wandten sich neuen Krisenherden in der muslimischen Welt zu und zogen etwa nach Bosnien, das im März 1992 seine Unabhängigkeit erklärt hatte und sich nun im Krieg mit Serbien befand. Arabische Kämpfer wurden durch die Bilder vom Leid der Bevölkerung mobilisiert und eilten herbei, um ihre muslimischen «Geschwister» zu unterstützen. Ein ähnliches Muster war dann später im ersten und zweiten tschetschenischen Krieg (1994–1996 bzw. 1999–2009) zu beobachten, wo eine mehrheitlich muslimische Bevölkerung in Bedrängnis geraten war. Auch dort meldeten sich arabische Freiwillige zum Dienst an der Waffe.

Den Jihadisten dienten derartige Krisen dazu, Erfahrungen zu sammeln, Kontakte in weiteren Regionen der Welt aufzubauen sowie neue Kämpfer zu rekrutieren. Seit dem Afghanistankrieg gab es genügend Konflikte in muslimischen Ländern und Regionen, aus denen die Jihadisten immer wieder Kraft schöpfen konnten. Nach Afghanistan war es aber vor allem der im März 2003 durch die USA begonnene Irakkrieg, der dem internationalen Jihad gehörige Schubkraft verlieh und letztlich zur Entstehung von al-Qaida im Irak entscheidend beitrug, jener Organisation, die heute unter dem Namen Islamischer Staat (IS) maßgeblich in die kriegerischen Auseinandersetzungen im Norden und Osten Syriens verwickelt ist.

Der neue Anziehungspunkt für Jihadisten seit 2011 – und stärker noch seit 2012 – ist nun Syrien. Hier findet, laut den Autoren einer Studie über gefallene ausländische Jihadisten in Syrien, die «drittgrößte Mujahidin-Mobilisierung seit den 1980er Jahren» nach dem ersten Afghanistanabenteuer und dem Irakkrieg statt.[64] Ähnlich wie in Afghanistan stellen ausländische Jihadisten bei den Rebellentruppen etwa 10 % der Kämpfer.[65]

Auch wenn es Parallelen zwischen der internationalen Mobilisierung für den Afghanistankrieg in den 1980er Jahren und der für den heutigen syrischen Bürgerkrieg gibt, sollte auf einige grundlegende Unterschiede in der historischen Situation hingewiesen werden. Dies betrifft zunächst die Wahrnehmung der beiden Konflikte durch den Westen. Die sogenannten Mujahidin in Afghanistan galten im Westen zumeist als «Freiheitskämpfer» und wurden insbesondere durch die USA in Kooperation mit Pakistan finanziell und militärisch massiv unterstützt, da man sie als anti-kommunistische Verbündete erkannte, dabei jedoch ihre anti-westliche Ausrichtung übersah. Ein Grund hierfür liegt darin, dass sich al-Qaida erst gegen Ende des Afghanistankrieges gründete und sich erst nach dem Rückzug der sowjetischen Truppen langsam den USA und ihren Partnern als neuem Hauptfeind zuwandte. Spätestens seit 9/11 wurde dann die Gefahr deutlich, die vom Jihadismus für westliche Staaten ausgeht, und noch wesentlich mehr für andere Regionen der Welt. Dies ist auch ein wichtiger Grund dafür, dass sich die USA bei ihrer Unterstützung für den Aufstand gegen al-Asad zögerlich verhalten. Zwar würden sie dessen Sturz begrüßen, doch ahnt die US-Regierung auch, dass ein der USA noch weitaus feindlicher gesinntes Regime an die Macht kommen könnte und dass Syrien ein *safe haven* für jihadistische Terroristen werden könnte. Auch zögern die USA mit der Bewaffnung der Oppositionstruppen, da sie befürchten, die Waffen könnten in die falschen Hände, also in die der Jihadisten, geraten. Ebenso hat in Saudi-Arabien, das seine Heißsporne in den 1980er Jahren gerne nach Afghanistan geschickt hatte, in den vergangenen Jahren ein Umdenken hinsichtlich der Einschätzung des Jihadismus stattgefunden: Heute sieht man ihn als Gefahr für das Königreich an. Dies ist auch der Grund, weshalb der saudische König per Dekret die Beteiligung saudischer Staatsbürger am syrischen Bürgerkrieg unter Strafe gestellt hat – ein wichtiger Unterschied der saudischen Innenpolitik im Vergleich zum Afghanistankrieg. Und schließlich beteiligen sich, anders als im Afghanistankrieg, im Syrienkrieg eine größere Zahl junger Deutscher und Europäer (s. u.).

Die meisten der aus mindestens 81 Ländern stammenden ausländischen Kämpfer in Syrien – Schätzungen reichen von 7000 bis 12 000 –[66] stammen aus Libyen, Saudi-Arabien, Marokko und

Tunesien. Letzteres Herkunftsland ist insofern überraschend, als tunesische Jihadisten, im Gegensatz etwa zu saudischen Staatsbürgern, an internationalen Konflikten bislang nicht in nennenswerter Anzahl teilnahmen und Syrien daher die erste breite internationale Mobilisierung für Jihadisten aus Tunesien darstellt. Dies lässt sich wiederum durch die Entstehung der bereits genannten Gruppe Ansar al-Sharia in Tunesien erklären, die im Verdacht steht, maßgeblich für die Teilnahme am Syrien-Konflikt zu werben und aktiv Kämpfer anzuwerben, sie in Libyen ausbilden zu lassen und anschließend nach Syrien zu schleusen.

Aus Europa ist seit 2013 ein sprunghafter Anstieg von nach Syrien ausgereisten Personen zu beobachten. Im April 2013 erschien eine Studie des renommierten Jihadismus-Experten Aaron Zelin. Er und seine Kollegen haben für ihre Analyse mehr als 450 Quellen aus der westlichen und arabischen Presse sowie Verlautbarungen jihadistischer Organisationen ausgewertet.[67] Hieraus ergab sich eine Gesamtzahl zwischen 135 und 590 Europäern, die in Syrien bis dato gekämpft haben sollen, bei einer Gesamtstärke von damals geschätzten 2000 bis 5500 ausländischen Kämpfern. Die meisten europäischen Jihad-Willigen – im Folgenden wird jeweils die minimale und die maximale berechnete Anzahl genannt – stammten laut der damaligen Studie aus Großbritannien (28–134), den Niederlanden (5–107), Frankreich (30–92), Belgien (14–85), Dänemark (3–78) und Deutschland (3–40). Acht Monate später, im Dezember 2013, veröffentlichte Zelin neue Zahlen.[68] Die Zahl der Ausgereisten lag ihm zufolge nun zwischen 396 und 1937. Mittlerweile hatte Frankreich Großbritannien überholt: Aus Frankreich sollten es zwischen 63 und 412 Personen sein, die in den Kampf gezogen waren, aus Großbritannien 43 bis 366, aus Deutschland 34 bis 240, aus Belgien 76 bis 296 und aus den Niederlanden 29 bis 152.

Die von Zelin geschätzte Zahl von rund 2000 europäischen Kämpfern schien einigermaßen zutreffend zu sein: Am 24. Januar 2014 fand das Treffen der EU-Innenminister in Athen statt, an dessen Rande der Anti-Terror-Koordinator der EU, Gilles de Kerchove, bekannt gab, dass es mittlerweile über 2000 Europäer seien, die sich in Syrien am Krieg beteiligten, die meisten aus

Frankreich (700), Belgien (250) und Großbritannien (genaue Anzahl unbekannt; wahrscheinlich einige Hundert). Für Deutschland wurde die Zahl von 270 Personen genannt, die sich im Laufe des Jahres 2014 auf über 400 erhöhte.

Allerdings bestanden und bestehen weiterhin Probleme bei der Erfassung und Zählung der Personen: Zum einen können EU-Bürger über die Türkei recht unbehelligt nach Syrien einreisen und auch wieder in die EU zurückkehren. Nicht jede Jihad-Reise kann daher als solche erkannt werden. Zum anderen liegen den Daten unterschiedliche Zählweisen innerhalb der EU zugrunde. So melden einige Länder etwa jede einzelne Reisebewegung, was bedeutet, dass Ein- und Ausreisen von ein und derselben Person doppelt in der Statistik auftauchen können. Andere Staaten wiederum zählten personenbezogen, so dass Aus- und Einreisen jeweils nur einmal gezählt wurden, und kamen so natürlich auf eine weitaus niedrigere Zahl. Dies mag erklären, weshalb die schwedische EU-Innenkommissarin Cecilia Malmström Anfang 2014 auch nur von 1200 europäischen Kämpfern sprach. Zudem ist nicht in jedem Fall klar, was genau die Ausgereisten in Syrien gemacht und ob sie sich tatsächlich einer Miliz angeschlossen haben. Wie dem auch sei: Die Zahlen sind in jedem Fall besorgniserregend, insbesondere deren rasanter Anstieg.

Nicht-Syrer unterstützen jedoch keineswegs ausschließlich Rebellengruppen. Vielmehr gibt es auch auf der Seite des al-Asad-Regimes mindestens ebenso viele ausländische Unterstützer, die meisten davon Mitglieder schiitischer Milizen. Genaue Zahlen über diese Kämpfer sind nicht vorhanden, doch Aaron Zelin schätzte im Dezember 2013, dass von einem Kontingent um die 10 000 Personen auszugehen ist.[69] Etwa 3000 bis 5000 Kämpfer stammen dabei aus den Reihen der libanesischen Hizbullah, die von der EU und den USA als Terrororganisation eingestuft wird. Die Hizbullah greift insbesondere seit 2012 verstärkt in den Konflikt ein. Ebenso wie Jabhat al-Nusra, ISIS und andere Islamisten sieht auch die Hizbullah den Kampf in Syrien als Jihad gegen die Feinde Gottes. Dies sind ihrer Auffassung nach jedoch alle Aufständischen, die gegen al-Asad kämpfen, ganz besonders natürlich die al-Nusra-Front, ISIS und andere salafistisch-jihadistische Gruppen, die explizit anti-schiitisch ausgerichtet sind.

Während die Hizbullah aus dem Libanon heraus agiert, gab es bis zum Fall von Mosul im Juni 2014 aber auch einen Zustrom von mehreren Tausend schiitischen Irakern, die al-Asad zur Seite stehen wollten.[70] Bei der irakischen Mobilisierung spielen beispielsweise die Milizen Munazzamat Badr (Badr-Organisation), Kata'ib Hizbullah (Hizbullah-Bataillone), Harakat al-Nujaba' (Bewegung der Edlen) sowie die Kata'ib Sayyid al-Shuhada' (Bataillone des Herrn der Märtyrer) eine Rolle. Besondere Bedeutung hat zudem die schiitisch-jihadistische 'Asa'ib Ahl al-Haqq (Liga der Leute des Rechts; AAH), eine Abspaltung der Jaish al-Mahdi (Armee des Mahdi) von Muqtada al-Sadr (s. Kapitel «Hölle auf Erden»).[71] Die 2006 gegründete Liga ist im Irak verantwortlich für Tausende Anschläge auf US-Soldaten und irakische Sicherheitskräfte. Die von Qais al-Khaz'ali (als Generalsekretär) und Hasan Salim (als militärischer Kommandeur) geführte Miliz soll von den iranischen Revolutionsgarden, insbesondere durch den Kommandeur der Quds-Division Qasem Sulaimani, finanziell und logistisch massiv unterstützt werden. Sie ist radikal schiitisch, anti-sunnitisch sowie anti-amerikanisch ausgerichtet. Die Liga gilt als Verbündeter des bis zum 14. August 2014 amtierenden Ministerpräsidenten Nuri al-Maliki, dem Kritiker die Instrumentalisierung von schiitischem Sektierertum und Diskriminierung von Sunniten vorwerfen. Dabei kommt immer wieder auch zur Sprache, dass al-Maliki die Infiltrierung der irakischen Sicherheitskräfte durch religiös-sektiererische Netzwerke und Milizen wie 'Asa'ib Ahl al-Haqq oder auch Jaish al-Mukhtar (auch bekannt als Kata'ib Hizbullah) zulasse und so zu einer Verschärfung der Spaltung des Landes beitrage. In Syrien sind die schiitischen Milizen bestrebt, sich als Verteidiger schiitischer Heiligtümer, wie des Schreins der Sayyida Zainab in Damaskus, zu präsentieren und so ihre Rolle zu legitimieren.

3.
Deutsche im syrischen Jihad

Das Netzwerk Millatu-Ibrahim

Radikaler Prediger aus Wien: Mohamed Mahmoud

Im Herbst 2011 brach Millatu-Ibrahim (Die Gemeinschaft Abrahams, MI) über Deutschland herein wie ein Wirbelsturm. In Windeseile breitete sich dieses Netzwerk aus, zog wie ein Magnet Jihadisten an und überholte alle bisher vorhandenen jihadistischen Netzwerke an Deutlichkeit und Radikalität. Zweifelsohne hatte Deutschland zum Zeitpunkt der Gründung von Millatu-Ibrahim im Frühherbst 2011 bereits einige radikale Prediger erlebt, Attentatsversuche überstanden und insbesondere seit 2008/09 diverse Ausreisen von deutschen Staatsbürgern oder Personen, die in Deutschland aufgewachsen waren, in Richtung Jihad-Gebiete, besonders nach Pakistan und Afghanistan, zu verzeichnen. Doch kaum jemand drückte seine staats- und gesellschaftsverachtende Haltung so unverfroren und in so klarer Sprache aus wie Mohamed Mahmoud alias Abu Usama al-Gharib. Der 1985 in Wien als Sohn von ägyptischen Eltern geborene Mahmoud kam bereits früh mit radikalem Gedankengut in Kontakt. Sein Vater war Mitglied der militanten Jamaʻa Islamiyya in Ägypten und gab diese Ideologie an seinen Sohn weiter. Die Mischung aus radikaler Ideologie und sozialer Ausgrenzung, die Mahmoud in seiner Kindheit und Jugend wegen seines Migrationshintergrunds, gepaart mit schwachen Schulleistungen sowie wahrscheinlich auch aufgrund seiner eigenen Persönlichkeit erfuhr, war hochexplosiv. Durch die

Ideologie konnte Mahmoud all das, was er an persönlichen Misserfolgen erlebt hatte, positiv umdeuten: Nicht er war für seine Misere verantwortlich, sondern die Gesellschaft musste schuld sein.

Er las Texte zur Idee des Fremden im Islam und zur radikalen Interpretation dieses Konzeptes, das über den mittelalterlichen Gelehrten Ibn Qayyim al-Jauziyya (gest. 1350) bis in die heutige salafistische und insbesondere jihadistische Szene gelangte. Das Konzept des Fremden, das mit dem des Auserwählten einhergeht, verbreitete sich wahrscheinlich in den 1970er Jahren in der islamistischen Szene der arabischen Welt. Dort entstand dann in den 1980er Jahren, eventuell auch schon früher, die jihadistische Hymne *Ghurabaʾ* (Die Fremden), in der Fremdsein und Kampf als zwei sich ergänzende Ideale miteinander verknüpft werden und die bis heute unter Anhängern des Jihadismus, auch in Deutschland, weit verbreitet ist:

1. Wir sind Fremde und verbeugen uns vor niemandem außer vor Gott.
2. Wir sind Fremde und geben uns damit als Parole für das Leben zufrieden.
3. Wenn du uns fragt, so [sagen wir]: Uns kümmern keine Tyrannen!
4. Wir sind die Soldaten Gottes, und unser Weg ist stets der Pfad des Stolzes.
5. Die Fesseln werden uns nicht bekümmern, sondern wir werden in die Ewigkeit eingehen.
6. So lasst uns aufs Neue Anstrengungen unternehmen, fechten und kämpfen.
7. Fremde – das sind die Freien in der Welt der Sklaven.
8. Wie oft riefen wir uns gegenseitig eine Zeit, in der wir die Glücklichen waren, in Erinnerung,
9. als wir das Buch Gottes Tag und Nacht rezitierten.

Mit der Ausbreitung des Islamismus in westliche Länder ab den 1990er Jahren verbreiteten sich auch die dazugehörigen Rahmenkonzepte, und so trugen radikale Aktivisten wie beispielsweise der jemenitisch-amerikanische Anwar al-Aulaqi (gest. 2011) dazu bei, dass sich die kämpferische Interpretation des Fremdseins als salafistisches Ideologem zunächst in der englischsprachigen Szene, später auch in der deutschsprachigen verbreitete.[72]

Es war daher kein Zufall, dass sich Mahmoud ausgerechnet den *nom de guerre* al-Gharib (der Fremde) gab. Mahmoud stieg zu einem der bedeutendsten Propagandisten am absolut radikalen Rand des Jihadismus auf. So rief er 2005 den deutschen Ableger der Globalen Islamischen Medienfront (GIMF) ins Leben, einer weltweit vernetzten virtuellen Medieneinheit, die Propagandaerzeugnisse der verschiedenen al-Qaida-Gruppen in diverse Sprachen übersetzt. Aufgrund dieser Tätigkeit wurde Mahmoud im Jahr 2007 verhaftet und ein Jahr später, im Alter von gerade einmal 22 Jahren, von einem österreichischen Gericht wegen Unterstützung einer terroristischen Vereinigung verurteilt. Zu jener Zeit hatte Mahmoud, der zusammen mit seiner damaligen Ehefrau Mona Salem Ahmed auf der Anklagebank saß, offenbar keine große Gefolgschaft mehr außerhalb der virtuellen Welt. Einem Pressebericht zufolge sollen sich damals keine Anhänger im Gericht versammelt haben, lediglich die Familien der Angeklagten. Der Prozess wurde in Österreich medial aufwendig begleitet. Auch kritische Stimmen meldeten sich zu Wort und fragten, was genau eine terroristische Vereinigung ausmache, ob denn Propaganda schon die aktive Teilnahme an terroristischen Handlungen bedeute und ob im Fall von Mahmoud und seiner Ehefrau Strenge oder Milde die erwünschte deradikalisierende Wirkung bringen würde. Der vorsitzende Richter entschied sich für Härte und verurteilte Mahmoud zu einer vierjährigen Haftstrafe wegen Unterstützung und Mitgliedschaft in einer terroristischen Vereinigung.

Mahmoud wurde am 12. September 2011 aus der Haft entlassen. Deradikalisiert war er damals keineswegs, ganz im Gegenteil, die Haftzeit schien ihn gänzlich unbeeindruckt gelassen zu haben. Er ging sogar einen Schritt weiter und trat aus dem anonymen Schattendasein des Verbreiters von Terrorpropaganda heraus, indem er nun selbst Vorträge hielt, diese aufnahm und für jeden abrufbar ins Internet stellte. So offen hatte sich bislang kaum ein deutschsprachiger Jihadist, der sich in Europa und nicht etwa im fernen Waziristan befand, geäußert. In seinen Videos tobte und wütete er zornig gegen Demokratie, den Westen und alles, was ihm ungläubig erschien. Eine mögliche Gefängnisstrafe schien ihn dabei nicht mehr zu schrecken. Dies wurde aus seinen unverhohlenen Hassreden deutlich. In einem Video mit dem Titel «Frohe Botschaft» sagte er wörtlich:

Und wenn Abu Usama [Mahmoud] morgen ins Gefängnis geht, dann geht halt Abu Usama ins Gefängnis. Dann macht er Millatu-Ibrahim in JVA [Justizvollzugsanstalt] auf. Ganz einfach! Und glaubt mir: Millatu-Ibrahim in JVA hat mehr, mehr Wirkung als da draußen. Glaubt es mir!

Zunächst zog Mahmoud aber am 1. Oktober 2011 nach Berlin, von wo aus seine unheilvolle Verbindung mit Denis Cuspert alias Abou Maleeq alias Abu Talha al-Almani ihren Lauf nahm.

Ex-Rapper aus Berlin: Denis Cuspert

Denis Mamadou Cuspert wurde 1975 in Berlin geboren und wuchs in Kreuzberg in schwierigen familiären und sozialen Verhältnissen auf. Sein aus Ghana stammender Vater wurde aus Deutschland abgeschoben, als Cuspert erst wenige Jahre alt war. Er wuchs dann bei seiner Mutter und ihrem Lebenspartner auf. Als Jugendlicher geriet Cuspert auf die schiefe Bahn und wurde kriminell – wie er selbst sagt insbesondere durch den Einfluss amerikanischer Rapper, zu denen die Jugendlichen aufsahen. Über diesen Zusammenhang berichtete Cuspert in einem Interview mit dem Journalisten Manuel Möglich in einer 2011 veröffentlichten Dokumentation:[73]

Ich sage dir mal zur Musik, so wie ich sie sehe. Ich glaube, dass die Musik sehr viel Einfluss hat – also hat auf jeden Fall Einfluss auf viele Menschen – und sowie positiv, aber auch negativ. Weil wenn ich überlege, wie die Musik mich geprägt hat, ja. Ich habe zum Beispiel als ich jung war, habe ich Gangsta-Rap gehört. Also diese Gangsta-Rap-Musik, die aus Amerika gekommen ist, und ich sage dir, dass diese Musik wirklich für mich richtig Totalschaden war. Da war richtig Action drinne. Also, das war ein richtiger Actionstreifen. Jede CD, die rauskam, war ein Film. Und du musst dir vorstellen: Wir als Jugendliche oder als Kinder wurden ja nicht aufgeklärt. Also, Eltern haben uns nicht gesagt: «Hör nicht diese Musik!» Wir haben die Leute, die dort gerappt haben, angehimmelt. Die waren für uns die Größten. Kann man mal so sagen, ja. Obwohl sie die Niedrigsten waren. Und die haben natürlich auch Drogen genommen, also haben wir auch Drogen genommen. Und die haben Raubüberfälle gemacht, haben wir auch Raubüberfälle gemacht. Also, die waren unsere Mutter- und Vater-Ersatz. Unsere Eltern arbeiten so viel, die können uns nicht erziehen.

Parallel zu seiner kriminellen Karriere war Cuspert offenbar schon früh auf spiritueller Suche, möglicherweise auch, um sich einen Ausgleich zu der eigenen familiären Situation zu schaffen. Mit elf Jahren habe er das erste Mal das Glaubensbekenntnis gesprochen, wobei ihn ein schiitischer Freund unterstützt habe, sagte Cuspert in einem Interview mit einem islamistischen Onlineportal.[74] Anschließend kam der Jugendliche bald in Kontakt mit Anhängern der sunnitisch-islamistischen Kaplan-Bewegung und der in Deutschland seit 2003 verbotenen Hizb al-Tahrir (Befreiungspartei). Es folgte dann zunächst ein Wechsel von der sunnitischen zur schiitischen Konfession, die Cuspert jedoch bald wieder verließ, da ihm Lehren der Schiiten auffielen, die der Tradition des Propheten Muhammad angeblich zuwiderliefen.

Jedoch scheint diese frühe Suche nach einer religiösen Heimat bis 2009 eher eine Nebenrolle in Cusperts Leben eingenommen zu haben, da er erzählt, erst 2009 begonnen zu haben, den Islam wirklich zu praktizieren.[75] Cuspert berichtete auch darüber, dass er sich bereits zuvor Gedanken über die Vereinbarkeit oder Unvereinbarkeit von Rap und seiner neuen islamischen Einstellung gemacht habe. Die inneren Widersprüche zwischen den moralischen Ansprüchen seiner Religion und der Gangsta-Rap-Kultur, deren Themen vor allem Frauen, Drogen und Kriminalität sind, hätten ihn geplagt. Ein Auslöser für diese Reflektion war wohl ein Autounfall im Jahr 2008, bei dem Cuspert sich eine schwere Kopfverletzung zuzog, die ihn daran gehindert haben soll, sich die Texte seiner Songs einzuprägen, was ihm den Abschied von der Musik erleichtert habe. Bald darauf, im Dezember 2008, brach der Gazakrieg (Operation Gegossenes Blei) aus, der bei Cuspert einen bleibenden Eindruck hinterließ und ihn politisierte:

Dann kam, wie gesagt, der Krieg in Gaza, der mich eigentlich komplett rausgeworfen hatte [aus der Musikbranche]. Denn ich habe mich gefragt: Wie kann ich Musik machen? Wie kann ich das Leben genießen, nach Reichtum streben, nach Erfolg streben, wenn meine Geschwister in Gaza und Palästina getötet werden und vertrieben werden. Und das war eine Sache, die mich komplett in Konflikt gebracht hat, mit mir selber, mit meiner Person, meiner Seele, meinem Leben und meinem Leben nach dem Tod.[76]

Cuspert beschäftigte sich anschließend verstärkt mit der Frage nach dem Tod und dem Leben danach. Die Angst vor der Bestrafung in der Hölle, die ihn wohl erwarten würde, wenn er an seinem alten Leben festgehalten hätte, nahm jetzt zu, und er begann fünfmal am Tag das Gebet zu verrichten und die Moschee zu besuchen – und dies nicht nur am Freitag, wie Cuspert stolz sagt. Damit habe er sich von den «sogenannten Muslimen» abgehoben, was einen wichtigen Charakterzug deutlich macht, der Cuspert offenbar immer zu eigen war: das Bedürfnis, sich von der Menge abzuheben, ein «Star» zu sein und einer Avantgarde anzugehören, wie Claudia Dantschke dem Autor des Buches gegenüber in einem Interview berichtete.[77]

In dieser Zeit der Sinnsuche traf Cuspert auf den Berliner Prediger Abdul Adhim, der damals eine Art Straßensozialarbeit betrieb.[78] Ziel von Abdul Adhim war es, die Jugendlichen weg von Kriminalität, Drogen und sonstigen abträglichen Beschäftigungen zu bringen. In Cuspert erkannte er das Potenzial, Jugendlichen ein vermeintlich vorbildliches islamisches Lebens nahezubringen. Über Abdul Adhim kam Cuspert dann vermutlich mit dem salafistischen Prediger Pierre Vogel in Kontakt: Es gibt ein Video, in dem Cuspert bei einer Unterhaltung mit Vogel im Februar 2010 zu sehen ist.[79] Das Gespräch, das eher den Charakter einer Missionssitzung unter Leitung von Vogel hat, fand im Rahmen eines «Islamseminars», wie Salafisten ihre Tagungen gerne nennen, statt. Cuspert machte bei dem Treffen zwar noch keinen ideologisch gefestigten Eindruck, wohl aber einen engagierten. So bot er Vogel an, ihn bei seinen Veranstaltungen zu unterstützen.

Ab 2010 radikalisierte Cuspert sich dann zusehends. Stand er zunächst noch mit Abdul Adhim und Pierre Vogel in Kontakt, geriet er nun, Claudia Dantschke zufolge, unter Einfluss des radikalen Netzwerks «Die Wahre Religion» (DWR), hier insbesondere über Kontakte zu dem DWR-Prediger Abu Dujana, und suchte extremer orientierte Moscheen auf, wie zunächst die al-Rahman-Moschee und später die al-Sahaba-Moschee mit Reda Seyam als grauer Eminenz im Hintergrund.[80]

Nur zehn Monate nach seinem Gespräch mit Vogel im Februar 2010 erlebte Cuspert seinen «Durchbruch» in der militanten Szene als Sänger jihadistischer Lieder auf einem «Islamseminar» in der rheinland-pfälzischen Stadt Mayen zum Jahreswechsel 2010/2011. Dort trat ein äußerlich deutlich veränderter Cuspert auf, der sich nunmehr Abu Malik bzw. Abu Maleeq nannte. In einem von dem mittlerweile verbotenen salafistischen Netzwerk DawaFFM (da'wa heißt hier Ruf zum Islam oder Mission, FFM steht für Frankfurt am Main) erstellten Kurzfilm über das Seminar ist zu sehen, wie Cuspert von den führenden Köpfen von DawaFFM und DWR stolz als Aushängeschild präsentiert wird. So sitzt er in einer Szene auf dem Rednerpodium zwischen Abu Dujana auf der rechten und Abu Abdullah, beide DWR, auf der linken Seite. In einer anderen Szene gibt er sein erstes jihadistisches Lied auf dem Podium neben Abdellatif Rouali von DawaFFM zum Besten. In anderen Szenen ist zu sehen, dass er Jugendliche eindringlich auffordert, sich von Rap-Musik fernzuhalten. Seine Sprache hatte sich, im Verhältnis zu seinem Auftritt mit Vogel im Februar 2010, nun deutlich verändert und den Duktus der salafistischen Szene angenommen, der durchzogen ist von bestimmten arabischen Floskeln und Ausdrücken.

Cuspert gewann immer mehr Einfluss und Ansehen unter deutschen Jihadisten. Für die jungen Heißsporne war er, der seine Musikerkarriere bewusst beendet und sich von seinem früheren kriminellen Leben abgewandt hatte und nun zum «Staatsfeind» wurde, ein wahres Idol. Mit seinem Lebensweg konnten sich wohl nicht wenige Angehörige der salafistischen Szene identifizieren. Zudem bot Cuspert, der immer mehr jihadistische Lieder auf Deutsch veröffentlichte, den Jugendlichen eine kulturelle Alternative zur «unislamischen» Musik, die im Salafismus als verboten erachtet wird. Seine Songs waren dabei keineswegs ästhetisch ansprechend. Der Journalist Wolf Schmidt zum Beispiel nannte seine Texte gar «rumpelreimige» Dichtung.[81] Entscheidend waren aber die radikalen Inhalte der neuen Musik Cusperts, der etwa Usama Bin Ladin in einem seiner Lieder verherrlichte und in einem anderen seinem Hass auf die «sterbenden» und «brennenden» *kuffar*, die Ungläubigen, freien Lauf ließ.

Mahmoud hatte die Radikalisierung Cusperts und seine Beliebtheit unter den jungen Radikalen registriert. Bereits aus dem Gefängnis heraus stellte er im Sommer 2011 Kontakt zu ihm her. Nach seiner Entlassung kam Mahmoud dann nach Berlin zu Cuspert, und am 4.11.2011 ging Millatu-Ibrahim mit einer eigenen Homepage online. Von diesem Moment an nannte sich Cuspert Abu Talha al-Almani und fungierte als «Pressesprecher» der Organisation.[82] Ob bei der Kontaktherstellung zwischen Cuspert und Mahmoud das Netzwerk DWR oder auch Salafimedia, ein europäisch-jihadistisches Netzwerk, eine Rolle spielte, ist nicht erwiesen, aber doch wahrscheinlich.

Mit der Verbindung von Mahmoud, dem radikalen Prediger, und Cuspert, dem charismatischen und zugleich empfänglichen und beeinflussbaren Ex-Rapper, taten sich ab Spätsommer 2011 zwei brandgefährliche Hetzer zusammen, um die deutsche Jihadisten-Szene zu organisieren und unter der Fahne der «Gemeinschaft Abrahams» (zur Namensgebung und ideologischen Ausrichtung siehe weiter unten) zu vereinen. Dabei ging es nicht nur um die Vernetzung der deutschen Aktivisten, sondern um den Anschluss an ein intereuropäisches Netzwerk, das maßgeblich durch Jihadisten in Großbritannien wie Anjem Choudary und Aktivisten des Personengeflechtes um die Internetseite Salafimedia geprägt war.

Der Weg in die Illegalität

Millatu-Ibrahim war also ein Zusammenschluss der äußersten Radikalen unter den jihadistisch orientierten Salafisten in Deutschland und zugleich auch ein Sammelbecken für jüngere Aktivisten zwischen 18 und 30 Jahren. Maßgeblich für ihre Ausrichtung waren die Lehren des einflussreichen Ideologen Abu Muhammad al-Maqdisi, dessen Schrift «Die Gemeinschaft Abrahams» (*Millat Ibrahim*) zur Namensgebung von Mahmouds Netzwerk inspiriert hatte. In diesem 1984 erstmals erschienenen Werk zog al-Maqdisi, der sich in seinen Auffassungen wiederum auf wahhabitische Gelehrte berief, eine trennscharfe Linie zwischen «Gläubigen» und «Ungläubigen». Die «Gläubigen» sollten sich nicht nur von den «Ungläubigen» lossagen (*bara'*), sondern ihnen gegenüber auch Feindschaft (*'adawa*) und Hass (*baghda*) zeigen, so lange, bis sie zu Gott «zurückkehren» würden. Dem Konzept der «Lossagung» verlieh al-Maqdisi dabei eine aktivistische Deutung. So dürfe man den *tauhid* (Monotheismus) nicht nur theoretisch verstehen und verinnerlichen, sondern man müsse ihn auch gegenüber der Umwelt praktizieren, was eine Lossagung von allem Ungläubigen und letztlich auch ein aktives Vorgehen gegen das «Falsche» bzw. das «Unrecht» (*batil*) bedeute. Das Unrecht sieht al-Maqdisi in den sogenannten *tawaghit* gegeben. Dies ist der Plural des Wortes *taghut*, womit ein Götze gemeint ist oder, anders gesagt, alles, was anstelle Gottes angebetet wird. Neben einem Götzen im engeren Sinne lässt sich das Wort in der Interpretation al-Maqdisis und anderer Jihadisten auch auf Herrscher und politische Konzepte anwenden.

Dies beinhaltet unter anderem auch die Demokratie, die den Stellenwert einer Religion eingenommen habe, wie al-Maqdisi in einer weiteren Schrift mit dem Titel «Die Demokratie ist eine Religion» (*al-Dimuqratiyya Din*) ausführt. Wenn Demokratie eine Religion ist, stehe sie in unmittelbarer Konkurrenz zur Religion des Islams, so die Logik al-Maqdisis. Und sie sei unter anderem deshalb eine Art der Religion, weil sie eine Herrschaft von Menschen über Menschen durch die dafür vorgesehene Institution des Parlaments bedeute. Im Parlament wiederum würden Menschen Gesetze, im jihadistischen Duktus «menschengemachte Gesetze», erlassen, die das erlaubten, was Gott verboten habe, und das verböten, was Gott erlaubt habe, und somit der göttlichen Gesetzgebung zuwiderliefen. Dementsprechend sei die Demokratie zu bekämpfen. Auch nicht-demokratische Herrschaftshäuser, wie sie in der arabischen Welt überwiegen, sind jedoch nach al-Maqdisi abzulehnen und ebenfalls zu bekämpfen, da die Herrscher aus sich selbst einen Götzen gemacht und sich über Gott gestellt hätten.

Gleiches gilt auch für das Konzept der Nation. Die Idee der Nation sei lediglich dafür gedacht, die Muslime künstlich voneinander zu trennen und gegeneinander aufzubringen. Der Nation und ihrer Symbolik, wie etwa Fahnen und Hymnen, werde mittlerweile mehr Achtung entgegengebracht als Gott und dem Propheten Muhammad, so die Argumentation vieler von al-Maqdisi beeinflusster Jihadisten. Als einer der ersten erklärte al-Maqdisi auch die Herrschaft des Königshauses der Familie al-Saud in Saudi-Arabien als illegitim und unislamisch. Damit ging er deutlich weiter als viele seiner Zeitgenossen. Seine Schriften und seine revolutionär-politische Doktrin wirkten auf Jihadisten weltweit inspirierend, und viele radikale Organisationen beriefen oder berufen sich direkt auf ihn oder sind indirekt von ihm beeinflusst.

Aber al-Maqdisi trug auch zur Verbreitung der Gedanken anderer jihadistischer Ideologen maßgeblich bei, insbesondere durch die von ihm und seinen Vertrauten betriebene Internetseite tawhed.ws. Dort findet sich eine der umfassendsten Sammlungen jihadistischer Literatur, so etwa auch Texte von Abu Musʿab al-Suri. Auf diese Seite aufgenommen zu werden, bedeutet eine besondere Form der Adelung in der Szene. Weil diese eigentlich von Denkern aus der arabischen Welt dominiert war, fanden sich dort lange Zeit keine Pamphlete deutschsprachiger Jihadisten, da diese international keine bedeutende Rolle spielten. Daher ist es umso erwähnenswerter, dass Mahmoud der erste Deutschsprachige war, der es schaffte, in den Kreis der Auserwählten aufgenommen zu werden. Mahmoud bekam einen eigenen Ordner (*milaff*) auf der arabischen Version der Seite, wo sich sieben seiner kurzen Traktate finden. Wahrscheinlich war es auch Mahmoud, der für die deutschsprachige Unterseite der arabischen Hauptseite sorgte. Dort lassen sich zehn Audioaufnahmen von ihm herunterladen, aber auch Übersetzungen von Werken jihadistischer Denker, unter anderem von al-Maqdisi selbst. Zu verdanken hatte Mahmoud die Aufnahme auf die Internetseite wahrscheinlich seiner regen Tätigkeit als Werber für die Gedanken al-Maqdisis in Österreich und Deutschland sowie als Verbreiter und Förderer von Übersetzungen einiger von dessen Schriften. Auch in seinen eigenen Abfassungen bezog sich Mahmoud auf seinen Lehrmeister al-Maqdisi. In der elfseitigen Schrift «Kann Makkah [Mekka] ein ‹Daaru-Kufr›[83] [Gebiet des Unglaubens] sein?» führte Mahmoud etwa aus, weshalb Saudi-Arabien als ein Land betrachtet werden müsse, in dem islamisches Recht nicht gilt und die saudischen Herrscher «Abtrünnige» seien.[84] Unter anderem berief er sich dabei auf al-Maqdisis Grundlagenwerk «Die klaren Enthüllungen über den Unglauben des saudischen Staates».[85]

Trotz der Verbindungen zwischen Mahmoud und al-Maqdisis Internetseite sowie der aktiven Verbreitung von al-Maqdisis Gedanken in Deutschland durch Mahmoud sei es unwahrscheinlich, so der Experte Joas Wagemakers, dass al-Maqdisi selbst organisatorisch mit Millatu-Ibrahim verbunden war.[86] Wagemakers sieht dessen Rolle eher als «Quelle der Inspiration». Diese Auffassung vertritt auch Claudia Dantschke, doch verweist sie darauf, dass Mahmoud nicht isoliert als Einzelkämpfer zu betrachten ist, sondern dass er derjenige war, der jene deutschen Jihadisten, die bereits von al-Maqdisi beeinflusst waren, in einer Organisation zusammenführte und al-Maqdisi als geistige Führungsfigur offen benannte.

Diese Inspiration wurde anhand diverser Veröffentlichungen des Netzwerks ersichtlich, ganz besonders etwa aus einem Video vom März 2013. Zu sehen ist Mahmoud mit geschulterter Kalaschnikow an einem unbekannten Ort, eventuell Libyen oder Ägypten. In die Kamera spricht er dann folgende Erklärungen zum Konzept der «Lossagung» (*bara'*):

Und wir haben von Anfang an unsere Lossagung von den *kuffar* [Ungläubigen] und von den *mushrikin* [Götzendienern] und von den *tawaghit* [Götzen] und den Kreuzzüglern und ihren Völkern und ihren Staatsbürgern und ihren Staatsbürgerschaften und allem, was ihren falschen Weg und ihre falsche Ideologie ausmacht, losgesagt. Wir haben stets zu ihnen gesagt: «Wir machen *kufr* [Unglaube] an euch, und zwischen uns und euch herrscht offensichtlich Feindschaft und Hass für immer, bis ihr an Allah alleine den *iman* [Glauben] verwirklicht.»[87] Das ist die *milla* [Gemeinschaft] von Ibrahim – *'alaihi salam* [Friede sei auf ihm] –, das ist Millatu Ibrahim, nach der wir unsere *jama'a* [Gruppe] benannt haben. Und dies erfordert die Feindschaft, die offensichtliche Feindschaft, und Hass – für immer – gegen die *kuffar*, gegen die *mushrikin*, gegen falsche Ideologien, gegen ihre falschen Systeme, gegen ihre verlogene Demokratie und gegen ihre verlogenen Systeme und ihre verlogenen Wege und Methoden.[88]

Wie kaum eine andere verdeutlichte diese Passage die Orientierung Mahmouds und der Millatu-Ibrahim an den Lehren al-Maqdisis und die Übernahme von dessen revolutionär-aktivistischer Interpretation des Konzepts der «Lossagung», das den allermeisten Muslimen völlig unbekannt ist.

Mahmoud, Cuspert und ihre Anhänger hatten bereits 2012, etwa ein Jahr vor Veröffentlichung des oben zitierten Videos, bewiesen, dass sie durchaus bereit waren, den Worten auch Taten folgen zu lassen:

Am 1. Mai 2012 kam es in Solingen und am 5. Mai 2012 in Bonn zu Ausschreitungen zwischen Salafisten und der Polizei. Auslöser waren jeweils Kundgebungen der rechten Splitterpartei Pro-NRW, die Muhammad-Karikaturen in provozierender Absicht öffentlich und in der Nähe von Objekten zur Schau stellte, die der jihadistischen Szene (Solingen) bzw. der salafistischen (Bonn) zuzurechnen sind. Die Provokation war dabei Kalkül, da Pro-NRW bewusst war, dass aus Sicht der Jihadisten der «Schmäher des Propheten» physisch, bis hin zum Tod, bestraft werden müsse. Von der Aktion – und der erhofften und dann tatsächlich erfolgten Gewalt – versprach Pro-NRW sich vermutlich etwas Aufmerksamkeit für den bis dahin eher schleppenden Wahlkampf. Bei den Krawallen in Solingen wurden bereits 44 Randalierer verhaftet, vier Tage später nach den ungleich heftigeren Ausschreitungen in Bonn waren es dann 109. Millatu-Ibrahim hatte sich offensichtlich gut vorbereitet, die Zahl der gewaltbereiten Demonstranten wurde auf etwa 300 geschätzt, die Polizei zählte 29 verletzte Beamte und Beamtinnen.

Nicht nur Pro-NRW, sondern auch die Salafisten hatten erhofft, medienwirksame Bilder durch einen provozierten Polizeieinsatz zu erzeugen.[89] Die Straßenkämpfe wurden in Film und Bild aufgearbeitet und die ikonenartigen Erzeugnisse sodann sowohl im deutschen als auch englischen und arabischen Internet verbreitet, maßgeblich von Mahmoud selbst, der sich zu diesem Zeitpunkt bereits in Kairo befand. Die Führer der Millatu-Ibrahim stellten sich und ihre Anhänger als die «wahren Verteidiger des Propheten» und die «Löwen von Deutschland» dar, die heldenhaft das Ansehen des Propheten Muhammad verteidigt hätten, trotz der angeblichen Unterdrückung durch Staat und Polizei. Ziel von Mahmoud und Cuspert war es, die eigene Bedeutung innerhalb der weltweiten jihadistischen Szene aufzuwerten und dieser eine Art «Arbeitsnachweis» zu liefern. Zudem hatten sie erhofft, ein globales Echo zu erzeugen, ähnlich wie bei der Verbreitung der sogenannten «Muhammad-Karikaturen», die 2005 veröffentlicht und von Islamisten in der arabischen Welt publik gemacht worden waren, was dort 2006 zu Demonstrationen und gewalttätigen Ausschreitungen führte. Dieses Mal jedoch gelang das breite Aufstacheln nicht. Claudia Dantschke sieht hier einen Zusammenhang mit dem Arabischen Frühling: Während 2006 in allen arabischen Ländern noch Diktatoren herrschten und die Demonstrationen damals auch eine Ventilfunktion erfüllten, hatte sich dies 2012 geändert. Es war das Jahr nach dem Ausbruch des Arabischen Frühlings, und die Menschen waren mehr mit der Politik im eigenen Land denn mit als nebensächlich erachteten angeblichen Religionsbeleidigungen im Westen beschäftigt.[90]

Auch in Deutschland führte die Art des Auftretens von Millatu-Ibrahim nicht zu einem Schulterschluss mit anderen Salafisten oder gar Muslimen überhaupt, sondern im Gegenteil zu einer weiteren Isolierung innerhalb der salafistischen Szene, die ihre langjährigen Missionsbestrebungen durch den militanten Mahmoud und seine Leute eher gefährdet sah. Beispielhaft für eine solche Haltung, die das Werben für den Islam im Vordergrund sieht, steht der Berliner Prediger Abdul Adhim, der jegliches Handeln nach dem Nutzen für diese Mission beurteilt. Mit Gewalt, so seine Meinung, überzeuge man niemanden vom Islam, und es sei zudem keine «schöne Weise, den Propheten zu verteidigen».[91] Vielmehr solle man sich an die Worte des wahhabitischen Gelehrten Ibn Baz halten: «Wir sind in einer Zeit der Milde und keiner Zeit der Härte». Als Gegenmittel gegen die Pro-NRW Karikaturen empfahl Abdul Adhim daher auch eine «Karikatur, aber voll mit Liebe, nicht voller Hass [...], mit der wir in die Herzen kommen». Dem Schlechten solle man stets mit Gutem begegnen. Das Vorgehen der Gewalttäter bezeichnet er hingegen als «Selbstjustiz» und «Stiftung von Unruhe».

Am 29. Mai 2012 erließ der Bundesminister des Innern laut Bundesanzeiger die Verfügung zum Verbot von Millatu-Ibrahim, das am 14. Juni umgesetzt wurde. Da keine Rechtsmittel eingelegt wurden, war die Verfügung am 16. Juli 2012 unanfechtbar geworden. Nun stellte sich den Anhängern und insbesondere den Wortführern von Millatu-Ibrahim die Frage, wie man reagieren sollte.

Eine Reise nach Syrien

Mahmoud war bereits Ende April 2012 aus Deutschland nach Kairo/Ägypten ausgereist, um einer bevorstehenden Ausweisung nach Österreich zuvorzukommen. Cuspert hatte sich bis Juli in Deutschland aufgehalten, danach setzte er sich ebenfalls ab und reiste wohl zunächst zu Mahmoud nach Kairo. Von Mahmoud tauchte im März 2013 dann das bereits erwähnte Video auf, in dem er mit einer AK-47 an der Schulter hängend in militärischer Kluft zu sehen war. Publikumswirksam zerreißt und verbrennt er seinen österreichischen Pass und teilt mit, dass er die österreichische Staatsbürgerschaft nunmehr abgelegt habe. Dies natürlich nicht offiziell, sondern als Propagandacoup. Kurz nach der Veröffentlichung des Kurzfilms wurde Mahmoud in der Türkei, wohl auf dem Weg nach Syrien, festgenommen und dort inhaftiert. Dennoch war es ihm weiterhin möglich, mit seinen Anhängern über im Gefängnis aufgenommene Videobotschaften und möglicherweise auch über andere Wege zu kommunizieren.

Cuspert, von dem erste Bilder aus Syrien im August 2013 auftauchten, war somit in Syrien auf sich selbst gestellt, und die Blicke der Anhänger von Millatu-Ibrahim richteten sich verstärkt auf ihn als Führungsfigur. Die Fotos, die Cuspert in Syrien zeigten, wurden über die Internet- und Facebookseite *Shamcenter* verbreitet. Die deutsche Version auf Facebook markierten über 700 Personen mit «Gefällt mir», was in etwa dem Kreis von 500–800 Personen entspricht, die sich von deutschen Jihadisten-Seiten auf Facebook zumeist angesprochen fühlen. Die Bilder zeigten Cuspert mit militärischer Ausrüstung und legten nahe, dass er Anschluss an eine jihadistische Gruppierung in Syrien gefunden hatte. In veröffentlichten Videos waren mit ihm zusammen auch weitere Deutsche zu sehen.

Wie war Cuspert nun also nach Syrien gelangt? Aufschluss gibt ein Video, das über den Youtube-Kanal *Tauhid Germany 2* am 10. Januar 2014 eingestellt wurde. Es trägt den Titel «Treffen mit Sheikh Abu Sufyan as Sulami und einen (sic!) Mujahid auf den (sic!) Boden der Ehre». Zu sehen ist Cuspert im Gespräch mit dem aus Bahrain stammenden «Abu Sufyan al-Sulami» (alias Abu Hammam Bakr Bin ʿAbd al-ʿAziz al-Athari alias Turki Bin Mubarak al-Binʿali), der sich zu einem der wichtigsten Prediger entwickelt hatte, an dem sich deutsche Jihadisten orientieren.[92] Bilder dieses Treffens waren bereits im August 2013 über Twitter verbreitet worden.

Cuspert berichtet, dass er sich zunächst in Tunesien und Ägypten, später in Libyen (Darna) aufhielt. Wenn diese Angaben zutreffen sollten, ist zu vermuten, dass er über Kontakte zu Ansar al-Sharia in Tunesien verfügte, die ihm dann wahrscheinlich die späteren Verbindungen nach Libyen vermittelt haben. In Libyen lernte er angeblich Jihadisten kennen, die im Irak gekämpft hatten. Es ist anzunehmen, dass diese Iraker für den späteren Anschluss Cusperts an den «Islamischen Staat in Irak und Syrien» eine Rolle gespielt haben könnten.

Syrien war zunächst nicht Ziel der Auswanderung Cusperts aus Deutschland. Zusammen mit Mahmoud hatte er wohl vielmehr erwogen, über Libyen weiter nach Mali zu reisen. Dort hatten zu jener Zeit al-Qaida im islamischen Maghreb sowie weitere militante Islamisten, insbesondere die «Bewegung für Einheit und Jihad in West-Afrika» (Mouvement pour l'unicité et le jihad en Afrique de l'Ouest, MUJAO), nördliche Teile des Landes unter ihre Kontrolle gebracht. Dieser Region, die als Azawad bekannt ist, kam daher seit spätestens 2011 eine hohe strategische Bedeutung für die maghrebinische al-Qaida als Rückzugs- und Ruheraum zu, und im Sommer 2012, zur Zeit der Ausreise Cusperts und seiner Männer aus Deutschland, galt Nord-Mali noch als sicheres Gebiet für internationale Jihadisten. Auch Teile der deutschen Szene machten sich damals über eine Auswanderung (*hijra*) nach Mali Gedanken, wie entsprechende Einträge in Foren dokumentieren. Die Pläne Mahmouds – der erst im März 2013 verhaftet wurde – und Cusperts erscheinen zum damaligen Zeitpunkt daher durchaus plausibel. Doch anderseits hatte am 11. Januar 2012 die Intervention französischer Streitkräfte zur Vertreibung der Islamisten aus dem Norden Malis begonnen. Diese Maßnahme Frankreichs in Zusammenarbeit mit der Regierung Malis schreckte deutsche Jihadisten ab. Es wurde schwierig, überhaupt in das Land am Niger zu gelangen. Cuspert berichtete, dass er die Pläne für eine *hijra* nach Mali aufgeben musste, da der Weg dorthin blockiert war. So entschied sich seine «Gruppe Millatu-Ibrahim» (Jamaʿat Millatu Ibrahim), wie Cuspert es formulierte, nach Syrien zu reisen, auch weil der erhoffte Aufbau eines eigenen Propagandazentrums bei den libyschen Jihadisten in Darna nicht gelang.

Bei seiner Ankunft in Syrien wurde Cuspert, zu seiner eigenen Überraschung, von einem Deutschen begrüßt, an den Cuspert sich erinnern konnte, da er ihn bereits in Deutschland flüchtig kennengelernt hatte. Zudem waren einige *ansar* (gemeint sind einheimische Helfer) anwesend, die die Neuankömmlinge sogleich zu einem Essen einluden und in einer «Villa» unterbrachten.

Die ersten Bilder Cusperts im August 2013 aus Syrien stammten, wie oben erwähnt, von der Internetseite *Shamcenter*. Diese Seite, die lange Zeit ihre deutschsprachigen Aktivitäten eingestellt hatte, steht in direktem Bezug zu Muslim Margoshvili alias Muslim Abu Walid al-Shishani, einem ethnischen Tschetschenen aus Georgien, der in Syrien eine unabhängige Brigade namens Junud al-Sham (Soldaten Syriens) führt.[93] Margoshvili hatte zunächst in der Sowjetarmee gedient. Nach dem Zusammenbruch der UdSSR schloss er sich jedoch 1995 der Miliz des Salih ʿAbdullah al-Suwailam alias Amir Khattab (1969/70–2002) an, jenem legendären saudisch-stämmigen Kommandanten der jihadistischen Kräfte in der Region des Kaukasus. Von 2003 bis 2008 saß Margoshvili in russischer Haft. Nach seiner Entlassung gründete er eine Miliz in Dagestan und begab sich dann 2012 nach Syrien, wo er seit 2013 seine eigene Kampfgruppe, eben die Junud al-Sham, leitet, die insbesondere in der Region Latakia aktiv ist. Es scheint also, dass Cuspert und seine Leute in Syrien zunächst Anschluss an die Einheit von Margoshvili fanden, bevor sie sich anderen Brigaden zuwandten.

Im September 2013 wurde Cuspert Opfer eines Raketenangriffes in Syrien. Er berichtete, dass er zusammen mit einem Kampfgenossen in einem Haus gesessen habe, als ein Flugzeug und ein Helikopter den Beschuss durchführten. Andere Berichte besagen, er habe den Raketenbeschuss provoziert, da er zunächst vom Dach seines Hauses auf Helikopter oder Kampfflugzeuge geschossen haben soll. Welche Version auch zutreffen mag: Cuspert wurde bei dem Beschuss schwer verletzt und erlitt eine offene Kopfwunde. Bilder, die aus dem Umfeld Cusperts heraus veröffentlicht wurden, zeigten ihn anscheinend bewusstlos auf einer Trage liegend, während Helfer versuchen, ihn zu reanimieren. Cuspert selbst berichtete über seine Rettung, dass er zu drei oder vier Krankenhäusern gefahren wurde, bis sich ein Arzt fand, der seine Verwundung behandeln konnte. Mehrere Tage lag der Berliner anschließend im Koma. Nachdem er wieder ins Leben zurückgekehrt war, hatte er zunächst noch Lähmungserscheinungen und leichte Artikulationsschwierigkeiten. Insgesamt hatte er das Bombardement jedoch erstaunlich gut überstanden und war bald wieder bei voller Gesundheit.

Offizieller Anschluss an ISIS

Angesichts des Konflikts zwischen der al-Nusra-Front und ISIS mussten sich auch Cuspert, Mahmoud und ihre Anhänger für eine Seite entscheiden. In den ersten Monaten der stetig steigenden Spannungen ab Frühling 2013 war zwar bereits eine Neigung der deutschen Millatu-Ibrahim-Anhänger in Richtung ISIS zu verzeichnen. Doch Cuspert, als ihr charismatischer Führer vor Ort in Syrien, wartete lange, bis er sich positionierte. Noch in dem Video

«Und Allah ist der Versorger», das durch die «Globale Islamische Medienfront» im Dezember 2013 unter anderem in arabischsprachigen jihadistischen Internetforen beworben und mit englischen Untertiteln versehen wurde, sprach Cuspert von den «Brüdern von Jabhat al-Nusra». In dem Video ist zu sehen, wie Cuspert zu einem vermutlich in Nordsyrien gelegenen Lager fährt und Sachspenden in Empfang nimmt. Dieses Lager, so Cuspert, gehöre zur Nusra-Front. Um die eigene Unabhängigkeit und das gute Verhältnis der Deutschen zu verschiedenen islamistischen Kampfverbänden zu unterstreichen, sagte Cuspert im Verlauf des Films, dass man sowohl Einladungen der «Unterstützungsfront» als auch des «Islamischen Staates», also ISIS, annehmen werde und dass man auch eine Einladung von der Freien Syrischen Armee erhalten habe. Auf diese Weise kämen alle unter der Flagge des Glaubensbekenntnisses zusammen, so Cuspert weiter.[94] Der Verweis auf die Neutralität der Deutschen gegenüber allen Gruppen des islamistischen Widerstands spiegelt die damalige Situation wider, als der Konflikt zwischen den beiden konkurrierenden Milizen zwar immer offener zu Tage trat, aber noch nicht vollständig ausgebrochen war, so dass eine Positionierung seitens Cusperts noch nicht erforderlich schien.

Mit der weiteren Zuspitzung und dem Übergang zur offenen militärischen Konfrontation ab Ende 2013 / Anfang 2014 mussten dann aber auch die in Syrien kämpfenden Deutschen Farbe bekennen: Am 11. April 2014 veröffentlichte Cuspert eine Videobotschaft mit dem Titel «Mein Treueeid an den Islamischen Staat». In dem etwa einstündigen Film erklärte er, warum er sich ISIS anschloss. Wichtig war ihm vor allem, aufzuzeigen, dass es sich bei ISIS aus seiner Sicht nicht einfach um eine von vielen Milizen handele, sondern um einen wahren islamischen Staat, in dessen Geltungsgebiet die Scharia implementiert werde. Zur Unterstreichung des staatlichen Charakters von ISIS gab Cuspert auch bekannt, dass er die deutsche Staatsbürgerschaft abgelegt und die Staatsbürgerschaft des ISIS angenommen habe. Die Aufgabe der eigenen Staatsbürgerschaft ist dabei keineswegs Cusperts eigene Idee, sondern Teil einer Kampagne, die ISIS zu eben jener Zeit führte: Öffentlichkeitswirksam verbrannten ISIS-Angehörige dabei ihre

Pässe, etwa auch saudi-arabische und ägyptische, und bekannten ihren Anschluss an den Islamischen Staat. Zudem machten sie damit deutlich, nicht an eine Rückkehr in ihre Heimatländer zu denken.

Natürlich ist Cusperts Verzicht auf die deutsche Staatsbürgerschaft in Deutschland nicht rechtswirksam.[95] Wichtig ist jedoch, dass er mit dem Video eindeutig seine Zugehörigkeit zur Organisation ISIS bekannt gegeben hatte, die in Deutschland als terroristische Vereinigung im Ausland eingestuft ist.

Zum Treueeid gegenüber ISIS und dessen Anführer Abu Bakr al-Baghdadi machte Cuspert die folgenden Ausführungen, aus denen deutlich wird, dass er glaubte, mit seinem Handeln den göttlichen Erwartungen zu entsprechen und dem höheren Ziel, nämlich der Errichtung eines Kalifats, zu dienen:

Der Grund meiner *baiʿa* [Treueeid], die ich gegeben habe, meines Vertrages, den ich an den Islamischen Staat von Irak und Sham gegeben habe, ist, weil wir Muslime, wir Muhajirin [Auswanderer] hierher ausgewandert sind, um Allahs Scharia zu implementieren. Hierher ausgewandert sind, um das Kalifat zu unterstützen, dass *insha' Allah* kommen wird! Kommen wird, nach mehr als 100 Jahren.

Anzumerken ist, dass Cuspert bereits in früheren Zeiten von Deutschland aus einen Treueeid auf Mullah Omar, den Anführer der afghanischen Taliban, geschworen haben will.[96] Jedoch hatte er dies nie in der Form öffentlich zelebriert wie nun seinen Schwur gegenüber al-Baghdadi und ISIS.

Zum Zeitpunkt der Aufnahme befand Cuspert sich wohl in al-Raqqa, der Hochburg und Trutzburg von ISIS in Ost-Syrien. Mehrere Male unterstrich Cuspert in dem Video, dass er bereit sei, als «Märtyrer» zu sterben, und dass ihn nur Kugeln oder Bomben aufhalten könnten. Am 22. April 2014 kam dann über die sozialen Netzwerke die Nachricht, dass «Abu Talha al-Almani» – das ist Cusperts *nom de guerre* – bei einem Selbstmordanschlag der Jabhat al-Nusra gegen ISIS wenige Tage zuvor ums Leben gekommen sei. Über arabischsprachige Twitter-Accounts wurden bereits Fotos Cusperts mit der Information, dass er nun das Martyrium erlangt habe, verbreitet. Die Nachricht stellte sich jedoch als falsch heraus. Tatsächlich waren wohl zwei deutsche Jihadisten getötet worden, einer von ihnen ein Deutsch-Marokkaner aus Frankfurt am Main, der sich ebenfalls Abu Talha nannte, was zu der Verwechslung mit Cuspert geführt hatte. Letzterer meldete sich am darauffolgenden Tag, also am 23. April, über Twitter und bestätigte, dass er am Leben sei. Zudem wurden nun Fotos verbreitet, die ihn angeblich in Manbij in der Provinz Aleppo zusammen mit ISIS-Kämpfern zeigten.

In den Monaten darauf folgten viele weitere Bilder von Cuspert in den Reihen von ISIS. Am verstörendsten war dabei ein Video, das im Juli 2014 auftauchte. Rebellen des Islamischen Staates (IS) hatten es geschafft, das Shair-Gasfeld in der Provinz Homs zu erobern. Dabei töteten sie etwa 300 syrische Soldaten, Wachmänner und Arbeiter. Nach dem Kampf begutachteten unter anderem auch deutsche IS-Mitglieder das Schlachtfeld. Einer von ihnen war Farid S. aus Bonn, der sich in Syrien Abu Luqman nennt. In dem Video zeichnet er sich durch besondere Freude am Tod der Gegner aus, über die er sich abfällig und verhöhnend äußert und zwischen denen er für das Video posiert. Auch Cuspert war anwesend, und eine Szene zeigt ihn, wie er auf einen der Toten mit einem Schuh einschlägt. Es ist wohl unwahrscheinlich, dass Cuspert sich selbst am Kampf beteiligt hatte. Zu hoch erscheint sein Wert für die Propaganda-Abteilung von IS. Doch zeigt dieses Beispiel, dass er es geschafft hatte, sich in das Zentrum der Aktivitäten von IS zu begeben.

Die Auswanderer: Zum Kampf auf dem «Boden der Ehre»

Die nach Syrien gegangenen ausländischen Kämpfer werden von den Jihadisten *muhajirun*, «Auswanderer», genannt. Diese Bezeichnung hat eine starke religiöse Aufladung. Sie bezieht sich auf die Auswanderung (*hijra*), die der Prophet Muhammad im Jahre 622 von Mekka aus unternahm, wo er und seine Anhänger starken Anfeindungen ausgesetzt waren. Sein Ziel war Medina, wo ihn die sogenannten Unterstützer (*ansar*) erwarteten. Die Jihadisten übertragen dieses Verhältnis von Auswanderern und Unterstützern aus der Urzeit des Islams auf den Konflikt in Syrien, wobei der lokalen Bevölkerung die Rolle der *ansar* beigemessen wird. Ein in der jihadistischen Szene in Deutschland verbreiteter Erlebnisbericht trägt den Titel «Eindrücke eines Muhajir aus Deutschland – Wahre Geschichten aus Shaam [Syrien]». Hierin heißt es über die Rollenverteilung von Einheimischen und Zuwanderern:

Der Bruder war nicht allein gekommen. Mit ihm waren zwei Ansaris. Syrer, die der Sache des Jihads dienten. Nannte man die Muslime aus dem Ausland Muhajir [Auswanderer], so waren die Einheimischen die Ansar [Helfer].

Sami al-ʿUraidi, führendes Mitglied der al-Nusra-Front, verbreitete über Twitter das folgende einprägsame Gleichnis über das Verhältnis von Jihad, Auswanderern und Unterstützern:

Der Jihad ist wie ein Vogel. Dieser hat zwei Flügel, die ihn in die Höhe steigen lassen. Ein Flügel sind die Unterstützer und einer sind die Auswanderer.[97]

Die Auswanderung oder Ausreise aus Deutschland (bzw. aus jedem nicht-islamischem Staat) wird von Salafisten insgesamt als eine grundlegende Pflicht dargestellt. Allerdings sagen einige von ihnen, dass ein Muslim in Deutschland leben darf, wenn er sich von «Versuchungen» fernhält und zum Islam aufruft (*daʿwa*). Die Jihadisten hingegen haben in der Vergangenheit immer wieder betont, dass der einzige Grund, in einer nicht-muslimischen Gesellschaft zu verbleiben, darin bestehe, dort zum Jihad aufzurufen oder diesen von dort aus zu unterstützen oder gar zu betreiben. So schreibt dann auch ein anonymer deutscher Auswanderer:[98]

Die Hijra in ein muslimisches Land, vor allem in eines in dem Allahs Wort die Oberhand hat, ist Pflicht, sobald man dazu in der Lage ist und die Umstände es erlauben. […] Keine gehässigen Blicke der *kuffar* [Ungläubige] beim Anblick einer bedeckten Schwester. Kein erniedrigtes, kompromittiertes Leben am Arbeitsplatz mit «Stefan» und «Claudia» als Kollegen.

Die Auswanderer: Zum Kampf auf dem «Boden der Ehre»

Keine Bettelei bei der Arbeitsagentur. Ein Leben mit *ʿizzah* [Anstand, Ehre]. Etwas, was Muslimen wirklich fremd geworden ist. Ihre *ʿizzah* und Anerkennung suchen sie bei den *kuffar*.

Wenn die Auswanderung eine Pflicht darstellt, dann ebenso der Jihad. Denn Auswanderung und Jihad sind im islamistischen Kontext sich gegenseitig ergänzende Konzepte. Daher spricht der anonyme Autor des oben genannten Textes auch von der «Ibadah des Ribats und des Jihads», also der Anbetung Gottes (*ʿibada*) durch die Sicherung der Grenzen (*ribat*) muslimischen Territoriums und durch die Ausübung des Jihads. Für die Beteiligung an diesem Jihad werben die Deutschen in Syrien eindringlich. So etwa Philipp B. aus Dinslaken alias Abu Osama al-Almani in einem Ende 2013 verbreiteten ISIS-Video, in dem er die Vorzüge des Lebens und Kämpfens in Syrien und die Annehmlichkeiten hierbei schildert:

«Wenn ihr auf Allahs Weg auswandert [*hijra* vollzieht] auf Allahs Erde, so werdet ihr viel Wohlstand und Zufluchtsorte finden.» [Koran] Wohnstätten, die euch gefallen werden. Und ich bezeuge das. Ich schwöre euch: Dieses Land in Syrien ist *baraka*, segensvoll. Wir haben alles da: Essen, Trinken. Alles da; besser wie in Deutschland. Und obwohl wir dachten, wenn wir herkommen, wir werden auf dem Boden schlafen, in den Bergen. Und wir wären auch bereit dafür. Wir sind bereit, für Allah alles zu geben, *inshaʾ Allah*. Aber *al-hamdu li-llah* [Gott sei Dank], Gott hat es uns leicht gemacht. [...] Deswegen, meine Brüder und Schwestern: Macht euch auf den Weg. Shaam ist ein Ort der Sicherheit. Ihr könnt hierherkommen. Hier ist es nicht so, wie ihr euch vorstellt: Die ganze Zeit Krieg, pur. [...] Es gibt Schulen für Kinder. Ihr könnt hier gut leben, ihr könnt euren Islam hier frei praktizieren. Schwester, du kannst mit *niqab* laufen. Bruder, du kannst laufen, ohne böse Blicke zu bekommen. Und das Schönste ist: Hier hast du *ʿizzah*, Ehre.

Es war nicht das erste Mal, dass Jihadisten auf Deutsch derartige Verlockungen aussprachen. Bereits in Videos der Islamischen Jihad-Union oder der Islamischen Bewegung Usbekistan, die jeweils in den pakistanischen Bergen an der Grenze zu Afghanistan ihre Stützpunkte unterhielten, waren 2009 und 2010 ähnliche Versprechungen gemacht worden. Nicht wenige Jihad-Reisende wurden damals enttäuscht von den tatsächlichen Lebensumständen, die zu karg sind, als dass sie sich der europäisch sozialisierte Jugendliche vorstellen könnte. In Syrien nun versprechen deutsche Jihadisten wieder, dass es an nichts fehlen werde. In der Tat gibt es entscheidende Unterschiede zu Waziristan, einem der unzugänglichsten Gebiete der Welt. Zum einen ist und war Syrien nie in dem Maße von der restlichen Welt abgeschnitten. Auch war der Lebensstandard zumindest vor dem Krieg nicht zu vergleichen mit den ärmlichen Gebieten Pakistans an der Grenze zu Afghanistan. Noch immer können Güter über die angrenzenden Staaten Libanon, Türkei, Irak und Jordanien nach Syrien verbracht werden, auch wenn dies zunehmend aufwendig wird und die Transporte nicht selten in der Hand von Kriminellen liegen, die von der Notlage profitieren. Weiterhin sind inner- und außerhalb Syriens Millionen Kriegsflüchtlinge unterwegs, und insbesondere das Hab und Gut der geflüchteten Minderheiten wird für Plünderungen freigegeben, ihre verlassenen Häuser dienen als Wohnstätten und Stützpunkte der Aufständischen. Insofern ist davon auszugehen, dass die Versorgungslage in der Levante für einige Rebellen tatsächlich besser sein mag, als sie es in Waziristan je war. Dies könnte auch mit ein Grund für die Attraktivität des Jihad-Schauplatzes Syrien sein, wird doch in vielen deutschen Verlautbarungen hierauf hingewiesen.

Vor Ort in Syrien angekommen, ergibt sich für ausländische Kämpfer die erste wichtige Herausforderung: Sie müssen Anschluss an eine Kampfeinheit finden. Dies gilt besonders für jene Jihad-Willigen, die ihre Ausreise ohne den Rückgriff auf Netzwerkstrukturen, sondern mehr oder weniger in Eigenregie durchgeführt haben. In einem der wenigen Interviews, die westliche Medien mit ausländischen Kämpfern führen konnten, erzählte der aus Paris stammende «Salahudine», wie er den Weg nach Syrien gefunden hat.[99] Es handelt sich bei diesem Interview wohl um einen authentischen Einblick in die Biographie von Salahudine, der relativ frei von Propaganda ist. Das Interview unterscheidet sich damit grundlegend von der oben zitierten Schrift «Eindrücke eines Muhajir aus Deutschland – Wahre Geschichten aus Shaam», bei der ebenfalls einige Angaben stimmen dürften, andere allerdings ganz im Sinne der Jihadisten dargestellt werden.

Der 27-jährige Salahudine berichtete, dass er in Frankreich über ein gutes Auskommen verfügt und den üblichen weltlichen Lebensstil gepflegt habe. Er sei oft ausgegangen und habe Alkohol getrunken. Anfang 2011 sei ihm jedoch die angebliche Gleichgültigkeit der Weltgemeinschaft gegenüber dem Leid der «muslimischen Geschwister» aufgefallen. Über das Internet, nicht etwa in Moscheen, erfolgte dann seine Radikalisierung, im Laufe derer sich Salahudine etwa Ansprachen von Usama Bin Ladin anhörte und verinnerlichte. Der Wunsch, nach Syrien zu gehen, wuchs weiter, und er begann seine Ausreise zu planen. Hierfür hob er ungefähr eine Woche, bevor er die Reise antrat, jeden Tag 1000 Euro von seinem Konto ab, um den Sicherheitsbehörden nicht aufzufallen. Salahudine nahm dann zusammen mit seiner Frau und seinen Töchtern einen Flug von Lyon nach Istanbul und reiste über Antalya und Hatay bis nach Kilis an der syrisch-türkischen Grenze, nördlich von Aleppo gelegen. In der Provinz Aleppo angekommen, fand er schnell Kontakt zu Kämpfern von ISIS und schloss sich diesen an. Ihm war klar, dass er für die Errichtung eines islamischen Staates kämpfen wollte, und nicht etwa für demokratische Ziele, wie es die Freie Syrische Armee (FSA) in seinen Augen tat. Deshalb kam diese für ihn nicht in Betracht, wenn er auch keine Feindschaft gegen sie hegte. Mit der FSA teilte er zwar denselben Feind, aber nicht dasselbe Ziel. Salahudine wurde von ISIS innerhalb eines Monats militärisch ausgebildet und anschließend zur Front geschickt. Im November 2013 wechselte er dann zur al-Nusra-Front, weil er bemerkte, dass ISIS immer stärker auch gegen die FSA kämpfte. Der Wechsel von einer zur anderen Organisation soll damals noch reibungslos und ohne Probleme verlaufen sein. Von der «Unterstützungsfront» erhielt der französische Auswanderer nun monatlich ein Salär von 8000 syrischen Pfund, was in etwa 50 Euro entspricht. Eine Kalaschnikow kaufte er sich auf dem Schwarzmarkt für 1200 US-Dollar, also etwa 900 Euro. Derart detaillierte und höchstwahrscheinlich der Realität nahekommende Beschreibungen eines ausländischen Kämpfers geben wichtige Eindrücke über Radikalisierungsverläufe, Ausreisewege, die Situation vor Ort sowie das damalige Verhältnis von ISIS und Jabhat al-Nusra.

Ende Februar 2014 veröffentlichte dann ein Deutscher, der sich selbst Abu Mujahid nennt, ein etwa achtminütiges Video, in dem er über seine Reise in den Jihad und die Suche nach Anschluss an einen Kampfverband in Syrien berichtet. Der Deutsch sprechende und nach eigener Auskunft in Deutschland geborene junge Mann steht auf einer Straße, die offensichtlich unter der Kontrolle von ISIS ist, worauf auch diverse Wandmalereien hinweisen. Vermutlich befand er sich in der Stadt al-Raqqa. Hinter dem Deutschen sind mindestens zwei bewaffnete Männer zu sehen, und auch der Sprecher selbst ist mit Sturmgewehr, Tarnkleidung und Funkgerät ausgestattet. Abu Mujahid erklärt, der Islam sei in drei Stufen gegliedert, die der wahre Gläubige befolgen müsse. Die erste Etappe sei der wahre Glaube, hierauf müsse die Auswanderung erfolgen und schließlich die Teilnahme am Jihad. Die Pflicht zur Auswanderung ergebe sich aus dem Gebot, als Muslim nicht in einem «Gebiet des Unglaubens» zu wohnen bzw. dieses schnellstmöglich zu verlassen.

Nachdem der junge Mann den Entschluss gefasst hatte, Deutschland den Rücken zu kehren und auszuwandern, wog er die möglichen künftigen Aufenthaltsländer ab. So habe er sich Gedanken zu einigen arabischen Ländern und «sogenannten» islamischen Ländern gemacht, doch feststellen müssen, dass man nirgends als Muslim leben könne, da in keinem Land die Scharia richtig angewendet werde. Die einzige Alternative zu Deutschland schien ihm daher zunächst Ägypten. Nach Ägypten begaben sich bereits zu Zeiten Husni Mubaraks diverse Deutsche, und in Alexandria und Kairo waren kleine Auswandererkolonien von Salafisten entstanden, obwohl man sich durchaus bewusst war, dass die Behörden die Deutschen beobachteten. Auch merkte man schnell, dass weder der ägyptische Staat noch die Ägypter die Scharia nach salafistischer Lesart lebten, wie es den Deutschen in nicht wenigen Fällen vorschwebte, weshalb viele von ihnen von dem Leben in Ägypten enttäuscht waren. Wie andere Deutsche auch, kam Abu Mujahid mit der Absicht nach Ägypten, dort Arabisch sowie die Grundlagen der Religion zu erlernen. Für einige Deutsche stellte Ägypten aber nur eine Zwischenetappe dar. Auch Abu Mujahid war bald von Ägypten enttäuscht, da hier «öffentlich» Muslime getötet wurden, womit er auf die in vielen Fällen tödlich ausge-

Die Auswanderer: Zum Kampf auf dem «Boden der Ehre»

gangenen Auseinandersetzungen zwischen Staat und Muslimbruderschaft, insbesondere ab August 2013, anspielte. So beschloss er, den Jihad in Syrien zu unterstützen, wo er bald Anschluss an die al-Nusra-Front fand. Diesen Schritt muss man sich wohl nicht als gezieltes Unternehmen, sondern eher als Zufallsbegegnung vorstellen, die durch Vermittlung eines weiteren Deutschen, den Abu Mujahid in Syrien getroffen haben will und der «in der Nähe von Jabhat al-Nusra» gewohnt habe, stattfand. Bemerkenswert dabei ist auch, dass Abu Mujahid offenbar klar war, dass die «Unterstützungsfront» im Prinzip al-Qaida ist. So sagt er in dem Video:

Ich habe mir gedacht, ok, al-Qaida – *al-hamdu li-llah* – ist schon die richtige *manhaj* [Methode, Weg] und da werde ich schon nicht falsch sein.

Bereits nach einigen Monaten folgte jedoch die Enttäuschung über die al-Nusra-Front, die den Jihad nicht so geführt habe, wie es der deutsche Auswanderer aus «den Büchern» gelernt habe. Weiterhin habe sie Praktiken ausgeübt, die einen «aus der *milla* (hier: Gemeinschaft der Muslime) rausbringen», also einen zum Nichtmuslim machen würden. Als Beispiel führt Abu Mujahid das Verbreiten von «Lügen» über ISIS an. Zudem kritisiert der Deutsche das Bündnis mit der Freien Syrischen Armee gegen ISIS, insbesondere auch, weil die FSA Unterstützung und Waffen der *kuffar*, also der Ungläubigen, erhalte. Dies verstößt in der Doktrin der Jihadisten gegen den sehr wichtigen und durch die saudischen Wahhabiten begründeten Grundsatz, sich nicht mit Hilfegesuchen an Ungläubige zu wenden. Abu Mujahid wollte sich nicht an den Angriffen der al-Nusra-Front gegen ISIS beteiligen und wurde so zum Ausgeschlossenen, dem man keine Informationen mehr gab. Wie es ihm dann gelang, sich ISIS anzuschließen, beschreibt er nur vage. Letztlich legte er jedoch den Treueeid gegenüber al-Baghdadi ab. Das Video schließt mit einer Empfehlung an deutsche Auswanderer, sich ISIS anzuschließen, da diese Gruppe nicht von den «Amerikanern und Kreuzzüglern» unterstützt werde.

Es können letztlich keine verallgemeinernden Aussagen darüber getroffen werden, welchen Gruppierungen die deutschen Kämpfer sich in Syrien anschließen. Die islamistischen Milizen im syrischen Bürgerkrieg sind zahlreich und unübersichtlich, und es ist durchaus denkbar, dass sich Deutsche in kleineren Zahlen anderen jihadistischen Milizen außer al-Nusra-Front und ISIS/IS angeschlossen haben. Zudem kommt es häufiger zu Zusammenschlüssen kleinerer Kampfverbände oder zu Anschlüssen von diesen an größere Organisationen. Insofern ist davon auszugehen, dass nicht alle Deutschen vereint unter dem Dach einer bestimmten Miliz kämpfen. Viele deutsche Auswanderer, insbesondere aus dem Kreis um die Millatu-Ibrahim, haben sich jedoch definitiv ISIS/IS angeschlossen, wie etwa Abu Mujahid oder Philipp B. und später auch Denis Cuspert. Facebook-Accounts von Deutschen in Syrien sowie Übersetzungen arabischer Propaganda von ISIS ins Deutsche legen ebenfalls nahe, dass Deutsche sich mehrheitlich ISIS/IS angeschlossen haben. So hat das Netzwerk Al Ghuraba Media – Das Echo der Wahrheit[100] – beispielsweise eine über 20 Seiten lange Übersetzung des ISIS-Sprechers Abu Muhammad al-ʿAdnani mit dem Titel «Der Anführer belügt seine Leute nicht» herausgebracht oder auch eine Abhandlung auf fast 40 Seiten über den Treueeid an den ISIS-Führer Abu Bakr al-Baghdadi. Al Ghuraba Media bezog eindeutig Stellung für ISIS und verbreitete über ihre Internetseiten Zitate von Maʾmun Bin ʿAbd al-Hamid Hatim (jemenitische al-Qaida), in denen die al-Nusra-Front für ihren Kampf gegen ISIS kritisiert wird.

Eine Erklärung dafür, dass sich vermutlich mehr Deutsche ISIS/IS anschließen als anderen jihadistischen Gruppierungen, ist, dass Mahmoud und Cuspert früh auf die Autorität des ISIS-Predigers Turki Bin Mubarak al-Binʿali gesetzt haben. Dieser war lange Zeit allenfalls eine Randfigur in der globalen jihadistischen Szene. Es war daher für Mahmoud und Cuspert vermutlich einfacher, Kontakt zu ihm herzustellen als zu den «Stars» unter den jihadistischen Predigern und Denkern und sich ihm als ergebene Jünger anzubieten. Umgekehrt suchte auch al-Binʿali Anhänger und Unterstützer und war daher schnell bereit, Mahmoud im Mai 2013 eine Art Lehrerlaubnis (*ijaza*) auszustellen. Diese Erlaubnis wurde von Millatu-Ibrahim über verschiedene Kanäle im Internet verbreitet und machte vermutlich Eindruck auf die Anhänger.[101] Hier

Die Auswanderer: Zum Kampf auf dem «Boden der Ehre»

war auch zu lesen, dass al-Binʿali seinem Jünger Mahmoud, dessen religiöses Wissen von salafistischen Wortführern in Deutschland als äußerst bescheiden beschrieben wird, den Ehrentitel Shaikh[102] zukommen ließ. Cuspert und Mahmoud hielten al-Binʿali, den zumindest Cuspert in Syrien persönlich traf, weiter die Treue.

Ein anderer Grund für die Attraktivität von ISIS/IS bei den Deutschen ist, dass diejenigen Jihadisten in Deutschland, die junge Männer für den Bürgerkrieg in Syrien rekrutieren oder selbst bereit sind, auszuwandern, oft diejenigen mit den extremsten und radikalsten Einstellungen sind und daher eher zum hochideologischen ISIS als zur nach außen pragmatisch und kompromissbereit auftretenden al-Nusra-Front tendieren. Zudem ist ISIS/IS dafür bekannt, besonders viele Nicht-Syrer in den eigenen Reihen zu haben und diesen äußerst aufgeschlossen gegenüberzustehen. Der Trend, sich ISIS/IS anzuschließen scheint auch für Jihadisten aus anderen westlichen Ländern zu gelten. Laut einer Studie über die Bedeutung sozialer Medien für westliche Kämpfer in Syrien des in London ansässigen International Centre for the Study of Radicalisation and Political Violence (ICSR) mit 190 Datensätzen waren 55 % der berücksichtigten nicht-syrischen Kämpfer ISIS-Mitglieder, während nur 14 % der al-Nusra-Front angehörten. Lediglich 2 % bestätigten ihren Anschluss an andere islamistische Milizen wie Ahrar al-Sham oder auch die Freie Syrische Armee; 29 % konnten keiner Gruppe eindeutig zugeordnet werden.[103]

Dass die deutschen Hardliner vor Ort in Syrien nicht immer auf Gegenliebe stoßen, ebenso wie ISIS/IS an sich, zeigte jedoch unter anderem ein Bericht von *Report Mainz* vom 4. März 2014. Hierin berichtete ein Deutsch-Syrer, der aufseiten der Freien Syrischen Armee kämpfte, dass zwölf deutsche Kämpfer festgenommen worden seien, als sie zusammen mit ihren Kameraden versuchten, ein Gefängnis der FSA einzunehmen.

Welcher Kampfeinheit in Syrien sie sich auch anschließen, zusammenfassend lässt sich wohl für die meist jungen Männer, die in den Kampf auf dem «Boden der Ehre» ziehen, sagen, dass ihre Motivation vielschichtig ist: Sie begreifen die Teilnahme am Jihad in der muslimischen Welt als ehrenhaft und als religiöse Pflicht. Hinzu kommt der Topos von den unterdrückten und erniedrigten

Muslimen, die von der Welt vergessen wurden und nun auf die Hilfe ihrer Glaubensbrüder angewiesen sind. Und schließlich spielt bei nicht wenigen Auswanderern eine Art von Romantisierung des anti-imperialistischen muslimischen Helden und Freiheitskämpfers mit der Waffe in der Hand und eine verklärte Vorstellung von Männlichkeit eine Rolle.

Jihadisten in Deutschland: Spenden, Facebook und Gebete

Endzeitkampf in Sham: Appell an die Daheimgebliebenen

In Hamburg versammelten sich an einem Sonntag im April 2013 Hunderte Angehörige der islamistischen Szene in einem Saal im Osten der Stadt, der gewöhnlich zu fröhlichen Anlässen wie Geburtstagsfeiern oder Hochzeiten genutzt wird. Nun wurde das Veranstaltungszentrum zum Aufmarschplatz der Jihad-Unterstützer in Hamburg. Offizieller Veranstalter war der Verein «Helfen in Not» mit Sitz im nordrhein-westfälischen Neuss, der bis dato schon mit einigen «Benefizveranstaltungen für Syrien» aufgefallen war. Im Internet, aber auch mit Plakaten auf dem Steindamm, einer Straße mit orientalischer Prägung direkt hinter dem Hauptbahnhof, warb der Verein um Spenden. Auf den Postern waren syrische Kinder in einer mit Trümmern übersäten Straße zu sehen. Ein Mädchen auf dieser Straße hält einen Zettel mit dem Logo des Vereins hoch. Unten rechts auf dem Plakat dezent der Hinweis: «Räume getrennt», darunter zwei Symbolfiguren, eine männlich, eine weiblich, zwischen denen eine Wand verläuft. Frauen und Männer sollen sich beim geplanten Spendenmarathon nicht in einem Raum begegnen. Die Veranstalter richteten sich gezielt auch an Familien und warben unter anderem mit «Kinderbetreuung». Geplant sei ein bunter Tag, der um 11 Uhr vormittags beginnen und gegen 20 Uhr enden soll.

Doch wirklich jugend- oder gar familienfreundlich war das Programm keinesfalls. Radikale Prediger wie Brahim Belkaid, besser bekannt als Abu Abdullah, sowie Ibrahim Abu Nagie – beide gehören dem Netzwerk «Die Wahre Religion» an –, prägten den Tag mit ihren Reden, deren Tenor keinesfalls humanitär klang. Vielmehr hatten sie einen aufpeitschenden und kämpferischen Charakter.

Auf Youtube wurde ein Mitschnitt der Rede Abu Abdullahs eingestellt.[104] Seinen Auftritt inszeniert er hochemotional und entwirft für das Publikum eine bipolare Welt, in der das Gute gegen das Böse kämpft, wobei das Gute der Islam und das Böse der *shaitan*, also der Teufel, ist. Aus der Sicht Abu Abdullahs hätten die Truppen des *shaitan* in Syrien bereits hinreichend ihre Kräfte mobilisiert. Gemeint sind hiermit Bashar al-Asads Truppen und seine Unterstützer aus Iran sowie aus den Reihen der Hizbullah und irakisch-schiitischer Milizen. Die Kämpfer des Guten hingegen müssten sich gegen eine satanische Übermacht stellen und zudem die muslimischen Zivilisten gegen Gräueltaten des Regimes al-Asads und seiner Verbündeten verteidigen. Hier wie auch bei allen anderen Formen des politischen Extremismus wird wieder einmal sichtbar, dass bestehende Realitäten, Probleme und Ungerechtigkeiten aufgegriffen, diese dann aber vollkommen in ihren eigenen Deutungszusammenhang gestellt werden.[105] So ist etwa das Leid der Zivilbevölkerung in Syrien eine Tatsache. Etwa 3 Millionen Menschen haben das Land verlassen und weitere Millionen befinden sich innerhalb Syriens als sogenannte *displaced persons* auf der Flucht. Rund 191 000 Menschen sind bislang in diesem Konflikt gestorben. In der Logik Abu Abdullahs sind viele dieser Menschen jedoch Opfer des Hasses der Anhänger des Satans auf die «wahren» Muslime. Nicht weil sie Opfer eines gnadenlosen Bürgerkriegs geworden sind, in dem Zivilisten stets das größte Leid zu tragen haben, sondern allein aufgrund der Tatsache, dass sie Muslime sind.

Mit hochemotionalen Worten, Gesten und Stimmlagen beschreibt der charismatische, jugendlich wirkende Abu Abdullah dann die Lage der notleidenden Zivilbevölkerung in Syrien, die von den blutrünstigen Schergen al-Asads verfolgt, gedemütigt und getötet wird, und kontrastiert diese Schilderungen mit dem bequemen Leben in Deutschland – ein Appell an das schlechte Gewissen der Anwesenden sowie an deren Gerechtigkeitsempfinden und deren Solidarität. Die männlichen Zuhörer packt er, indem er sagt, dass wirkliche Männer eigentlich in Syrien sein sollten, aber wenn sie schon hier geblieben seien, dann sollten sie doch zumindest spenden.

Seinen Appell stellt er geschickt in einen größeren religiösen Bedeutungszusammenhang: Bereits der Prophet Muhammad habe Syrien als wichtiges Schlachtfeld benannt, und der endzeitliche Kampf zwischen den Anhängern Gottes und denen des Satans solle auf der Erde Syriens, das Abu Abdullah zumeist mit seinem alten Namen *Sham* bezeichnet, stattfinden. Er bezieht sich dabei auf alte islamische Prophezeiungen, denen zufolge Jesus am Ende der Tage am weißen Minarett von Damaskus[106] erscheinen soll, wo er seine Anhänger um sich sammelt, um dann den Truppen des Dajjals, des Antichristen, in einer großen und alles entscheidenden Schlacht zu begegnen.[107] Nach Vorstellung der Jihadisten findet dieser Endkampf heutzutage in Syrien statt, was gerade in den ersten Monaten des Aufstands einen wesentlichen Bestandteil der Propaganda darstellte.

Es lohnt sich, an dieser Stelle einen Teil der Rede Abu Abdullahs wiederzugeben, denn so lässt sich nachvollziehen, mit welchen Argumenten und demagogischen Mitteln Jihadisten an junge Menschen herangehen:[108]

Syrien blutet, meine lieben Geschwister im Islam. Und Syrien versinkt im Blut. Die gesegnete Erde Allahs, die Erde des *iman* – die Erde des Glaubens – versinkt im Blut. Der Prophet sagte: «Soldaten im Irak und Soldaten im Sham [Syrien] und Soldaten im Jemen.» Und als er gefragt wurde: «Zu welchen sollen wir, oh Gesandter Allahs?» Er sagte: «ʿAlaikum bi-Sham!» Geht nach Syrien!

Ihr müsst nach Syrien gehen, meine lieben Geschwister! Der Gesandte Allahs sagte zu euch: «ʿAlaikum bi-Sham!» Ihr seid verpflichtet, Soldaten im Sham zu sein. […]

Diese Erde [Syrien] ist die Erde des Anfangs und des Endes. Es ist die Erde, auf der al-Mahdi [der Erlöser] stehen wird, wenn die großen Kriege des Endes der Zeit beginnen werden. Und deswegen sind diese Kämpfe die Vorbereitungen auf das Ende. Diese Kämpfe, die begonnen haben, liebe Geschwister, sind keine Kämpfe um ein Brot, keine Kämpfe, damit die Menschen mehr Geld verdienen. Es ist keine Revolution des Brotes, wie vielleicht zuvor. Es ist eine andere Periode. Eine andere Zeit hat angefangen, meine lieben Geschwister. Dieser Kampf, der dort begonnen hat, ist die Vorbereitung für das Ende der Zeit, für *yaum al-qiyama* [Tag der Wiederauferstehung], für die Vorbereitung der *malahim* [die großen Schlachten vor dem Jüngsten Tag], der großen Kämpfe zwischen dem Islam und dem Rest der Welt. [...] An diesem Ort, in Damaskus, wird al-Mahdi stehen. Al-Mahdi, über den der Prophet berichtete: «Und wenn auch nur ein Tag übrig bleiben wird», sagte der Prophet, «vor *yaum al-qiyama*, so wird Allah einen Mann schicken, der die Erde füllen wird mit Gerechtigkeit, genauso wie sie zuvor gefüllt war mit Ungerechtigkeit.»

Al-Mahdi wird wo stehen? In Damaskus, wie der Prophet es prophezeit hat. In Damaskus, der Hauptstadt Damaskus von Syrien. Und wo wird ʿIsa (Jesus) wieder zurückkommen auf die Erde? ʿIsa wird an diesem Tag auf die Erde zurückkommen in Damaskus, in der Moschee mit dem weißen [Minarett], in der *masjid al-umawi* [Umayyaden-Moschee]. [Es folgt eine Ausführung über die Abläufe des Kampfes zwischen Jesus und dem Dajjal, an deren Ende Jesus den Dajjal töten wird.]

Deshalb, liebe Geschwister, es ist kein Spaß, was dort stattfindet. Es ist kein Krieg wie ein anderer Krieg in Libyen oder in Tunesien, es ist keine Revolution wie eine andere. Es sind die Vorbereitungen auf den Islam oder gegen den Islam. Für den Sieg von *la illaha illa llah* [Glaubensbekenntnis: Es gibt keinen Gott außer Gott] oder für die Schande der *umma* [Gemeinde] von Muhammad.

Und wir sehen, liebe Geschwister, dass die gesamte Erde in Sham gegen den Islam kämpft. [...] Dort kämpfen die gesamte Menschheit und Europa gegen die Muslimin. Denn, liebe Geschwister, die wissen ganz genau: Wenn der Islam dort siegt, dann ist Israel nicht wie gestern Israel. Bashar [al-Asad] hat 60 Jahre lang Israel den Rücken gedeckt.[109] Aber wenn der Islam siegt, dann ist Ägypten morgen nicht mehr das Ägypten von gestern. Und Syrien nicht mehr das Syrien von gestern. Und Irak nicht der Irak von gestern.

Eure Geschwister, liebe Muslimin, rufen euch um Hilfe. Eure Geschwister rufen um Hilfe. Und Allah hat zu euch gesagt, in den letzten Seiten von Surat al-Anfal, Surat Nummer 8, die Beute:[110] «Und wenn sie euch um Hilfe rufen, dann obliegt euch, dann seid ihr dazu verpflichtet, ihnen zu helfen.»

Manche, liebe Geschwister, manche von uns achten auf jede Kleinigkeit, und es ist nicht verkehrt. Aber sie sehen, du trinkst Coca Cola, und sie sagen dir: «Ooh! Du trinkst Coca Cola?! Du bist ein Unterstützer von Amerika, von den Juden? Du isst ein Mars oder ein Snickers? Ooh!» Die machen etwas Riesiges daraus, aber dabei vergessen sie, dass sie vielleicht selbst viel größere Sünden machen, indem sie ihre Geschwister im Stich lassen. […] Sie haben vergessen, dass derjenige, der seine Geschwister im Stich lässt – dass Allah ihn im Stich lassen wird. Was ist ihre [Muslime in Syrien] Sünde? Was ist ihr Verbrechen? Ihr Verbrechen ist es, dass sie an Allah glauben. […] Sie werden getötet – und ihr habt alle Videos gesehen –, weil sie sagen: *la illaha illa llah*. Und viele von ihnen werden bei lebendigem Leibe begraben und bei lebendigem Leibe verbrannt. Und man sagt zu ihnen: «Sag: *la illaha illa Bashar*! Sag: Es gibt keine Gottheit außer Bashar al-Asad!» Und sie sagen: *«la illaha illa llah!»* Und deshalb werden sie gewinnen, liebe Geschwister. Sie sind Gewinner dieses Krieges. Sie sind die Gewinner, weil wenn sie sterben, sind sie *shuhada'* [Märtyrer]. […] Sie sind die Gewinner dieses Krieges, aber wir sind die Verlierer. Wir sind alle die Verlierer! Weil wenn wir sie im Stich lassen, wird Allah uns erniedrigen. So werden wir morgen dran sein. So werden wir und unsere Familien morgen vergewaltigt. Deine Familie ist heute in Marokko in Sicherheit oder in Algerien in Sicherheit, aber morgen sind auch diese Länder dran. Genauso wie Syrien gestern zugeschaut hat: 60 Jahre lang was in Palästina passiert. So hat sich die Zeit entwickelt und gewendet und sie sind dran gekommen. [Abu Abdullah kämpft nun demonstrativ mit den Tränen und spricht mit erstickter Stimme weiter:] Eine Schwester ruft an aus Syrien und sie sagt zu euch: «Habt ihr etwa Herzen? Habt ihr Herzen, die sich bewegen, in denen Blut ist? Habt ihr Schwestern? Sind wir nicht eure Schwestern?»

Eine andere Schwester aus Syrien ruft an und sie sagt: «Wenn ihr uns schon nicht unterstützen könnt, dann schickt uns wenigstens die Pille, damit wir von den Vergewaltigungen nicht schwanger werden.»

Wäre ich doch nur vor dieser Zeit gestorben! Was für eine Schande! Eure Schwestern bitten euch, dass ihr ihnen die Pille schickt, damit sie nicht schwanger werden. Schande über euch! Seid ihr Männer? Ich frage euch im Namen Allahs: Seid ihr Männer, weil ihr einen Bart habt? Seid ihr Männer, weil ihr zum Fitnessstudio geht? Schande über euch! Schande über uns alle! [Abu Abdullah redet und weint dabei zugleich]. […] Schaut in Boston:[111] Drei *kuffar* [Ungläubige] sterben – die ganze Welt steht auf. Die ganze Welt eilt ihnen zu Hilfe. Zehntausende Polizisten, um sie zu unterstützen. Lieben die *kuffar* die *kuffar* mehr, als wir die Muslimin? […] Schande über diese *umma*, die zuschaut. [Abu Abdullah unterbricht die Rede kurz und weint.]

Nichts ist einfacher, als unsere Geschwister zu unterstützen. Du gehst nicht in einen Knast, du wirst nirgendwo auf der Reise festgenommen, dir passiert gar nichts. Du gehst dorthin, du machst Urlaub *fi sabili llah* [wörtlich: auf dem Wege Gottes, gemeint ist der Jihad] und du unterstützt deine Geschwister. [...] Wenn du dort stirbst, dann wirst du leben. Denke nicht über diejenigen, die auf Gottes Weg umgekommen sind, dass sie tot sind. Du wirst ab diesem Moment lebendig.[112] Allah wird zu dir schauen und dich anlächeln. Ab diesem Moment wirst du geehrt im *dunya* [Diesseits], in deinem Grab und im *akhira* [Jenseits] und du wirst mit den Propheten sein.

Der Verweis auf die religiöse Bedeutung Syriens und auf das Ende der Tage sind kein Alleinstellungsmerkmal Abu Abdullahs. Vielmehr greift er lediglich auf Versatzstücke zurück, die in der militant-islamistischen Szene bereits seit den 1970er Jahren verwendet werden.

In der Tat gilt das Gebiet des *Bilad al-Sham* (Länder des Sham) in der islamischen Literatur als ein Gebiet mit besonderer Segnung (*baraka*). An diese Tradition knüpfte bereits Abu Musʿab al-Suri alias ʿUmar ʿAbd al-Hakim in seinem Monumentalwerk «Die jihadistisch-islamische Revolution in Syrien» (1991) an und beschrieb in einem eigenen Kapitel die «Vorzüge der Länder des Sham». Al-Suri beginnt dieses Kapitel mit der Vorbemerkung, dass man als Muslim nicht zwischen «Syrer und Ägypter» oder «Araber und Nicht-Araber» unterscheiden solle und dass der Islam eine Religion für die gesamte Welt sei. Dennoch, so al-Suri, habe Gott durch seinen Propheten mitteilen lassen, dass die Erde des Sham-Gebietes durch Gott besondere Segnung erfahren habe. Er listet dazu beispielhaft fünf Verse aus dem Koran auf.[113] Den Koranversen folgt dann eine Zusammenstellung entsprechender Prophetenüberlieferungen, darunter auch jene, auf die Abu Abdullah sich in seiner Rede bezog.

Hierin sagt Muhammad: «Ihr werdet Soldaten im Sham, Soldaten im Jemen und Soldaten im Irak vorfinden.» Daraufhin wird er gefragt: «O Gesandter Gottes, wähle [ein Land] für mich aus!» Muhammad erwidert: «Du sollst dich ins Sham-Gebiet begeben, denn dies ist die beste von Gottes Erden. Und Er wählte diese [Erde] für die Schar seiner Anhänger. Und wer sich dem widersetzt, der soll sich nach Jemen begeben und aus den dortigen Brunnen trinken. Und Gott hat mir eine Garantie für das Gebiet des Sham und seine Bewohner gegeben.» Heute kursiert diese Überlieferung, teils auch in abgekürzter Form, in jihadistischen Internetforen und Schriften in diversen Sprachen.

Die Länder des Sham umfassen, wie bereits dargelegt, nicht ausschließlich das Territorium des modernen Syrien, sondern auch die Gebiete von Israel, Palästina, Libanon, Jordanien und Teile der Türkei. Besondere Bedeutung kommt in der islamischen Glaubensvorstellung dabei natürlich dem Boden Israels und Palästinas zu, insbesondere Jerusalem (arabisch: al-Quds oder Bait al-Maqdis). Dies spiegelt sich auch in der jihadistischen Ideologie wider, die sich zu einem großen Teil der Wiedereroberung der drittheiligsten Stätte des Islams, der al-Aqsa-Moschee in Jerusalem, sowie der Wiederherstellung muslimischer Herrschaft im heutigen Israel und Palästina verschrieben hat.

Der schon mehrfach erwähnte Jordanier Abu Qatada al-Filastini, einer der einflussreichsten jihadistischen Ideologen, sagte über die Bedeutung des Kampfes um Palästina:

Hätte es Palästina nicht gegeben, so hätten wir heute weder einen Jihad in Afghanistan noch im Irak. Dies, da das Fundament der amerikanischen Aktivitäten in unseren Ländern die Unterstützung des jüdischen Staates ebenso wie andere Belange wie etwa Erdöl und [politischer] Einfluss ist. Die Ereignisse in Palästina waren und werden immer ein wichtiger Faktor in der Agitation und im Wiedererwachen der muslimischen Gemeinschaft in der ganzen Welt sein.[114]

Die gesamte jihadistische Bewegung hat sich die «Befreiung» Palästinas auf die Fahnen geschrieben, nicht zuletzt auch deshalb, weil sie der Meinung ist, die Machthaber in den arabischen Ländern hätten Palästina aufgegeben und letztlich die Existenz Israels anerkannt. Insofern war die Palästina-Frage stets ein großer Mobilisierungsfaktor im islamistischen Milieu. Palästina und Syrien gehören beide zu *Bilad al-Sham,* und nach jihadistischer Auffassung führt der Weg nach Palästina über Syrien. Das Interview mit Abu Qatada wurde 2008 geführt, also lange bevor der zweite Jihad in Syrien ausbrach. Umso bemerkenswerter sind folgende Äußerungen:

Ich glaube, mein geehrter Bruder, dass die palästinensische Frage nie gelöst werden wird ohne das Eintreten einer Islamischen Armee von außerhalb. [...] Die Lösung, die mir vorschwebt [eine islamische Eroberung], beinhaltet den Fall der Apostatenregime [also den Fall von Machthabern in der muslimischen Welt, die von den Jihadisten als Abtrünnige angesehen werden] sowie die Gründung eines islamischen Staates in den Palästina umgebenden Ländern [Libanon, Syrien, Jordanien, Ägypten]. Wahrlich, es wird eine ägyptische Armee und eine Shami-Armee sein, die das göttliche Versprechen [die Befreiung Palästinas] einlösen wird, und hierüber gibt es keinen Zweifel.[115]

Dieses Interview mit Abu Qatada wurde nicht nur vor dem Aufstand in Syrien geführt, sondern auch vor dem Beginn des Arabischen Frühlings, als sowohl das Regime der al-Asad-Familie als auch die Diktaturen in anderen arabischen Staaten als unerschütterlich galten und keine Hoffnung auf einen wie auch immer gearteten Wandel bestand. Nun, da sich der Aufstand in Syrien etabliert hat und die Machthaber in allen arabischen Staaten ihrer uneingeschränkten Macht nicht mehr so sicher sein können wie noch vor 2011, haben insbesondere die Jihadisten Zuversicht gewonnen, dass das «göttliche Versprechen» der Eroberung al-Quds eintreten könnte.

Wie aus der Hamburger Rede von Abu Abdullah ersichtlich wurde, sind Jihadisten zudem der Auffassung, sich im Zeitalter der *malahim*, der apokalyptischen Schlachten, zu befinden. Dabei beziehen sie sich auf Prophezeiungen, in denen die Anzeichen für den bevorstehenden Jüngsten Tag geschildert werden: unter anderem ein weitgehender moralischer Verfall, ausufernde Zins-Geschäfte, ein Anstieg von Morden und anderen Verbrechen, Bürgerkriege und Naturkatastrophen.

Sie alle sehen sich als Soldaten eines kosmischen Kampfes zwischen *haqq* (Recht) und *batil* (Unrecht). In den USA, Israel und den autoritären Herrschern in der muslimischen Welt meinen sie die Vertreter des Unrechts zu erkennen, während sie auf der Seite des göttlichen Rechts stünden. Dabei mischen sich auch Muster aus dem europäischen Antisemitismus, etwa die Idee der Weltregierung, in moderne eschatologische Schriften der Jihadisten.[116]

Die Idee der bevorstehenden Apokalypse war für islamistische Bewegungen der Neuzeit stets Bestandteil und Motivationsfaktor gewesen. So bezogen sich diverse Islamisten, sowohl sunnitische als auch schiitische, auf eschatologische Prophezeiungen. Ein bekanntes Beispiel hierfür ist Juhaiman al-ʿUtaibi, der am 20. November 1979 mit seinen Gefolgsleuten die Große Moschee in Mekka besetzte. Das Datum war nicht zufällig gewählt: Nach islamischer Zeitrechnung war es der Beginn des 15. Jahrhunderts. Millenialistische Erwartungen sowie die Gewissheit, dass die Zeichen der letzten Tage eingetreten waren und das Eintreffen des Mahdi, des Erlösers, unmittelbar bevorstand, trieben al-ʿUtaibi und seine Männer zu dem Aufstand, der sich politisch gesehen gegen die saudische Monarchie richtete. Erlösungs- und Endzeiterwartungen sind spätestens seitdem Bestandteil der jihadistischen Weltsicht. Diverse politische und militärische Ereignisse, etwa die US-Invasion im Irak 2003, wirkten dabei als Antriebsmittel für eine Agitation, die eschatologische Versatzstücke der islamischen Lehre mit modernen Verschwörungstheorien kombinierte.

Spenden aus der salafistischen Szene

Die dramatischen Appelle von Abu Abdullah und diversen anderen Predigern in Deutschland bleiben nicht ungehört. Sach- und Geldspenden für Syrien fließen den Darstellungen der salafistischen Szene zufolge in beachtlicher Höhe. Unter *Muslimtube.de* fanden sich bis zur Abschaltung der Seite im Jahr 2014 beispielsweise in der Videokategorie «Hilfsorganisationen» mehr als 100 Videos, in denen Spendenübergaben dokumentiert wurden – nicht immer, aber oft für Syrien. Die Seite zeigte dabei besonders Videos aus dem Bereich der nicht-jihadistischen Salafisten um Pierre Vogel und Sven Lau (s. u.). Organisationen aus diesem Umfeld sind die in Nordrhein-Westfalen ansässigen Vereine «Ansaar International Düsseldorf», «al-Rahma» sowie «Help4Ummah». Andere Vereine haben deutlich stärkere Berührungspunkte mit der radikalen Szene. Hierzu zählt etwa der erwähnte «Helfen in Not e. V.», auf dessen Benefizveranstaltungen stets Propagandisten des Netzwerks «Die Wahre Religion», das immer wieder durch die Nähe zum jihadistischen Milieu auffällt, auftreten.

Zwar betonen die Spendensammler stets, dass sie ausschließlich für Zwecke der humanitären Hilfe sammeln, und tatsächlich braucht derzeit kaum ein anderes Volk humanitäre Hilfe dringender als die Syrer, doch ist das große Problem bei den salafistischen und jihadistischen Spendensammlern der unklare Verwendungszweck. Einige Hilfsprojekte werden dokumentiert, was dann auch in der Szene über die unterschiedlichsten Wege verbreitet wird. Aber es muss angenommen werden, dass bei Weitem nicht alle gespendeten Gelder oder auch Sachspenden, die zum Teil aus aufrichtigem Mitgefühl gegeben wurden, neutral an Bedürftige in Syrien oder in den Flüchtlingscamps in Jordanien und der Türkei verteilt werden. Vielmehr spricht einiges, insbesondere die von den Jihadisten selbst gedrehten Videos, dafür, dass Spenden gezielt in Gebiete verbracht werden, die von jihadistischen Gruppen kontrolliert werden. Die Spenden aus Deutschland tragen so zumindest teilweise dazu bei, das Wohlwollen der Bevölkerung gegenüber den Jihadisten zu gewinnen, was letztlich einen entscheidenden Vorteil bei der militärischen Besetzung und Haltung eines Gebietes darstellt. So existiert ein Video von Denis Cuspert, in dem dieser über deutsche Sachspenden berichtet, wie etwa Winterjacken und Pullover, die er an bedürftige Syrer, aber auch an einige «Brüder», also Kameraden Cusperts, verteilen möchte.[117] Besonders bemerkenswert hieran ist, dass Cuspert die deutschen Spenden bei den «Brüdern von Jabhat al-Nusra» abholt, also bei jener Miliz, die der anerkannte al-Qaida-Ableger in Syrien ist. Dies ist einer von vielen Hinweisen, die dafür sprechen, dass Spenden aus Deutschland teilweise dazu genutzt werden, sowohl die Jihadisten zu versorgen als auch die Herzen der Bevölkerung zu gewinnen. Die Verteilung der Spenden durch deutsche Jihadisten an syrische Familien wird dann auch noch propagandistisch genutzt, um weitere Spenden einzuwerben und das Wohlverhalten der Deutschen vor Ort zu demonstrieren.

Ebenso problematisch wie die Vermischung von humanitärer Hilfe und Unterstützung militanter Gruppen ist, dass salafistisch ausgerichtete Vereine oftmals gegen etablierte Hilfsorganisationen und ihre Arbeit hetzen. Sie kooperieren nicht mit diesen, sondern sehen in ihnen «ungläubige» Konkurrenz, die unter dem Deckmantel der Hilfe angeblich nur das Ziel verfolge, den Islam zu bekämpfen und Muslime von ihrem Glauben abzubringen. Diese Hetze kommt nicht nur von Rednern auf Benefizveranstaltungen, sondern auch in Syrien selbst versuchen Deutsche, die dortigen Rebellengruppen und die Bevölkerung gegen die nichtislamischen Hilfsorganisationen aufzubringen. In einem selbst veröffentlichten Internetvideo machte etwa der bekannte deutsche Salafist Sabri Ben Abda, der sich zum Zeitpunkt der Aufnahme in Syrien aufhielt, folgende Aussage:

> Die *kuffar* sind ihre Leute schon hier am Reinbringen. Sie sind schon mitten hier im Krieg. Und sind schon Arbeiten am Verrichten. Damit die Muslime später geimpft werden auf Demokratie.[118]

Dass derartige Agitation in Deutschland und in Syrien zu einer konkreten Gefährdung der Helfer führen kann, zeigte die Entführung von Mitgliedern des deutschen Vereins «Grünhelme» im Jahr 2013 in Nord-Syrien. Rupert Neudeck, Vorsitzender des Vereins, machte dafür zumindest mittelbar «Helfen in Not» wie auch Sabri Ben Abda verantwortlich. «Es ist ganz klar, dass diese Organisation nach Syrien gegangen ist, um allen, wie uns, das Leben dort zur Hölle zu machen.»[119] Die aufgeheizte Stimmung gegen westliche Hilfsorganisationen führt im schlimmsten Fall dazu, dass diese ihre Arbeit in besonders gefährlichen Gebieten einstellen müssen, worunter letztlich die lokale Bevölkerung leidet. Bei den jihadistischen Helfern steht ganz offensichtlich nicht die humanitäre Hilfe im Vordergrund, sondern die eigene Vorherrschaft – dafür sind ihnen alle Mittel recht.

Der oft unkontrollierte Spendenfluss beschäftigt auch die Justiz. So wurde beispielsweise Pierre Vogels Gefolgsmann Sven Lau alias Abu Adam am 24. Februar 2014 in Mönchengladbach verhaftet, da die Staatsanwaltschaft Stuttgart dem 33-Jährigen unter anderem vorwarf, unter dem Deckmantel des Spendensammelns für humanitäre Zwecke Geld, Material und Kämpfer für eine Untergruppe von ISIS (Muhajirun Halab, Die Auswanderer Aleppos) besorgt

Jihadisten in Deutschland: Spenden, Facebook und Gebete

bzw. geworben zu haben. Lau soll zwei Männer angestiftet haben, mit einem ausgemusterten Ambulanzwagen nach Syrien zu fahren und das Fahrzeug sowie eine größere Menge Bargeld dort zu übergeben. Die Vorwürfe wurden jedoch im Mai 2014 fallengelassen und das Verfahren eingestellt, was Laus Anhänger über das Internet in Windeseile verbreiteten. Zwar hatten sich die Anklagepunkte offensichtlich als nicht haltbar bzw. nicht belegbar erwiesen, doch macht eben dieses Beispiel deutlich, wie schwierig es für die Justiz sein kann, zwischen Terrorunterstützung und tatsächlicher humanitärer Hilfe zu unterscheiden oder auch den Beweis zu führen, dass eine Unterstützung von terroristischen Milizen stattfindet.

Humanitäre Hilfe aus dem jihadistischen Bereich ist jedoch keineswegs ein neuartiges Phänomen: Bereits im Afghanistankrieg 1979–1989 etablierte es sich, dass die arabischen Kämpfer über sogenannte «Hilfsorganisationen» unterstützt wurden. So etwa im Fall des *Lajnat al-Birr al-Islamiyya* (Islamisches Wohltätigkeitskomitee, bekannt auch unter der englischen Bezeichnung Islamic Benevolence Committee). Die 1987 von einem saudischen Geschäftsmann gegründete Organisation sammelte nicht nur Gelder für die arabischen Afghanistankämpfer, sie hatte auch Anteil an der Schleusung von Männern zwischen Pakistan, der Basis der meisten sogenannten Mujahidin, und Afghanistan. Dabei war sie in den 1990er Jahren eng mit al-Qaida und Usama Bin Ladin verknüpft und ist daher seit dem 21. November 2002 durch die Vereinten Nationen gemäß § 1 und 2 der Resolution 1390 (2002) als al-Qaida-affiliierte Vereinigung gelistet.

Auch im Bosnienkrieg zu Beginn der 1990er Jahre sammelten Jihadisten nicht nur Gelder für den Ankauf von Waffen und die Bezahlung der Kämpfer, sondern auch zur Versorgung der Bevölkerung. Nur auf diese Art konnten sie sich schließlich Akzeptanz und Rückhalt vor Ort sichern. Gelder und Materialien sollen damals, ähnlich wie heute, in Ambulanzen von Westeuropa auf den Balkan verbracht worden sein, um die dortigen Mujahidin zu unterstützen. Ein wichtiger Mittelsmann aus Deutschland soll damals Reda Seyam gewesen sein, mit dem Cuspert und andere Jihadisten aus Berlin nach Aussage der Salafismus-Expertin Claudia Dantschke in Verbindung standen und der für sie eine Art Mentor war.

Humanitäre Hilfe spielt generell bei allen größeren jihadistischen Netzwerken in den muslimischen Ländern selbst eine wichtige Rolle, etwa bei Ansar al-Scharia in Tunesien oder Libyen wie auch bei der Nusra-Front und bei ISIS in Syrien.

Es ist nicht einfach, insbesondere jungen Menschen in Deutschland zu vermitteln, warum die von ihnen unterstützten Hilfsorganisationen von Sicherheitsbehörden und Medien kritisiert werden. Hier besteht eine große Aufgabe darin, unaufgeregte Aufklärung zu leisten und Transparenz von jenen salafistischen Organisationen, die sich als wohltätig oder im Dienste humanitärer Arbeit bezeichnen, einzufordern. Genauso wichtig ist es, dass die seriösen Hilfsorganisationen mehr Aufmerksamkeit für ihre Arbeit erhalten, da Jugendliche aus einem salafistischen Umfeld glauben, «niemand» würde den Menschen in Syrien helfen. Die Gefahr, dass durch salafistische Hilfsvereine die Syrienhilfe insgesamt bei vielen Bürgern in Verruf kommen könnte, sehen die Unterstützer dieser Vereine zumeist nicht, da sie entweder zu gutgläubig oder ideologisch beeinflusst sind.

Frontenwechsel

Festzuhalten ist, dass die Sympathien der deutschen Jihadisten 2012 zunächst bei Jabhat al-Nusra lagen: So hatten sich unter anderem auch deutsche Internetaktivisten an virtuellen Protestaktionen gegen die Aufnahme der JaN auf die US-Liste der Terrorgruppierungen beteiligt. Mit der Ausrufung des Islamischen Staats im April 2013 verlagerte sich die Sympathie in der deutschen Szene allerdings immer mehr zugunsten von ISIS. Dabei orientierte sich die deutsche Szene auch an jihadistischen Gelehrten wie Abu Saʿad al-ʿAmili oder Abu al-Mundhir al-Shanqiti, die sich vor der Gründung von ISIS noch für die Nusra-Front ausgesprochen hatten und ab 2013 ebenfalls das Lager wechselten. Al-Shanqiti vollzog im Sommer 2014, nach Ausrufung des «Kalifats», jedoch einen weiteren Seitenwechsel und distanzierte sich nun vom Islamischen Staat.

Mit dem offenen Ausbruch des Konfliktes zwischen ISIS und Jabhat al-Nusra ab Jahresbeginn 2014 wandelte sich die Stimmung gar zu einer vehementen Ablehnung von JaN, der vorgeworfen wurde, mit «Abtrünnigen» der Freien Syrischen Armee zu kooperieren, wobei immer wieder auch darauf hingewiesen wurde, dass die FSA von Europa, den USA und den Golfstaaten unterstützt werde und schon aus diesem Grund abzulehnen sei.

Die von Jihadisten weltweit geführte Debatte darüber, ob die Freie Syrische Armee und womöglich sogar Jabhat al-Nusra und andere islamistische Gruppierungen und Verbände wie die Islamische Front Ungläubige *(kuffar)* sind, spiegelte sich in entsprechenden Diskussionssträngen auf jihadistischen Internetforen auch in Deutschland wider. In diesem Zusammenhang entwickelte sich aber auch eine Grundsatzdebatte über das übermäßige Anwenden des *takfir* (Absprechen des Glaubens, Exkommunikation) sowie über die Rechtmäßigkeit des Anspruchs von ISIS, einen Staat zu repräsentieren.

Ein Nutzer eines jihadistischen Forums übte etwa am 10. April 2014 Kritik daran, dass ISIS sich selbst als Staat bezeichnet. Er bezog sich dabei auf die *daʿwa najdiyya*, also jene Mission, für die Muhammad Ibn ʿAbd al-Wahhab, der Namensgeber des «Wahhabismus», und seine Anhänger aus der zentralarabischen Region des Najd heraus im 18. Jahrhundert zu kämpfen begannen. Ein zentrales Argument des Users lautete dabei, dass Ibn ʿAbd al-Wahhab sich nicht mit Herrschaftsangelegenheiten beschäftigte, sondern sein primäres Ziel die Ausbreitung seiner Glaubenslehre war. Diese Lehre zu verinnerlichen und zu begreifen sei dabei wichtiger, als einen Staat zu errichten:

Die *dawa najdiya* hieß DAWA [Mission] und nicht *dawla* [Staat] *najdiya*, weil es ihnen hauptsächlich um masa'il tauhid [Fragen des Monotheismus], Aqidah und Usul [Glaubenslehre und Grundlagen in der Religion] ging, und viel weiter untergeordnet um einen Staat.

Wer also mit ihnen kämpfte und sich ihnen angeschlossen hat, wusste, für welchen Manhaj [Methode der Glaubenslehre], Usul, Aqidah er kämpft, und nicht einfach nur für einen weiteren Staat, mit dem alles steht und fällt.

Ihre Widersacher wären nicht dadurch für sie gute Muslime geworden, nur weil sie irgendeinen zeitweiligen Staat von ihnen auch wollten und anerkannten, sondern sie mussten den gleichen Manhaj annehmen. Ihnen allen musste klar sein, wer ein Muslim ist, wer keiner sein kann. Wenn diese grundlegenden Fragen nicht geklärt sind, was will man da mit einem

Staat, wenn es da zig Meinungen gibt, oder sich alles darauf reduziert, wie andere zum eigenen Staat stehen?

Das Argument des Nutzers besagt also, dass man sich zunächst über viel grundlegendere Fragen der Religion einig werden müsse, bevor man einen Staat deklarieren könne – das stellt das ISIS-Konzept grundlegend in Frage. Diese und viele weitere Diskussionen ließen eine gewisse Unruhe und Unsicherheit unter einigen deutschen Jihadisten angesichts der unübersichtlichen Front und der innerjihadistischen Spaltung entstehen. Einige der deutschen Jihadisten stellten sich eindeutig hinter ISIS und die Ausrufung eines islamischen Staates, andere warteten ab. Und obwohl ISIS von anderen Jihadisten vorgeworfen wird, Muslime allzu schnell zu Nicht-Muslimen zu erklären (*takfir*), ist es in dem deutschen Forum gerade der markanteste ISIS-Anhänger, der vor Formen des extremen *takfir* warnt. Andere wiederum übten deutlich Kritik an ISIS. So auch der Nutzer «Sa'il» (Der Fragende), der sich an den schnell wechselnden Positionen von ISIS gegenüber Kern-al-Qaida und gegenüber anderen Gruppen des Widerstandes stößt:

Der Manhaj der ISIS ist wie eine Fahne im Wind [...]. Vor kurzem war al-Qaida/Zawahiri noch unantastbar, jetzt ist er plötzlich irregegangen und laut manchen ISIS-Mitgliedern zum «Mubtadi» [jd., der unerlaubte Neuerungen in der Religion vornimmt] und «Oberkafir» geworden. Vor kurzem gab es laut ISIS-Führung «keinerlei Probleme» zwischen ISIS und der FSA, jetzt ist die FSA plötzlich eine durch und durch ungläubige Organisation geworden.

Insbesondere die Angriffe von ISIS im April 2014 gegen al-Zawahiri, der vielen Jihadisten als über alle Zweifel erhaben gilt, verursachten bei deutschen Anhängern der Szene erhebliche Verwirrung und Verunsicherung. Pierre Vogel äußerte sich zu dieser Thematik, ohne ISIS jedoch explizit zu nennen, in einem Video mit dem Titel «Pierre Vogel – Boko Haram und ISIS», das Mitte Juni 2014 veröffentlicht wurde. Aus seinen Ausführungen wurde sehr deutlich, dass die Frage, ob die Nusra-Front oder ISIS zu unterstützen seien – oder auch keine der Gruppen –, unter deutschen Salafisten zu erheblichen Auseinandersetzungen geführt hatte. Vogel appellierte daher an seine «Geschwister»:

Wir können keinen Streit in solchen Themen hier in Deutschland gebrauchen. Und deswegen bitte ich euch, diese Gespräche, diese Probleme zu unterlassen. Brüder, mir sind Sachen zu Ohren gekommen, da fällt dir nichts mehr ein. Weil der eine zur Gruppe XY hält und der andere zur Gruppe YX, gibt's auf einmal fast Mord und Totschlag.

Wenn die Spaltung entlang der Frontlinie zwischen Jabhat al-Nusra und ISIS/IS in Deutschland sich also zunächst nur in den Foren widerspiegelte und von den führenden Figuren der Salafisten-Bewegung in Deutschland totgeschwiegen wurde, ließ sich das Problem im Juni 2014 offensichtlich nicht mehr verleugnen, wie man den dramatischen Worten Vogels entnehmen konnte. Dies zeigt, wie die Entwicklungen, die weit weg von Deutschland auf dem syrisch-irakischen Schauplatz stattfinden, letztlich hierzulande nachhallen und das Meinungsbild bei Salafisten und Jihadisten beeinflussen.

Die Märtyrer: auf dem Weg ins Paradies?

Ein junger blonder Mann, frisch rasiert, steht in einem schwarzen T-Shirt mit dem roten Logo einer bekannten Sportbekleidungsfirma vor der Tür eines grünen Autos und kneift wegen der Sonne, die vom blauen Himmel strahlt, die Augen leicht zu. Dabei lächelt er etwas schief in die Kamera. Dieses Foto könnte so auch während eines Pauschalurlaubs aufgenommen worden sein. Doch ein Detail fügt sich nicht in das Gesamtbild ein: Der junge Mann hält das Sturmgewehr AK-47 in der Hand. Das Foto ist Teil einer Collage, die am 18. Januar 2014 über einschlägige jihadistische Kanäle auf deutschen und arabischen Internetseiten verbreitet wurde. Zu sehen ist ein 19-Jähriger, der seinen Kameraden unter dem Namen «Abu Dawud, der Deutsche» bekannt war. Die Collage zeigt zum einen das oben beschriebene Bild. Daneben ist allerdings ein weitaus größeres Foto zu sehen: das blutüberströmte Gesicht des toten

«Abu Dawud». Darunter ist auf Arabisch zu lesen: «Abu Dawud, der Deutsche. Möge Gott ihn als einen der Märtyrer akzeptieren.»

David G., wie der Verstorbene mit bürgerlichem Namen hieß,[120] stammte aus dem bayerischen Kempten und konvertierte auf der Suche nach dem Sinn seines Lebens mit 17 Jahren zum Islam. Innerhalb eines Jahres radikalisierte sich der spätere Syrien-Auswanderer und zog sich ab dem Sommer 2013 immer mehr aus seinem früheren sozialen Umfeld zurück. Stattdessen baute er Kontakte zu Jihadisten aus dem Milieu der Millatu-Ibrahim in Dinslaken-Lohberg (Nordrhein-Westfalen) auf. Dieses lokale Netzwerk scheint dann die von September bis Oktober 2013 erfolgte Ausreise nach Syrien unterstützt oder sogar organisiert zu haben.[121]

David G. war vermutlich der dritte oder zweite in Syrien umgekommene deutsche Jihadist zu Beginn des Jahres 2014. Im Jahr zuvor verloren bereits weitere junge Männer in Syrien ihr Leben, darunter auch Burak Karan, ein ehemaliger U-16 und U-17-Nationalspieler, der sich ab 2008 radikalisierte und im Oktober 2013 im Norden Syriens bei einem Bombenangriff getötet wurde. Es ist schwer, eine Aussage über die genaue Anzahl der bislang ums Leben gekommenen Deutschen im syrischen Jihad zu treffen. Dies wurde etwa im Rahmen der Beantwortung einer Kleinen Anfrage an die Bundesregierung deutlich. In der Drucksache des Bundestages vom 6. Februar 2014 heißt es:

> In allgemein zugänglichen Verlautbarungen im Internet sowie Presseberichten wird thematisiert, dass einzelne Personen bei Kampfhandlungen in Syrien zu Tode gekommen seien. Die Bundesregierung kommt zu der Einschätzung, dass sich der Umfang auf mehr als 15 betroffene Personen beläuft. Behördliche Bestätigungen liegen nicht vor.

Auch die Angaben der Bundesregierung sind also vage Schätzungen; es wird ausdrücklich darauf verwiesen, dass für die genannte Zahl keine behördliche Bestätigung vorliegt. Mittlerweile dürften es jedoch weit mehr deutsche Staatsbürger sein, die bei Kämpfen in Syrien oder auch im Irak ihr Leben verloren haben. Hans-Georg Maaßen, Präsident des Bundesamtes für Verfassungsschutz, sprach im April 2014 von über 20 getöteten Deutschen.

Die Märtyrer: auf dem Weg ins Paradies?

Das Hauptproblem bei der Erhebung seriöser Zahlen: Zumeist ist man auf die Angaben der Jihadisten in Syrien angewiesen. Diese verbreiten in vielen Fällen Meldungen über ihre Gefallenen im Internet. Doch nicht immer können diese Behauptungen auch unabhängig bestätigt werden. So brachte ein einschlägiger Twitter-Kanal am 12. Januar 2014 auf Arabisch die Meldung heraus, dass «Unser geliebter Uthman al-Almani nunmehr mit den Paradiesjungfrauen vermählt worden sei», was bedeutet, dass er bei Kampfhandlungen ums Leben gekommen ist. Einen Tag später wurde über Facebook gemeldet, dass Uthman al-Almani, der als Robert B. identifiziert wurde, bei einem Selbstmordanschlag mehr als 50 Angehörige der «Geistermilizionäre» al-Asads, also Paramilitärs, umgebracht habe. Eine Bestätigung von unabhängiger Seite darüber, was genau passiert ist, gibt es bislang nicht. Dies mag auch daran liegen, dass die Auswanderer oft keine Kommunikation mehr mit ihren Angehörigen pflegen, teilweise wissen die Familien nicht einmal, dass der Sohn oder Bruder nach Syrien zum Kämpfen ausgereist ist. Selbst wenn sie hiervon erfahren haben, erschließt sich ihnen dennoch nicht, was genau er dort macht, ob er hilft oder kämpft und ob er lebt oder schon tot ist.

Zu manch anderen Deutschen, über deren Tod in den Medien spekuliert wurde, liegen wiederum keine Bestätigungen aus jihadistischen Kreisen vor. Dies muss nicht heißen, dass sie noch leben, sondern könnte im Einzelfall darauf hindeuten, dass die Betreffenden nicht bei Kampfhandlungen ums Leben gekommen sind, sondern bei Unfällen, etwa beim Hantieren mit Sprengstoffen oder auch bei Verkehrsunfällen. Dann werden nämlich keine Märtyrermeldungen durch jihadistische Organisationen verbreitet.

Das Martyrium[122] hat im jihadistischen Diskurs eine zentrale Funktion. Der Kult um den Märtyrer wurde in Syrien durch Marwan Hadid (siehe Kapitel «Bürgerkrieg») und andere wiederbelebt und dann insbesondere durch ʿAbdullah ʿAzzam (gest. 1989) unter Jihadisten aus allen Teilen der Welt verbreitet. Der aus dem Westjordanland stammende Jihad-Ideologe berichtete während des Afghanistankrieges Muslimen über angebliche Wundergeschichten von Märtyrern. So sollen beispielsweise die Leichen der Gefallenen auch nach einem Jahr noch frisch gerochen haben und ihr

Blut flüssig gewesen sein. Durch seine Bücher, Videos und Kassetten verbreiteten sich diese Mythen auch dort, wo ʿAzzam nicht persönlich aufgetreten war. Nach und nach entstand ein regelrechter Todeskult in der jihadistischen Szene, und junge Männer kamen nach Afghanistan, um das Martyrium zu suchen und so in den Genuss der versprochenen Paradiesfreuden zu gelangen.

Hiervon allgemein bekannt und durch anti-muslimische Polemiken gerne aufgegriffen sind die 72 *Huris*, die sogenannten «Paradiesjungfrauen». Weniger bekannt hingegen dürfte sein, dass der zu Tode Gekommene der Tradition nach von all seinen Sünden freigesprochen wird. Dies ist insbesondere für Persönlichkeiten interessant, die aus religiöser Sicht diverse Verfehlungen in ihrem Leben begangen haben und nach einer späteren Hinwendung zur Religion nun im Martyrium die Möglichkeit sehen, sich von den Sünden und der Bestrafung im Grab sowie im Jenseits zu retten. Auch darf der Märtyrer für 70 seiner Angehörigen bei Gott Fürsprache halten und sie somit möglicherweise vor dem Höllenfeuer bewahren. Ein weiteres aussichtsreiches Versprechen besagt, dass die Märtyrer in die höchste Stufe des Paradieses (*firdaus*) gelangen, eine Krone der Ehre erhalten und einen Platz im Schatten des Allmächtigen einnehmen dürfen. Zudem ist unter Jihadisten der grüne Vogel eine Art Codewort für Märtyrer, da nach einigen islamischen Überlieferungen, etwa der des syrischen Gelehrten Ibn al-Nahhas al-Dumyati (gest. 1411), die Märtyrer in den Körpern grüner Vögel im Paradies weiterleben werden. Dem sich hieraus ergebenden Widerspruch zu dem Versprechen der Vermählung mit den Paradiesjungfrauen wird zumeist keine Beachtung geschenkt, was den märchenhaften Charakter der Paradieserzählungen unterstreicht.

Die besondere Auszeichnung des Märtyrers spiegelt sich auch im Umgang mit dem leblosen Körper des *shahid* wider. Dieser wird, anders als bei «gewöhnlichen» Verstorbenen, nicht gewaschen. Ein Grund hierfür besteht in dem Glauben, dass das Blut der Märtyrer am Tag der Wiederauferstehung zu «Moschuswinden» werde. Eine weitere Erklärung lautet, dass durch das Martyrium ein reiner Zustand erreicht wurde, der eine Waschung überflüssig macht. Zudem sahen es viele klassische Gelehrte als verboten an (u. a. Malik, al-Shafiʿi und Ibn Hanbal),[123] das Totengebet für den *shahid* zu sprechen, wie es für andere Tote üblich ist. Ein Argument gegen das Totengebet lautet, dass dieses nur für die Toten aufgesagt wird; die Märtyrer seien jedoch laut Koran (3:169) «lebendig bei ihrem Herrn».

In den letzten Jahren hat der Kult um den Tod «auf dem Wege Gottes» (*fi sabili llah*), womit der Jihad gemeint ist, auch die deutsche Szene erreicht und wurde von dieser tief verinnerlicht. So kursieren wichtige Schriften des Mittelalters wie das «Buch des Jihads» von Ibn al-Nahhas[124] und auch moderne Werke in Deutschland seit Mitte der 2000er Jahre in englischen und deutschen Übersetzungen. In vielen eigenen Veröffentlichungen der deutschen Jihadisten spiegelt sich der Wille wider, sein Leben für die Religion zu opfern: beispielsweise in Ansprachen, Schriften, der Ikonographie im Internet oder auch in Liedern, wie etwa in dem aus dem Jahr 2009 stammenden Stück «Sterben um zu leben» von Mounir Chouka alias Abu Adam al-Almani, Mitglied der Islamischen Bewegung Usbekistans. In dem Gesang, den Chouka in der Grenzregion Pakistan/Afghanistan aufgenommen hat, heißt es:

Wir haben uns entschieden, wir haben uns schon längst entschieden.
 Für Allah und seinen Gesandten und das Leben nach dem Tod.
 Geschaffen um zu dienen, gekommen um zu siegen, sterben um zu leben,
hayya ʿala l-jihad [Auf zum Jihad]!

In einem Lied von Denis Cuspert wiederum findet sich der Verweis auf die *hur al-ʿain*, die Paradiesjungfrauen:

Die *hur al-ʿain* warten auf uns,
und wir kämpfen im *ribat* [Grenzen des islamischen Reiches].

Dass Märtyrergedanken auch bei der Mobilisierung für Syrien eine wichtige Rolle spielen, wird an Videos, Texten und Bildern aus Deutschland deutlich. In einem Lied, das mit Bildern von Burak Karan, dem in Syrien ums Leben gekommenen ehemaligen Fußballnachwuchstalent, im Internet verbreitet wurde, werden beispielsweise Motive der Paradiesversprechung besungen:

An den Ufern der Flüsse im Paradies hat Allah es dem *shahid* doch garantiert, wo es vor Honig und Milch nur sprudelt, fliegt er im Bauch des grünen Vogels.

In dem bereits erwähnten Text «Wahre Geschichten aus Shaam» wird wiederum der mittelalterliche Gelehrte Ibn Qayyim al-Jauziyya (gest. 1350), der sich bei Salafisten großer Beliebtheit erfreut, mit den Worten «Jeder Weg hat eine Abkürzung. Die Abkürzung ins Paradies ist der Jihad» zitiert. Der unbekannte Urheber des deutschen Textes beschreibt in diesem Zusammenhang auch die Angst, die den Kämpfer vor der Schlacht überkommen kann, und bemerkt daher, dass die beschriebene Abkürzung, nämlich das Martyrium, nicht unbedingt leicht fällt, dass das Ende jedoch «glückselig» sein werde.

Das Streben nach dem sogenannten Märtyrertod scheint aber nicht in jedem Fall die ausschlaggebende Motivation für die Auswanderer zu sein. In der Propaganda überwiegen zumeist politische Argumente oder die Erinnerung an die angebliche Verpflichtung zur Auswanderung in ein muslimisches Land und zum Jihad. Der aus Dinslaken-Lohberg stammende ISIS-Angehörige Philipp B. (siehe z. B. Kapitel «Die Auswanderer») kam in seinem knapp acht Minuten umfassenden Propagandavideo erst nach fünfeinhalb Minuten auf den Märtyrertod zu sprechen. Zuvor argumentierte er über die Verpflichtung zur Auswanderung, über die guten Lebensbedingungen in Syrien und über die Politiker, die «Teufel in Anzügen» seien, während die Mujahidin Gerechtigkeit einfordern und für diese kämpfen würden. Erst nachdem er all diese Themen angesprochen hatte, erwähnte er – sozusagen als Bonus –, dass Gott «versprochen» habe, denjenigen, die auswandern und dann getötet werden, ihre Sünden zu vergeben und sie in das Paradies einzulassen. Die Paradiesverheißung stellt also nicht die einzige, jedoch eine wichtige Komponente in der Gesamtargumentation von Jihadisten dar, da sie den Kämpfern die Angst vor dem Tod nehmen oder sogar den Tod als ultimativ anzustrebendes Ziel verherrlichen soll.

Die Rückkehrer: traumatisiert oder radikalisiert?

Während einige Jugendliche noch immer davon träumen, sich in den Jihad aufzumachen und sich für Gerechtigkeit und für den vermeintlichen Willen Gottes zu opfern, kehren die ersten Europäer bereits aus Syrien zurück. Immer wieder wird in der Öffentlichkeit vor den Gefahren gewarnt, die möglicherweise von Rückkehrern ausgehen könnten. Als ein erstes Beispiel dafür, dass diese Gefahr als durchaus real einzuschätzen ist, gilt der Anschlag auf Besucher des jüdischen Museums in Brüssel am 24. Mai 2014, bei dem drei Menschen getötet wurden. Mehdi Nemmouche, der 29-jährige Täter mit französischer Staatsangehörigkeit und algerischen Wurzeln, hatte zuvor ein Jahr lang in Syrien gekämpft und war Anfang März 2014 nach Europa zurückgekehrt. Bei seiner Verhaftung fand die Polizei eine in eine ISIS-Flagge gewickelte Maschinenpistole.

Doch ist Nemmouche mehr als nur ein Einzelfall? Und lassen sich aus der Erfahrung mit Veteranen von anderen Jihad-Schauplätzen Aussagen über die Gefahren, die möglicherweise von ihnen ausgehen, treffen?

Einige Antworten auf diese Fragen liefert eine Studie des renommierten norwegischen Terrorismusexperten Thomas Hegghammer aus dem Jahr 2013. Hegghammer hatte für seine Analyse eine Datenbank erstellt, in der er islamistisch motivierte Ausreisen, Anschläge und Anschlagsplanungen sowie die hieran beteiligten Personen in Europa, Nordamerika und Australien im Zeitraum von 1990 bis 2010 erfasste. Insgesamt enthält die Datenbank, die den Namen «Jihadi Plots in the West» (JPW) trägt, 401 sogenannte *domestic fighters* und 945 *foreign fighters*. Als *domestic fighters* gelten Personen, die Anschläge in Europa, Nordamerika oder Australien planten, vorbereiteten oder durchführten, während *foreign fighters* diejenigen Jihadisten aus dem Westen sind, die sich zur Teilnahme am Jihad in einem muslimischen Land entschlossen und sich dort an Kampfhandlungen beteiligten oder eine militärische Ausbildung erhielten. Die Studie zeigte, dass Jihadisten im Westen mehrheitlich dazu tendierten, sich militanten Strukturen im Ausland anzuschließen und dass nur eine Minderheit in dem erfassten Zeitraum versuchte, Anschläge «vor der Haustür» zu begehen.

Zur Erklärung dieses Befundes lassen sich mehreren Faktoren anführen. Zunächst ist eine Ausreise – im Gegensatz zu einem Anschlag in einem westlichen Staat – aus praktischen Gründen einfach opportuner. Eine «Auswanderung» ist zwar ebenfalls kein ganz einfaches Unterfangen, da in den letzten Jahren durch die Arbeit der Sicherheitsbehörden die Hindernisse auf dem Weg in ein Jihad-Gebiet erheblich zugenommen haben, aber ein Anschlag in einem westlichen Staat gestaltet sich technisch und operativ ungleich schwieriger und birgt zudem das Risiko einer langen Haftstrafe, sollte der Plan aufgedeckt werden. Auch persönliche und/oder ideologische Ausrichtungen passen oft nicht zu einem Terroranschlag im «eigenen» Land. Dies gilt zum Beispiel für viele junge Männer, die in die Konfliktgebiete des Nahen und Mittleren Ostens ziehen, um ihren «Geschwistern» vor Ort zu helfen.

Diesen Typ des «Auswanderers» verkörpert etwa der ehemalige niederländische Berufssoldat «Yilmaz», den ein Kameramann im Auftrag eines niederländischen Nachrichtenprogramms in Syrien traf. In dem Gespräch führte «Yilmaz» aus, dass er der «Erste wäre», der sich für die niederländische Armee verpflichtet hätte, wenn diese Einheiten nach Syrien geschickt hätte, um den «unterdrückten Menschen» zu helfen. Auf die Frage, ob er nach Holland zurückkehren wolle, um Anschläge zu begehen, antwortete «Yilmaz»:

Nein, ich bin nur Syriens wegen nach Syrien gekommen. Ich bin nicht nach Syrien gekommen, um zu lernen, wie man Bomben baut oder um wieder zurückzukehren. Das entspricht nicht der Mentalität, die viele dieser Kämpfer haben. Wir kamen vor allem her, und ich weiß das klingt hart ... Aber viele der Brüder, mich eingeschlossen ... Wir kamen her, um zu sterben. Insofern ist die Rückkehr nicht Teil unserer Perspektive hier.[125]

Aber gibt es Zahlen, die Aussagen darüber treffen, ob Jihad-Veteranen bislang öfter in Anschläge verwickelt waren als andere Jihadisten? Hegghammers Studie verneint diese Annahme: 57 % der Anschlagsplanungen, -versuche und -durchführungen fanden ohne Beteiligung von Veteranen statt. Doch *wenn* kampferprobte und ausgebildete Jihadisten an Anschlägen beteiligt waren, so stiegen die Erfolgschancen dieser Attacken, und deren tödliche Wirkung wurde wahrscheinlicher. Somit scheint der Fall von Mehdi Nemmouche sich in das von Hegghammer festgestellte Muster einzufügen. Aufgrund dieses «Veteranen-Effekts» empfiehlt Hegghammer, Rückkehrer einer genauen Beobachtung zu unterziehen, so wie es in Deutschland bereits gängige Praxis ist.

Auch Edwin Bakker, Direktor des Centre for Terrorism and Counterterrorism in Den Haag/Niederlande, kam in seiner 2011 veröffentlichten Studie «Characteristics of Jihadi Terrorists in Europe (2001–2009)» zu ähnlichen Ergebnissen wie Hegghammer zwei Jahre später. Bakker zufolge hatten lediglich 12 % derjenigen Personen, die zwischen 2001 und 2009 wegen Strafsachen mit Terrorismusbezügen in europäischen Staaten verurteilt wurden, vorher Erfahrungen auf einem der internationalen Jihad-Schauplätze gesammelt.

Es ist also anzunehmen, dass nicht von jedem Rückkehrer eine Gefahr für die öffentliche Sicherheit ausgeht. Bakker schreibt in einem 2013 veröffentlichten Artikel sogar:

Jene, die zurückkehren und eine terroristische Bedrohung darstellen, stellen daher nur eine sehr geringe Minderheit unter den möglicherweise Hunderten von Jihad-Veteranen, welche nach Europa zurückgekommen oder hierin immigriert sind, nachdem sie in Bosnien, Tschetschenien, Afghanistan oder anderen Jihad-Kampfschauplätzen «gedient» haben.[126]

In der Tat gibt es bereits viele Rückkehrer aus unterschiedlichsten Jihad-Gebieten, die wieder in einem westlichen Staat leben. Einige von ihnen führen dabei ein unauffälliges, «normales» Leben, andere, wie Reda Seyam, sind weiterhin tief in die jihadistische Szene verstrickt.

Wie die Rückkehrer mit ihren Kriegserfahrungen umgehen oder wie diese von ihnen verarbeitet werden, hängt sowohl vom individuellen Charakter als auch dem Grad der ideologischen Überzeugung ab, kann möglicherweise aber durch bereitgestellte bzw.

angenommene Hilfen zur Bewältigung des Erlebten beeinflusst werden. Denn bei den nach Syrien Ausgereisten handelt es sich oft um junge Männer mit einem durchschnittlichen Alter von 18 bis 29 Jahren,[127] die zumeist nicht über eine militärische Ausbildung verfügen. Viele haben in ihrem früheren Leben auch keine direkten Erfahrungen mit Krieg und Elend gemacht. Nun werden sie das erste Mal mit extremen Formen von Gewaltanwendung, mit Not und Armut konfrontiert. Diese Erfahrungen werden sie zeit ihres Lebens prägen und können eventuell auch posttraumatische Belastungsstörungen (PTBS; englisch: *posttraumatic stress disorder*, PTSD) auslösen, ähnlich wie bei regulären Soldaten, die an der Front gekämpft haben.

Grob gesprochen ist daher von zwei Typen von Rückkehrern auszugehen: Zum einen jene, die geschockt oder traumatisiert sind von dem, was sie gesehen und erlebt haben, schlimmstenfalls Kriegsgräuel, oder die desillusioniert sind, etwa durch Streitigkeiten zwischen verschiedenen Rebellengruppen vor Ort oder von sonstigen Enttäuschungen, die sie erlebt haben.

Zum anderen gibt es aber auch jene, die verroht, mit einem erhöhten Grad der Radikalisierung und im gefährlichsten Fall mit einer soliden militärischen Ausbildung zurück in ihre Heimatländer kommen. Von diesen Rückkehrern geht mit Sicherheit eine höhere potenzielle Gefährdung für das direkte Umfeld (Familie, Freunde etc.) und für die Gesellschaft aus als von der ersten Gruppe.

Die Aufgabe der Sicherheitsbehörden ist es daher, die Rückkehrer zu erfassen, ihre Persönlichkeiten und ihren Umgang mit den gesammelten Eindrücken einzuschätzen und sie – wenn entsprechende Hinweise vorliegen – im Auge zu behalten. Andere staatliche und auch nichtstaatliche Stellen sollten wiederum traumatisierten Personen entsprechende Hilfe zur Bewältigung des Erlebten wie auch zur Reintegration anbieten, um einer möglicherweise erst später einsetzenden (Re-)Radikalisierung frühzeitig begegnen zu können, aber auch, um ihnen einen Weg zurück in die Gesellschaft zu ermöglichen.

Therapie- und Integrationsangebote sind nicht zu unterschätzen und unbedingt notwendig, aber in einigen Fällen werden darüber hinaus auch strafrechtliche Maßnahmen in Betracht kommen. Am 25. Februar 2014 warnte der Innenminister des wohl am stärksten von Salafisten und Jihadisten betroffenen Bundeslandes Nordrhein-Westfalen, Ralf Jäger, in einem Gespräch mit dem WDR vor den Rückkehrern. «Es ist brutale Wirklichkeit, dass die Menschen nach Syrien gehen, am Krieg teilnehmen und dort zusätzlich verrohen und radikalisiert werden», sagte Jäger, der den Jihad-Veteranen mit Strafverfahren drohte – wenn es dafür Anhaltspunkte gebe. Genau diese Anhaltspunkte, die eine juristische Ahndung ermöglichen würden, fehlen jedoch oft.

Zwei Instrumentarien stehen den Verfolgungsbehörden zur Verfügung: sogenannte Anti-Terror-Gesetze und herkömmliche Straftatbestände. Beide können nur in bestimmten und gesetzlich eng definierten Fällen zur Anwendung kommen: In Deutschland wurden am 30. Juli 2009 bestehende Gesetze um Angaben ergänzt, die unter anderem die Verbreitung von Anleitungen zur Begehung eines Anschlags, wie etwa Bombenbauanleitungen auf Internetseiten, unter Strafe stellen, außerdem ist seitdem auch die Ausbildung in einem sogenannten Terrorcamp einer terroristischen Vereinigung im In- oder Ausland strafbar.[128] Jeweils notwendig ist natürlich der Nachweis der Straftat, ebenso wie bei dem Paragraphen 129b des Strafgesetzbuches zum Anschluss an eine terroristische Vereinigung im Ausland. Zu belegen, dass eine Person tatsächlich Mitglied in einer terroristischen Vereinigung in Syrien war, fällt den Ermittlungsbehörden jedoch nicht immer leicht. In einigen Fällen gibt es handfestes Material wie Fotos oder Videos, das als Beleg für eine Mitgliedschaft gelten kann, doch wo solches nicht vorhanden ist, kann der Nachweis mitunter nicht erbracht werden.

Wo die Anti-Terror-Gesetzgebung nicht greift, ist es unter Umständen aber möglich, einzelne Personen wegen begangener Verbrechen im Ausland anzuklagen, sollten entsprechende Hinweise vorliegen. Dies käme etwa bei Fällen wie Mustafa K. aus Dinslaken-Lohberg in Nordrhein-Westfalen in Frage. Der 24-Jährige erregte in der Presseberichterstattung Aufsehen, weil ein weiterer deutscher Jihadist, Philipp B., ein Foto von Mustafa K. veröffentlicht hatte, das offenbar in der nordsyrischen, nahe der türkischen

Grenze liegenden Stadt Azaz aufgenommen wurde und den Dinslakener zeigt, wie er lächelnd einen abgetrennten Kopf in die Kamera hält. Hier, wie auch in anderen Fällen europäischer Kämpfer in Syrien, ist mit Sicherheit der Anfangsverdacht für Ermittlungen hinsichtlich einer begangenen Straftat gegeben.

Da aber nicht alle Rückkehrer erkennbare Straftaten begangen haben oder ihnen dies oft nicht nachzuweisen ist, ist davon auszugehen, dass gegen die wenigsten von ihnen ein Gerichtsverfahren zustandekommen kann. Sofern sie behördlich bekannt sind, stehen sie natürlich unter Beobachtung, doch laufen sie zumeist frei herum.

Auch weitere europäische Staaten sind mit dem Problem konfrontiert, dass sie keinen Straftatbestand für die Teilnahme an einem im Ausland stattfindenden Krieg kennen.[129] In Belgien gab es bereits 2013 einen Vorschlag des belgischen Innenministers Joelle Milquet für eine Gesetzesvorlage, um diese Lücke zu schließen. Der Entwurf sah unter anderem vor, die Ausreise nach Syrien mit dem Ziel der Teilnahme an Kämpfen dort unter Strafe zu stellen – also eine präventive Maßnahme. Allerdings wurde dieser Vorschlag von den Kabinettsmitgliedern recht schnell zurückgewiesen. Unter anderem deshalb, weil das Kabinett die Gefahr sah, dass durch die Kriminalisierung der Ausreise eine größere Hemmschwelle für Angehörige und Freunde von radikalisierten Personen aufgebaut würde, die ihnen bekannten Fälle an die Behörden zu melden. In der Tat stammen Hinweise auf Ausreisen in nicht wenigen Fällen aus genau dem genannten Personenkreis, weshalb diese Überlegung durchaus nachzuvollziehen ist. Weiterhin sah das belgische Kabinett ein Problem, das sich aus der Haltung der EU gegenüber dem Regime von al-Asad und der syrischen Opposition ergibt. Die EU hat al-Asad die Legitimation abgesprochen und erkennt Teile des syrischen Aufstands, namentlich die Nationale Koalition der syrischen Revolutions- und Oppositionskräfte, als legitime Volksvertreter an. Insofern hätte ein Gesetz, wie es Milquet vorschlug, aus Sicht des Kabinetts zur Folge gehabt, dass Belgien den gesamten Aufstand gegen al-Asad delegitimiert und der außenpolitischen Linie Belgiens, der EU und auch der USA widersprochen hätte. Weitere Gründe der Ablehnung betrafen die konkrete Ausgestaltung der vorgeschlagenen Norm: Sollte man ein Gesetz erlassen, das die Teilnahme an bewaffneten Konflikten auf nicht-belgischem Territorium generell unter Strafe stellt, oder nur eines, das sich ausschließlich auf Syrien bezieht? Aufgrund all dieser Unklarheiten wurde eine gesetzliche Regelung letztlich verworfen.

Ähnliche Probleme ergeben sich auch in anderen europäischen Staaten, die jeweils auf Grundlage der nationalen Gesetze agieren und bislang keine einheitliche EU-Norm zur Thematik der Syrien-Reisenden erarbeitet, geschweige denn implementiert haben. Wie das Beispiel aus Belgien zeigt, befinden sich die Mitgliedstaaten der EU in dem Dilemma, dass sie einerseits einem gewissen Teil des Aufstands Legitimität zusprechen, sie aber dem Regime al-Asad absprechen. Dies macht eine generelle Strafbarkeit der Teilnahme an diesem Konflikt politisch eher unwahrscheinlich.

Bei der Prävention, also der Verhinderung der Teilnahme am Bürgerkrieg bereits im Vorfeld, setzt Deutschland, wie auch andere europäische Staaten, natürlich vor allem bei der Ausreise in die Jihadgebiete an, allerdings ohne diese generell unter Strafe zu stellen. Die erste Schwierigkeit für staatliche Akteure ist dabei die Erfassung von jenen, die ausreisen wollen. In vielen Fällen wurde die Ausreise erst nach ihrer Vollendung bekannt. Wenn deutsche Sicherheitsbehörden jedoch frühzeitig erfahren, dass eine Person beabsichtigt, eine jihadistisch motivierte Ausreise nach Syrien zu unternehmen, so ist es ihnen durch einen Absatz im Passgesetz möglich, den Reisepass dieser Person einzuziehen – vielen anderen europäischen Ländern steht diese Möglichkeit nicht zur Verfügung. Sie hat sich in der Vergangenheit in der sogenannten ersten Ausreisewelle von Jihad-Willigen nach Pakistan/Afghanistan zum Teil als wirkungsvolles Instrument zur Verhinderung von Ausreisen erwiesen, da die Reise über Länder erfolgen musste, in denen Deutsche einen gültigen Pass benötigten. Im Falle Syriens ist dies jedoch anders. Die Reise dorthin geht zumeist über die Türkei, und für die Einreise dort brauchen Deutsche lediglich einen gültigen Personalausweis. Von der Türkei aus finden sich dann einfache Wege, um über die löchrige türkisch-syrische Grenze zu gelangen. Natürlich kann eine

Passentziehung noch immer abschreckend wirken, doch wer wirklich zum Jihad auswandern möchte, wird in der Regel auch einen Weg finden.

4.
Krieg um Syrien:
Geopolitische Interessen

Der Krieg um Syrien ist weitaus mehr als ein einfacher Bürgerkrieg, er ist die militärische Fortführung einer seit Langem schwelenden Rivalität um die Vorherrschaft im Nahen und Mittleren Osten, was auch ein Grund dafür ist, dass sich der Kampf gegen al-Asad bald nach Ausbruch in einen sektiererischen Konfessionskrieg verwandelte. Dabei kämpfen mittlerweile jedoch sunnitische Islamisten verschiedener Ausrichtungen und Couleur nicht nur gegen das Regime al-Asad und die mit ihm verbündeten, oftmals schiitisch ausgerichteten Milizen, sondern auch gegen verfeindete Rebellengruppen, seien diese säkular, islamistisch oder jihadistisch. Die zum Teil gegebene gemeinsame ideologische Basis wird dabei in vielen Fällen durch partikulare Machtinteressen überdeckt, wie insbesondere der Konflikt zwischen al-Nusra-Front und ISIS/IS zeigt, bei dem es weniger um unterschiedliche Ideologien als um Ausdehnung des eigenen Machtbereiches sowie die Kontrolle wichtiger Ressourcen darin geht.

Die Hauptrollen im syrischen Stellvertreterkrieg nehmen Iran, Russland einerseits und die USA, die Golfmonarchien und die Türkei andererseits ein. Zwar kann man diese Staaten grob in zwei Blöcke unterteilen: jene, die al-Asad unterstützen, und jene, die Partei für die Opposition ergriffen haben. Doch bestehen auch innerhalb dieser Blöcke diverse Einzelinteressen und strategische Überlegungen, die einer diplomatischen Lösung im Weg standen und weiterhin stehen. Jede Partei hat bislang versucht, aus dem

Syrienkonflikt den größtmöglichen Nutzen zu ziehen, doch scheint es mittlerweile, als hätten bei diesem «großen Spiel» die Groß- und Regionalmächte alle verloren, insbesondere jedoch die Bewohner Syriens und des Irak.

Die Außenpolitik, nicht nur der NATO-Staaten, sondern auch der arabischen Länder, insbesondere der Golfländer, steht vor einer unüberschaubaren Konfliktlage, in der keine der Kriegsparteien als verlässlich oder verbündet gelten kann. Die alte Feindschaft zwischen den USA und Iran wird im Zuge der sich überstürzenden Ereignisse und durch das Erstarken von ISIS/IS allerdings zunehmend hinterfragt. Vertreter beider Seiten sehen die Notwendigkeit einer Zusammenarbeit. Gleichzeitig bleibt eine gewisse Skepsis gegenüber Iran bestehen: Denn Iran hat das Regime al-Asad jahrzehntelang unterstützt, Iran trug al-Maliki und dessen fragwürdige Politik im Irak mit und fördert radikale schiitische Milizen in Syrien und im Irak, ebenso wie die Hizbullah im Libanon. Insofern ist derzeit lediglich festzuhalten, dass Iran zwar Teil des Problems ist, aber auch Teil einer Lösung sein muss. Gleiches gilt im Übrigen für die Golfstaaten, insbesondere Saudi-Arabien, Kuwait und Qatar. Aus diesen Ländern fließen große Geldsummen an radikale sunnitische Milizen in Syrien und Irak. Dahinter steht die große Furcht vor einem mächtigen Iran, der die schiitischen Minderheiten in den Golfstaaten, die in Bahrain wie auch in Saudi-Arabien massiv diskriminiert werden, gegen die jeweiligen Machthaber unterstützen und so weiteren Einfluss gewinnen könnte.

Die Unterstützer al-Asads

Zum Unterstützerblock des syrischen Präsidenten gehören Russland und Iran als Staaten sowie die libanesische Hizbullah als im Libanon zugelassene Partei und somit als teilstaatlicher Akteur.

Wie bereits dargestellt, ist die Hizbullah längst offene Kriegspartei in Syrien geworden. Der Führer der Hizbullah, Hasan Nasrallah, präsentiert seine Partei und deren militärischen Flügel dabei als Bollwerk gegen sunnitische Extremisten wie al-Qaida.

Im Juni 2014 sagte er, dass ISIS bereits im Libanon wäre, hätte Hizbullah nicht in Syrien interveniert. Einen Monat zuvor hatte er in einer Rede vor seinen Anhängern auch die Bedrohung Europas durch rückkehrende Jihadisten angesprochen:

Viele von ihnen leben und haben begonnen, an ihre ersten Fronten – nach Europa und an andere Orte – zurückzukehren. Dies stellte eine Bedrohung für die Sicherheit Europas sowie für die internationale Sicherheitslage dar. Wie werden diese Länder mit ihnen [den Rückkehrern] umgehen?[130]

Die Rede Nasrallahs wurde in schiitischen Orten sowie im schiitisch dominierten Süden Beiruts mit frenetischem Beifall aufgenommen. Allerdings ist aus dem Libanon heraus nicht nur die schiitische Hizbullah in den syrischen Bürgerkrieg verwickelt, auch diverse radikale sunnitische Organisationen und charismatische Führer, wie etwa der Salafist Ahmad al-Asir, entsenden Kämpfer an die Front in Syrien. Libanons Bevölkerung ist zum Teil entlang ethnischer und religiöser Zugehörigkeit tief gespalten – wobei die grobe Linie sunnitisch–schiitisch nur eine Dimension beschreibt –, und der Krieg im Nachbarland trägt derzeit dazu bei, dass sich die Gräben noch weiter vertiefen und immer wieder zu Gewalt führen. Terroristische Gruppierungen wie die ʿAbdullah-ʿAzzam-Brigaden (Kataʾib ʿAbdullah ʿAzzam; AAB) oder der libanesische Arm der Jabhat al-Nusra, der im Herbst 2013 seine Gründung bekannt gab, operieren vom Territorium des Libanon aus. Sie schleusen Kämpfer nach Syrien, beschießen syrische Stellungen vom Libanon aus oder begehen Anschläge. Herausragende Bedeutung kam etwa dem doppelten Selbstmordanschlag auf die iranische Botschaft in Beirut vom 19. November 2013 zu, bei dem 32 Menschen getötet und etwa 147 Personen verletzt wurden. Unter den Opfern befand sich auch der iranische Kulturattaché Ibrahim al-Ansari. Zu dem Angriff bekannten sich die ʿAbdullah-ʿAzzam-Brigaden, die mit ihrer Tat Iran dazu bewegen wollten, die Unterstützung al-Asads einzustellen. In einem Bekennervideo mit dem Titel «Der Überfall auf die iranische Botschaft in Beirut»[131] wird darüber hinaus die Verbindung der Hizbullah zu Iran herausgestellt. Die Schuldzuweisungen und das Motiv der ʿAbdullah-ʿAzzam-Brigaden machen deutlich, dass der syrische Bürgerkrieg sich längst zu einem regionalen Konflikt entwickelt hat, der ständig auf die benachbarten Länder überzugreifen und die Lage zu destabilisieren droht.

Die Unterstützung der Hizbullah für al-Asad wäre ohne Iran, mit dem die Hizbullah eng verbunden ist, nicht denkbar. Die Islamische Republik Iran pflegt seit den frühesten Tagen ihrer Gründung ein besonders gutes Verhältnis zur Arabischen Republik Syrien. Diese Konstellation sollte eigentlich verwundern, betrachtet man die ideologischen Unterschiede beider Systeme. Iran war seit der Revolution von 1979 schiitisch-theokratisch geprägt, während die in Syrien herrschende Baʿth-Ideologie eine Mischung aus sozialistischen und arabisch-nationalistischen Gedanken darstellte. Doch wie so oft in der Politik spielte in der Kooperation Iran–Syrien weniger die Ideologie als vielmehr realpolitische Kalkulation eine Rolle. So waren es vor allem zwei Faktoren, die zur Allianz der beiden ungleichen Partner führten: die Feindschaft gegenüber der Nahostpolitik der USA, die konservative Staaten in der Region und Israel förderte, sowie die Feindschaft gegenüber dem Irak unter Saddam Husain. Der Irak war der Nachbar Irans, und so blieben territoriale Streitigkeiten nicht aus, so wie beide Staaten auch um den Status als Regionalmacht konkurrierten. Die Animositäten wurden von der damaligen US-Regierung gefördert, sie rüstete den Irak in den 1980er Jahren zum Bollwerk gegenüber dem revolutionären Iran hoch. Zwischen der syrischen und der irakischen Baʿth-Partei wiederum herrschte bereits lange offene Feindseligkeit, die sich unter anderem darin ausdrückte, dass syrische Islamisten Unterstützung von Saddam Husain in ihrem Kampf gegen al-Asad fanden. Es war diese komplexe Gemengelage zwischen Levante und Persischem Golf, die zu der heute noch immer existierenden Achse Syrien–Iran führte.

Irans primäres Interesse ist dabei, seinen Einfluss in der Region des Nahen und Mittleren Ostens weiter auszubauen. Dieses Ziel verfolgt Teheran bereits seit Ausrufung der Islamischen Republik, und es hat große Anstrengungen unternommen, um dieses langfristige Ziel zu erreichen. Bis zum Aufstand in Syrien im Jahr 2011

Die Unterstützer al-Asads 179

Irans Interesse in der Region besteht zum einen darin, den eigenen Einflussbereich auszuweiten. Zum anderen fürchtet die schiitisch dominierte Islamische Republik Iran eine instabile Nachbarregion und das Erstarken salafistisch-jihadistischer Milizen, die nicht nur eine Bedrohung für Iran, sondern für Schiiten überall in der arabischen Welt sind. Auf dem Foto ist eine Demonstration in Teheran am 25. Juni 2014 gegen das Erstarken von ISIS/IS im Irak zu sehen.

und im Irak 2014 war es Iran gelungen, einen Machtkorridor vom Irak über Syrien bis in den Libanon aufzubauen, der in der Unterstützung der Hamas und anderer Gruppen in Palästina seine Ausläufer fand.

Sollte das Regime al-Asads fallen, würde für Iran ein wichtiger Bündnispartner zur Verfolgung eben dieses Zieles wegbrechen. Zudem fürchtet Iran, dass Teile von Syrien und Irak mittel- bis langfristig von iran-feindlichen, sunnitisch-islamistischen Kräften gehalten und kontrolliert werden könnten, was eine Machteinbuße Irans bedeuten würde. Iran setzt daher zum einen auf Unterstützung al-Asads, fördert aber auch zugleich schiitische Milizen in Syrien, die Irans Einfluss im Land im Falle des Sturzes von al-Asad sichern sollen. Genau diese Strategie verfolgt Iran auch im Irak, wo die Islamische Republik ebenfalls schiitische Milizen wie die ʿAsaʾib Ahl al-Haqq oder die Kataʾib Hizbullah unterstützt, oder auch im Libanon, wo die Hizbullah als Bündnispartner nach Kräften gefördert wird. Militärisch wird sowohl die Kooperation mit den Milizen als auch mit dem Regime al-Asads durch die Islamischen Revolutionsgarden und die Quds-Division innerhalb der Garden gewährleistet. Dabei ist es wohl eher unwahrscheinlich, dass iranische Truppen direkt an den Kämpfen in Syrien beteiligt sind. Vielmehr leisten sie militärische Ausbildung und logistische Unterstützung, etwa in Form von Aufklärungsdrohnen. Zudem liefert Teheran Waffen an Damaskus, was zumeist über den Luftweg geschieht, da mittlerweile fast alle Grenzübergänge zwischen Irak und Syrien in die Hände der Aufständischen gefallen sind. Das US-Finanzministerium hat aus diesem Grund zwischen 2011 und 2012 bereits drei iranische Fluglinien auf die US-Sanktionenliste aufgenommen: Iran Air, Yas Air und Mahan Air.

Die Kooperation zwischen Teheran und Damaskus betrifft aber auch die nachrichtendienstliche Ebene. Die Oberaufsicht der iranischen Sicherheitsdienste kommt dem Obersten Nationalen Sicherheitsrat zu, der gegenüber dem Revolutionsführer berichtspflichtig ist. In Syrien wird die Zusammenarbeit mit Iran über das Allgemeine Nachrichtendirektorat wahrgenommen. Hierbei spielt Muhammad Nasif Khairbak, der jahrelang dem Nachrichtendirektorat vorstand und als Kontaktmann zwischen al-Asad und dem iranischen Regime fungierte, eine besondere Rolle.

Zwar unterstützt neben Iran auch Russland Syrien, doch die Gründe beider Staaten hierfür sind verschieden, auch wenn es Überschneidungen gibt. Russlands unbedingtes Festhalten an al-Asad lässt sich nur begreifen, wenn mehrere Faktoren der russischen Außenpolitik zusammen betrachtet werden. Mit Iran teilt Russland die Angst vor dem Erstarken radikaler islamistischer bzw. sunnitischer Akteure in der Region des Nahen und Mittleren Ostens. Dabei schaut der Kreml insbesondere auf die zwischen Schwarzem und Kaspischem Meer gelegene Region des nördlichen Kaukasus, wo seit den 1990er Jahren anti-russische Jihadisten aktiv sind, die zum Teil enge Verbindungen zu den militanten Islamisten in Syrien unterhalten.

Die Wurzeln der Auseinandersetzungen auf den Kaukasus gehen

bis ins 16. Jahrhundert zurück und stellen sich äußerst komplex dar.[132] Immer wieder haben die verschiedenen russischen Staatsgebilde versucht, den Kaukasus zu unterwerfen und zu besetzen, sowohl militärisch als auch durch die Einwanderung ethnischer Russen. Eine religiöse Deutung erfährt der Konflikt durch die Tatsache, dass die Tschetschenen zumeist Muslime sind, während Russen orthodox-christlich geprägt sind, was seit Präsident Wladimir Putin wieder besonders als Teil der russischen Identität betont wird.

Jedoch wurde der Konflikt zwischen Russland und den separatistischen Tschetschenen bereits in den 1990er Jahren mit starker religiöser Betonung ausgetragen. Die Ursache hierfür liegt unter anderem im Afghanistankrieg von 1979–1989 und der damit verbundenen Herausbildung des internationalen Jihadismus. Nachdem die letzten Truppen der UdSSR im Februar 1989 das Land am Hindukusch verlassen hatten, zogen viele arabische Kämpfer nun in andere Krisengebiete weiter, die als Jihad-Schauplätze infrage kamen. Dazu zählte unter anderem auch Tschetschenien, das etwa Salih ʿAbdullah al-Suwailam alias Amir Khattab (1969/70–2002), ein aus Saudi-Arabien stammender Afghanistanveteran, als Kampfgebiet für sich entdeckte. Al-Suwailam brachte die radikalen Gedanken der globalen Jihadisten nach Tschetschenien und machte den Tschetschenienkrieg unter arabischen Gesinnungsgenossen bekannt. Der Jihadismus konnte sich seitdem langfristig in Tschetschenien etablieren und führte zu der am 31. Oktober 2007 verkündeten Gründung des sogenannten Kaukasus-Emirats, das bis zum 18. März 2014, dem Todestag Dokku Umarows, unter dessen Führung stand. Umarow folgte der Strategie, den Krieg Russlands in Tschetschenien in das Kerngebiet Russlands zu tragen, und war verantwortlich für eine Reihe schwerer Anschläge in Moskau, etwa auf den Flughafen der Hauptstadt im Januar 2011, bei dem 36 Menschen getötet wurden.

Der heutige Syrienkrieg nun ist mit der Tschetschenien-Frage in zweierlei Hinsicht verbunden: Zum einen beteiligen sich Tschetschenen sowohl aus dem Kaukasus als auch aus dem Exil an dem Krieg in Syrien aufseiten jihadistischer Rebellen. Die Angaben über das Ausmaß der Beteiligung gehen dabei stark auseinander und schwanken zwischen 200 und 1700 Personen. Russland hat Angst, dass Tschetschenen in Syrien unter anderen Jihadisten Werbung für ihre Sache machen, neue Netzwerke aufbauen und Geld-, Personen- und Waffennachschub erhalten könnten. Zum anderen fürchtet Moskau neue Impulse für die Unruhegebiete auf dem Nordkaukasus, sollte es jihadistischen Rebellen gelingen, langfristig Territorien in Syrien zu halten, da das nördliche Syrien und die Kaukasusregion nur etwa 1350 Landkilometer trennen und die Strecke somit gut auf dem Landweg zu bewältigen ist. Russland betrachtet die Vorgänge in Syrien daher auch unter der Perspektive der südrussischen Flanke und der dortigen Stabilität.

Die russische Syrien-Politik ist weiterhin vor dem Hintergrund des Verhältnisses Russlands zum Westen zu sehen. Dieses ist maßgeblich durch die Furcht Russlands vor der weiteren Ausdehnung der NATO nach Osteuropa sowie den geplanten Raketenabwehrschirm der USA in Osteuropa geprägt. Ein einschneidendes Erlebnis in diesem Zusammenhang war die Libyen-Intervention im Jahr 2011. Diese fiel in die Zeit der Präsidentschaft Dimitri Medvedevs, mit Putin als Premierminister im Hintergrund wirkend. Die Doktrin russischer Außenpolitik ist die Nichteinmischung in innere Konflikte souveräner Staaten. Diese Leitlinie legte Medvedev erstmals beiseite, als Russland der ersten UNO-Resolution Nr. 1970 (Sanktionen gegen Libyen) zustimmte und sich bei der entscheidenden Resolution Nr. 1973 enthielt – wie übrigens auch Deutschland – und somit nicht vom Vetorecht Gebrauch machte, was die Resolution aufgehalten hätte. Durch die Resolution 1973 wurde eine Flugverbotszone über Libyen beschlossen, deren Umsetzung dann jedoch ab dem 31. März 2011 der NATO oblag. Später beschlossen auch die USA, sich an dem Einsatz zu beteiligten. Russland fühlte sich durch den Westen hinters Licht geführt und von diesem nicht als ebenbürtiger Partner in außenpolitischen Belangen respektiert und behandelt. Zudem stellte sich nun die Frage, inwieweit dem Westen insgesamt zu trauen sei. Die Libyen-Intervention war somit Wasser auf die Mühlen der Hardliner im Kreml, die sich in ihrer kritischen Haltung gegenüber dem Westen unter Führung der USA bestätigt sahen.

Anders als mit Libyen verband Russland und Syrien zudem eine bis in die 1960er Jahre zurückreichende Partnerschaft, die sich in militärischer, ökonomischer und politischer Kooperation ausdrückte. War Ägypten unter Gamal Abdel Nasser (gest. 1970) noch dem Sowjet-Block zugeneigt, so änderte sich dies mit seinem Nachfolger Anwar al-Sadat (gest. 1981), der ab 1972 eine klare pro-amerikanische Linie verfolgte, was letztlich auch zur Aussöhnung mit Israel im Abkommen von Camp David 1979 führte. Mit Präsident al-Sadat verlor die UdSSR einen wichtigen Verbündeten in der arabischen Welt, somit wuchs der Stellenwert, der nun Syrien zukam, weiter. Die Kooperation machte sich unter anderem darin bemerkbar, dass das Waffenarsenal der syrischen Armee nunmehr hauptsächlich sowjetisch bestückt war. Zudem befanden sich 6000 sowjetische Militärberater, Techniker sowie ziviles Personal im Land. Der Hafen von Tartus wurde zum einzigen Zugang der UdSSR und später Russlands zum Mittelmeer, auch wenn es sich dabei um einen kleinen Hafen von eher symbolischer als strategischer Bedeutung handelt, der mit einem geschätzten Personal von 50 Personen beileibe kein großer Stützpunkt ist. Syrien ist somit der letzte wichtige Verbündete Russlands im Nahen und Mittleren Osten. Auch deshalb hält Moskau an al-Asad fest.

Die Gegner al-Asads

Auf der anderen Seite im Konflikt stehen die Türkei, die übrigen NATO-Staaten, Jordanien sowie die Länder am Arabischen Golf, insbesondere Saudi-Arabien und Qatar. Die Gegner al-Asads handeln jedoch keineswegs einheitlich und konfliktfrei, da so gut wie jedes Land eigene Interessen verfolgt. So war es etwa den USA ein Anliegen, keine schultergestützten Luftabwehrwaffen an die Opposition auszuteilen, wie es Saudi-Arabien forderte. Hier spielte unter anderem die historische Erfahrung mit sogenannten Stinger-Raketen eine Rolle, die im sowjetisch-afghanischen Krieg in den 1980er Jahren von den USA über Pakistan an die Gruppen des Aufstands verteilt wurden und die entschieden dazu beitrugen, die sowjetische Lufthoheit über Afghanistan zu schwächen.

Teilweise gerieten diese und andere Waffen später in die Hände von Jihadisten. Die USA fürchten daher, dass sich der historische Fehler wiederholen könnte. Allerdings haben sich Jihadisten im Irak bereits teilweise mit amerikanischem Kriegsgerät versorgt, das die USA zur Stärkung der irakischen Regierung geliefert hatten.

Saudi-Arabien hatte – trotz der alten Gegnerschaft zum Regime al-Asads – zunächst gezögert, offen Partei für die Opposition zu ergreifen, weil das Land nichts mehr fürchtete als ein Übergreifen der arabischen Protestwelle auf das eigene Land.[133] Im Sommer 2011, nachdem al-Asad immer gewalttätiger gegen die syrische Opposition vorgegangen war, wendete sich jedoch langsam das Blatt, was sich unter anderem im Abzug des saudischen Botschafters aus Damaskus widerspiegelte. Zwar hatte Riad nun Position bezogen, verhielt sich nach außen jedoch weiterhin eher passiv. Eine aktive Haltung war dann insbesondere ab 2013 erkennbar: Riad begann nun auch ohne Zustimmung der USA, auf die man zuvor vergebens gewartet hatte, syrische Rebellengruppen zu unterstützen. Während Qatar auf Rebellen setzte, die den Muslimbrüdern nahe standen, aber auch die Unterstützung salafistischer und jihadistischer Gruppen in Kauf nahm, lieferte Saudi-Arabien nun Geld und Waffen an Milizen, die nicht nur in Opposition zu al-Asad, sondern vermeintlich auch in Opposition zu den Jihadisten standen. Diesen Verbänden, hierzu gehörte insbesondere die Freie Syrische Armee, wurden nun leichte sowie panzerbrechende Waffen zur Verfügung gestellt. Zudem wollte man mit Jordanien, das ebenfalls ein Interesse an der Eindämmung der jihadistischen Gefahr hat, auch für die Ausbildung der Kämpfer sorgen.

Dass nicht alle Gruppen, die zunächst als anti-jihadistisch galten, tatsächlich so große Berührungsängste in Bezug auf die Jihadisten haben, zeigte sich schnell: Saudi-Arabien förderte zum Beispiel auch die im September 2013 gegründete Jaish al-Islam (Armee des Islams) unter Führung von Zahran ʿAllush, der im November 2013 den Zusammenschluss der Islamischen Front (IF) gründete, unter deren Flagge seitdem auch die «Armee des Islams» operiert. Teil der IF ist jedoch auch die Ahrar al-Sham (Freie Männer Syriens), die ein jihadistisches Profil hat und wiederum als Klient Qatars und wohl auch der Türkei gilt. Die Islamische Front kooperierte dann seit Jahresbeginn 2014 verstärkt mit der al-Nusra-Front, was deutlich macht, dass die Förderung islamistischer Gruppen ein Unterfangen bleibt, dessen Ergebnis und Konsequenz schwer absehbar sind. Zu verflochten, zu unvorhersehbar und auch zu kurzlebig sind derzeit die Koalitionen zwischen den Aufständischen in Syrien, als dass man Jihadisten von anderen Islamisten eindeutig trennen könnte. Gelegentlich laufen ganze Einheiten einer islamistischen Gruppe zu den Jihadisten über und umgekehrt. Auch die Freie Syrische Armee kooperiert teilweise mit der Islamischen Front und somit gegebenenfalls auch mit Jihadisten. Insofern ist die Strategie, ausschließlich «saubere» Milizen zu fördern, ein Spiel mit dem Feuer.

Nicht nur auf staatlicher Ebene wie in Saudi-Arabien und Qatar werden diverse oppositionelle Gruppen gefördert, es finden sich auch zahlreiche wohlhabende Privatpersonen aus der Golfregion, die ebenfalls verschiedene – oftmals salafistisch-jihadistische – Milizen in Syrien mitfinanzieren. Die Summe, die etwa kuwaitische Salafisten in der Vergangenheit dafür aufgebracht haben, soll mehrere Millionen US-Dollar betragen. Ihr Engagement begründen sie unter anderem damit, die Einzigen zu sein, die der weltweiten sunnitisch-muslimischen Gemeinschaft (*umma*) beistehen würden. Zudem gerieren sie sich explizit anti-schiitisch und legitimieren die Unterstützung der sunnitisch geprägten Milizen als Maßnahme zur Abwehr und Schwächung des schiitischen bzw. pro-iranischen Blocks, der sich aus ihrer Sicht aus Iran, Hizbullah, Schiiten im Irak, Kuwait, Jemen und Bahrain sowie dem Regime al-Asads zusammensetzt. Für ihre Unterstützung jihadistischer Gruppen ernteten die kuwaitischen Salafisten jedoch nicht nur Zustimmung. Selbst aus dem salafistischen Lager meldeten sich kritische Stimmen: Der aus Hama stammende Religionsgelehrte Shaikh ʿAdnan al-ʿArur, der seit der Niederschlagung des Aufstandes von 1982 in Saudi-Arabien lebt, kritisierte die beiden kuwaitischen Salafisten-Führer Shafi al-ʿAjmi und Hajjaj al-ʿAjmi dafür, dass ihre Unterstützung vor allem für Jabhat al-Nusra und ISIS die Einheit der sunnitischen Opposition in Syrien schwächen würde. Diese Position, die al-ʿArur in seiner TV-Show vertrat, entspricht dabei auch der offiziellen Linie seines Gastgeberlandes Saudi-Arabien, das die Freie Syrische Armee und die Islamische Front unterstützt.

Die Salafisten in Kuwait vertreten ebenfalls keine einheitliche Linie: Während einige Netzwerke der al-Nusra-Front oder auch ISIS/IS Hilfe zukommen lassen, lehnen viele puristische Salafisten dies ab. Sie gründeten den Rat der Unterstützer der syrischen Revolution (Majlis al-Daʿimin li-l-Thaura al-Suriya), der Gruppen unterstützen soll, die die al-Qaida-Ideologie ablehnen. Wie bereits im Fall Saudi-Arabiens zeigen sich aber auch hier Schwierigkeiten bei der klaren Trennung zwischen Jihadisten und Nicht-Jihadisten. So war der Rat, ebenso wie Saudi-Arabien und auch die kuwaitische Herrscherfamilie, an der Etablierung der «Armee des Islams» von Zahran ʿAllush beteiligt und soll diese Truppe, laut Aussage ʿAllushs, mit 470 000 US-Dollar gefördert haben.

Die Zustimmung zur Unterstützung der syrischen Rebellengruppen ließ jedoch in Kuwait in letzter Zeit nach. Zum einen zeigten sich schiitische Abgeordnete unzufrieden mit dem Verhalten der Regierung gegenüber den Salafisten, die ungehindert ihre anti-schiitische Propaganda verbreiten und Gelder für die Aufständischen sammeln konnten. Zudem wirkte ab 2013 die immer deutlichere Dominanz von Jabhat al-Nusra und ISIS in dem Konflikt abschreckend auf viele Kuwaiter. Als ein Resultat dieser politischen und gesellschaftlichen Lage verbot Kuwait im August 2013 die Ausstrahlung von Shafi al-ʿAjmis Fernsehsendung, da diese als zu anti-schiitisch empfunden wurde. Weitere Maßnahmen, etwa die Überwachung der Freitagspredigten, folgten. Zudem musste der Minister für religiöse Angelegenheiten, Nayif al-ʿAjmi, am 12. Mai 2014 seinen Rücktritt einreichen. Er war von David Cohen, Leiter der Abteilung Terrorismus- und Finanzaufklärung im US-Finanzministerium, beschuldigt worden, Jihadisten in Syrien zu unterstützen. Aber wie Zoltan Pall, der intensiv über die Salafisten in Kuwait geforscht hat, feststellte,[134] gelang es diesen trotz all der staatlichen Gegenmaßnahmen, Gelder zu sammeln und nach Syrien zu transferieren.

Die Gegner al-Asads 187

Neben den Golfstaaten ist die Türkei ein wichtiger Unterstützer des Aufstands gegen al-Asad. Die Interessen des NATO-Mitglieds in Syrien und die Haltung zum dortigen Konflikt unterscheiden sich in einigen Punkten wesentlich von den Sichtweisen der Golfstaaten. Anders als diese sieht die Türkei Syrien nicht als strategischen Spielball im Konflikt mit Iran. Die wirtschaftliche und politische Zusammenarbeit zwischen der Türkei und Iran wurde unter Ministerpräsident Recep Tayyip Erdogan bis zum Ausbruch der Revolte gegen al-Asad sogar intensiviert und ausgebaut, obwohl Rivalitäten bestehen blieben. Auch gegenüber al-Asad war Erdogan nicht, wie etwa Saudi-Arabien, feindlich eingestellt. Im Gegenteil: Erdogan und al-Asad verband persönliche Sympathie. 2008 hatte der türkische Ministerpräsident den syrischen Herrscher und dessen Frau Asma sogar zu gemeinsamen Urlaubstagen nach Bodrum eingeladen. Das harmonische Verhältnis beider Staatschefs änderte sich jedoch innerhalb kürzester Zeit dramatisch, und aus den Freunden wurden erbitterte Feinde. Zu Beginn der Proteste gegen al-Asad im Frühjahr 2011 hatte Erdogan noch die Hoffnung, er könne seinen Einfluss auf al-Asad nutzen, um eine politische Lösung zu erwirken. Doch al-Asad hatte kein Interesse an Zugeständnissen und an einem Einlenken, sondern setzte auf einen kompromisslosen Sieg. Sowohl die Türkei als auch das Emirat Qatar, mit dem Syrien gute Beziehungen pflegte, drängten al-Asad zu Reformen und dazu, die Restriktionen gegen islamistische Akteure wie die Muslimbrüder zurückzunehmen. Dies wurde von al-Asad jedoch nicht als Mediationsversuch, sondern als islamistische Verschwörung gegen ihn gewertet.

Die türkische Außenpolitik änderte sich nun zugunsten einer offenen und aktiven Unterstützung der Opposition. Am 23. August 2011 wurde beispielsweise in Istanbul das Oppositionsbündnis «Syrischer Nationalrat» (Syrian National Council; SNC) gegründet, das sich letztlich zwar als eher zahnloser Tiger erwies und im November 2012 in der Nationalen Koalition der syrischen Revolutions- und Oppositionskräfte aufging, zunächst aber durch die Anerkennung einiger UNO-Staaten und der Arabischen Liga als legitimer Vertreter des syrischen Volkes dennoch ein erstes starkes Signal nach Damaskus sendete. Im September 2011 warnte

Erdogan al-Asad dann, dass diejenigen, die ihr Volk unterdrückten, dies «nicht überleben» würden, die «Zeit der Autokratien» vorüber sei und die «Herrschaft des Volkes» bevorstehe. Damit war die Phase der guten nachbarschaftlichen Beziehungen, die Erdogan zuvor stets betont hatte, endgültig vorbei, und die Türkei bot nun auch der neu entstandenen Freien Syrischen Armee Unterstützung. Bereits die Gründung der FSA im Juli 2011 wurde in einem Flüchtlingscamp in der Provinz Antakya/Türkei verkündet. Die FSA nutzte die Türkei als Rückzugsraum, die Grenzen zwischen der Türkei und Syrien wurden nur lax kontrolliert, so dass Personen- und Waffentransporten Tür und Tor geöffnet waren.

Die Türkei unter Erdogan hatte im vergangenen Jahrzehnt ihren Einfluss in der arabischen Welt stetig ausbauen können. Insbesondere mit dem Ausbruch des Arabischen Frühlings orientierten sich nicht wenige Araber an dem Vorbild der damaligen Türkei, die sowohl wirtschaftliche Prosperität als auch die Vereinbarkeit von islamischem Konservatismus und Demokratie versprach. So gaben beispielsweise in einer Umfrage aus dem Jahr 2011 38 % der befragten Ägypter an, dass sie Erdogan als nächsten Präsidenten bevorzugten, 44 % sagten, dass sie sich für Ägypten ein politisches System nach dem Vorbild der Türkei wünschten. In diesem Kontext ist auch die Entscheidung Erdogans für die Unterstützung der Opposition zu sehen: Erdogan wollte dem positiven Bild «seiner» Türkei in weiten Teilen der arabischen Welt gerecht werden und sich als Hoffnungsträger einer neuen Generation präsentieren. Er wäre unglaubwürdig erschienen, hätte er dem gewaltsamen Vorgehen gegen die syrische Opposition tatenlos zugesehen. Durch die Militarisierung des Konflikts im Verlauf des Jahres 2011 war er zudem gezwungen, klar Stellung zu beziehen, da zum einen der militante Aufstand eine Positionierung der Türkei erwartete und zum anderen die ersten Flüchtlingsströme das Land erreichten. Dies wiederum war für Erdogan ein Zeichen der zunehmenden Instabilität des Nachbarlandes, was den türkischen Interessen in der Region zuwiderlief. Die Türkei wünschte sich eine friedliche Umgebung, mit der wirtschaftlicher Handel möglich ist, nicht eine, in der Chaos und Anarchie regieren. Mit hoher Wahrscheinlichkeit haben Erdogan und seine Berater die Tragweite der Entscheidung für die Unterstützung der syrischen Opposition, auch der militanten, nicht abgesehen. Vermutlich waren sie von einem recht zügigen Ende der Macht al-Asads ausgegangen, ähnlich wie es in Tunesien oder Ägypten der Fall gewesen war. Doch sie haben sich verkalkuliert und finden nun eine Situation vor, die insbesondere für die Türkei bedrohlich ist.

Zum einen stehen die radikalen Jihadisten von Jabhat al-Nusra und ISIS/IS nun direkt vor der türkischen Grenze und versuchen dort, ihren «Gottesstaat» zu errichten. Beide Gruppierungen sehen in Erdogan und seiner Partei, der AKP, keinen Verbündeten, sondern – insbesondere aufgrund der NATO-Mitgliedschaft – einen Verräter und Abtrünnigen, der mit dem Westen kooperiert. Sollten sich die Jihadisten fest verankern, wäre daher auch die innere Sicherheit der Türkei massiv bedroht. Zudem konnten im Verlauf des Konflikts die syrischen Kurden immer mehr Unabhängigkeit gewinnen. Diese Entwicklung läuft dem eigentlichen Plan der Türkei zuwider. Sie hatte zunächst auf den Syrischen Nationalrat gebaut, der sehr stark die islamisch-arabische Identität Syriens betonte und die Kurden marginalisierte. Damit hatte sie auf das falsche Pferd gesetzt: Nicht nur die gemäßigten Vertreter der Kurden, etwa der Kurdische Nationalrat, sondern auch der syrische Verbündete der Arbeiterpartei Kurdistans (PKK), die Partei der Demokratischen Union (PYD), gingen gestärkt aus dem Konflikt mit al-Asad hervor. Die PKK konnte von dieser Situation profitieren und nutzte von der PYD kontrolliertes Territorium als Rückzugsgebiet. Dies schlug sich in einer Eskalation des Konflikts mit dem türkischen Staat 2012 nieder, so dass sich die Staatsführung Ende 2012 entschloss, mit dem inhaftierten PKK-Führer Abdullah Öcalan in Verhandlungen über einen Waffenstillstand einzutreten. Tatsächlich wurde dieser im März 2013 durch Öcalan verkündet. Erdogan hatte bereits seit längerer Zeit ein Interesse an der Lösung des Kurden-Konflikts erkennen lassen, doch nun war diese Frage drängender als je zuvor geworden. Nicht nur in Syrien, sondern auch im Irak sind die Kurden derzeit machtvoll wie noch nie. Die Türkei registriert diese Entwicklung natürlich mit äußerster Aufmerksamkeit und wird versuchen, die für sie bestmögliche Lösung auf dem eigenen Territorium zu erzielen.

Ausblick: Jihad vor den Toren Europas

Der Aufstand gegen das Regime al-Asad war zu Beginn keinesfalls islamistisch motiviert. Die Gründe für die ersten Proteste, zunächst im Februar 2011 in Damaskus und dann ab März 2013 in Daraʿa und weiteren Städten wie Hama und Homs, waren äußerst vielschichtig und ließen sowohl Unzufriedenheit über ökonomische Aspekte als auch über das Gebaren staatlicher Repräsentanten und die begrenzten politischen Freiheiten erkennen. Wie auch in Ägypten oder in Tunesien waren die Islamisten nicht die eigentlichen Auslöser und Stützen der Proteste gegen das Regime, vielmehr wurden sie von diesen selbst überrascht. Sie setzten sich gewissermaßen erst anschließend auf die Proteste und saugten sich voll mit der Energie, die diese entfesselt hatten. Islamisten haben den Aufstand also nicht ausgelöst, aber sie waren in der Lage, ihn recht schnell zu dominieren, was historisch zum einen mit der langen Tradition des islamistischen Widerstands gegen das Baʿth-Regime in Syrien sowie zum anderen mit dem Krieg im benachbarten Irak seit 2003 erklärbar ist. So wäre die Entstehung von al-Qaida im Irak (AQI) ohne den Sturz Saddam Husains nur schwer denkbar gewesen. Ohne den aus AQI entstandenen «Islamischen Staat im Irak» (ISI) hätte es wiederum keine al-Nusra-Front als einstigen syrischen Arm von ISI und weder den «Islamischen Staat in Irak und Syrien» noch den grenzenlosen «Islamischen Staat» gegeben. Der Irakkrieg ab 2003 führte also zur Ausbreitung jihadistischer Organisationen im Irak, die dann wiederum in Syrien aktiv wurden und dort als erfahrene Kämpfer zunächst vom lokalen Widerstand begrüßt wurden. Andersherum ermöglichte das temporäre Ausweichen der irakischen Milizen nach Syrien und das dadurch bedingte materielle und personelle Anwachsen von ISIS/IS die Eroberung großer Gebiete im Irak seit Jahresbeginn 2014.

Der syrische Bürgerkrieg hat in der Geschichte des Jihadismus eine Phase fortgeführt, die bereits mit dem Arabischen Frühling ab 2011 eingeleitet wurde: die Erosion des Einflusses und der Autorität von Kern-al-Qaida in der jihadistischen Szene, die sich zugleich immer mehr lokal fokussiert ausrichtete und diversifizierte. In den Ländern, die von den Protesten der Zivilgesellschaft ab 2011 erfasst wurden, nutzten Jihadisten die neu entstandenen politischen Freiräume, um sich organisatorisch neu aufzustellen, und schufen neue Strukturen und Netzwerke. Durch die zahlreichen Freilassungen von Jihadisten aus den Gefängnissen Tunesiens, Libyens und Ägyptens traten zudem zahlreiche Autoritäten wieder in Erscheinung, die eine lokale Machtbasis, abseits der trägen Strukturen al-Qaidas, aufbauen konnten. Ansar al-Sharia (Unterstützer der Scharia) in Tunesien oder auch Ansar al-Sharia in Libyen teilen mit al-Qaida zwar die Ideologie, und sicherlich gibt es auch viele Querverbindungen, sowohl personeller als auch logistischer Art, doch sind beide Organisationen, wie auch viele andere jihadistische Netzwerke und Vereinigungen, nicht offiziell in die al-Qaida-Strukturen eingebettet, sondern agieren mehr oder weniger unabhängig von diesen. So haben deren Anführer etwa keinen Treueeid auf den Führer der Kern-al-Qaida al-Zawahiri geleistet, den sie oft zwar schätzen, aber nicht als ihren Befehlshaber (*amir*) anerkennen.

Durch den Konflikt zwischen Jabhat al-Nusra und dem Islamischen Staat hat al-Zawahiri weiter an Einfluss verloren. Hilflos und aus der Ferne kommend wirken seine Versuche, eine Einigung zwischen den beiden Organisationen, die sich beide auf das Erbe von al-Qaida und Bin Ladin berufen, zu erzielen. Zwar hatten in der Vergangenheit die regionalen al-Qaida-Führer al-Jaulani und al-Baghdadi gegenüber al-Zawahiri den Treueeid geleistet bzw. diesen als *amir* anerkannt. Doch wenn dieser seinen Führungsanspruch nicht umsetzen kann, bleibt er ein zahnloser Tiger. Abu Bakr al-Baghdadi hingegen hat die Autorität al-Zawahiris herausgefordert und sich von diesem gänzlich emanzipiert. Spätestens mit der Einnahme bedeutender Landesteile des Irak im Juni 2014 hat er zudem seine reelle Macht demonstriert.

Die Erosion des Einflusses von Kern-al-Qaida ist also keineswegs gleichbedeutend mit einem Machtverlust der Jihadisten oder sogar mit einem beginnenden Ende des Jihadismus. Die Strukturen verändern sich, und ebenso die Anführer der Bewegung. Auch mag es heute mehr Richtungsstreitigkeiten geben als noch in den letzten Jahren. Doch der Jihadismus bleibt bestehen, und seine Strukturen sind heute so stark wie nie zuvor: Der Islamische Staat, die Nusra-Front und andere Gruppen verfügen mittlerweile über Zehntausende Mitglieder und gut gefüllte Waffendepots.

Zum ersten Mal in der Geschichte des Jihadismus konnten jihadistische Gruppierungen sich in diesem Umfang schwere Waffen, wie etwa Panzer und Haubitzen, aneignen und auch einsetzen. Jabhat al-Nusra und IS haben zudem diverse militärische Basen zur Ausbildung der eigenen Kämpfer eingerichtet. Sie haben ganze Territorien im Irak und in Syrien unter ihre Kontrolle gebracht, was ihnen beträchtliche Einkünfte sichert, etwa aus dem Verkauf von Öl und Gas von den Feldern in den syrischen Regionen al-Hasaka und Dair al-Zaur oder im irakischen Baiji.[135]

In den eroberten Gebieten in Syrien und Irak unternehmen die Milizen massive Anstrengungen, diese langfristig zu halten, und bauen hierzu staatliche Strukturen auf, wie etwa Gerichte, Polizeiwachen, Waisenhäuser und Schulen. Die Jihadisten haben dabei erkannt, dass sie nur so lange stark sein werden, wie sie einen relevanten Teil der Bevölkerung für ihr Projekt gewinnen können. Dies tun sie nicht ausschließlich durch Waffengewalt, sondern indem sie soziale und andere staatliche Dienstleistungen bereitstellen. Auch IS hat in diesem Sinne während der vergangenen Monate dazugelernt und versucht, sich die Sympathien der Bevölkerung zu erkaufen. Wichtige Impulse für diese Strategie kamen von den Ansar al-Sharia-Netzwerken in Tunesien und Libyen sowie aus der Schrift «Die Verwaltung der Barbarei» des Jihad-Strategen Abu Bakr Naji. Daneben übt IS natürlich auch massiven Druck auf Zivilisten aus und etabliert so sein Schreckensregime weiter.

Die Jihadisten sind also gekommen, um zu bleiben. Ihre Gesinnungsgenossen in den umliegenden Staaten, etwa in Jordanien

Ausblick: Jihad vor den Toren Europas

Im Laufe der Konflikte in Syrien und Irak gelang es ISIS/IS, der al-Nusra-Front und anderen Rebellengruppen, große Mengen an leichten und schweren Waffen zu erbeuten. Das Foto zeigt IS-Kämpfer mit Panzern während einer Militärparade in al-Raqqa (Syrien) am 30. Juni 2014 anlässlich der Feierlichkeiten zur Ausrufung des Kalifats.

und Libanon, wittern nun ebenfalls Morgenluft. Es steht daher zu befürchten, dass sie sich weiter ausbreiten und noch stärker werden könnten. So ist bereits jetzt ein Korridor von Libyen über den Nordsinai nach Jordanien bis hin nach Syrien und Irak erkennbar, in dem Jihadisten erheblichen Einfluss gewinnen konnten und über den Nachschubwege organisiert werden.

Vor nun fast zwanzig Jahren, 1995, trat in Barcelona die euromediterrane Konferenz der Außenminister der EU und der Partnerländer aus dem Mittelmeerraum zusammen. Auf diesem Treffen wurde die sogenannte Euro-Mediterrane Partnerschaft, nach dem Tagungsort auch als «Barcelona-Prozess» bezeichnet, ins Leben gerufen, die insbesondere die Wirtschaftsbeziehungen, aber auch die kulturellen und sozialen Beziehungen zwischen den EU-Staaten und den Ländern des südlichen Mittelmeerraums vertiefen und regeln sollte. Teil des Barcelona-Prozesses war auch Syrien, mit dem ein Assoziationsabkommen mit der EU geschlossen werden sollte, das jedoch seitens Syriens nach jahrelangen Verhandlungen letztlich nicht unterschrieben wurde. Das Ringen um das Abkommen spiegelt die Bedeutung Syriens als Mittelmeer-Anrainer für die EU wider und somit auch die geopolitische Bedeutung, die dem Land für Europa zukommt. Gleiches gilt für die anderen mediterranen Staaten wie Tunesien oder Libyen. Die dort stattfindenden Konflikte, die eine transnationale Dimension aufweisen und zum Teil auch in Verbindung mit dem Krieg in Syrien stehen – etwa durch das große Kontingent von Tunesiern in jihadistischen Milizen in Syrien –, gilt es aufmerksam zu verfolgen, um mögliche Gefahren, die sich hieraus für Europa ergeben, frühzeitig zu erkennen.

Darauf wies etwa Charles Farr hin, der Generaldirektor des britischen Büros für Sicherheit und Terrorismusabwehr, der über Europäer, die in Syrien aufseiten von Jihadisten kämpfen, sagte:

Sie sind uns viel näher, ihre Zahl ist weitaus größer und sie kämpfen mit einer Intensität, die wir zuvor nicht kannten. Gruppen in Syrien streben Angriffe auf Europa an und haben beides: sowohl die Fähigkeit als auch die Mittel, dies zu tun – nach Europa zurückkehrende ausländische Kämpfer eingeschlossen.[136]

Auch weisen Analysten auf die Gefahr hin, die von Syrien ausgehen könnte, sollten Jihadisten Syrien oder den benachbarten Irak als dauerhafte und sichere Basis für Operationen nutzen, die dann auch Ziele in Europa betreffen könnten. Bisher boten sogenannte *failed states* (gescheiterte Staaten), also Staaten mit stark eingeschränkter bis fehlender Staatlichkeit wie Jemen oder Afghanistan und Pakistan, terroristischen Gruppen durch das nicht vorhandene staatliche Gewaltmonopol einen sicheren Rückzugsraum. Diese Staaten befanden sich weit entfernt von Europa, und die Reisemöglichkeiten für Jihadisten aus europäischen Ländern in diese Gebiete oder von diesen Gebieten nach Europa unterliegen erheblichen Schwierigkeiten und Sicherheitsrisiken. Die Teilnahme am Jihad in diesen Ländern erforderte also vormals intensive logistische Vorbereitungen. Zunächst galt es, Kontakte zu den lokalen Organisationen vor Ort aufzunehmen, was oft nur über Mittelsmänner erfolgen konnte. Weiterhin musste die Reise über viele Zwischenstationen geplant und durchgeführt werden, wobei der

Ausblick: Jihad vor den Toren Europas

Reisepass eine wichtige Voraussetzung hierfür war. Entzogen die Sicherheitsbehörden den Ausreisewilligen ihren Pass, war bereits eine schwer zu bewältigende Hürde für die Jihad-Anwärter geschaffen. Die Reise nach Syrien hingegen gestaltet sich über den Reiseweg Türkei als ungleich einfacher. Die syrisch-türkische Grenze ist ein leicht zu überwindendes Einfallstor von Europa in den «Jihad» und andersherum, das europäische Jihadisten bereits eifrig nutzen.

Es sind überwiegend junge Männer, aber zum Teil auch Frauen, die von Deutschland und anderen Ländern aus den Weg ins Kampfgebiet suchen. Das Phänomen der «Auswanderung» zum sogenannten Jihad existiert zwar schon länger: So gab es bereits Einzelfälle von Jihad-Reisenden aus Europa infolge des Irakkrieges ab 2003, dann ab etwa 2005 eine zunehmende Anzahl von Europäern, die sich in das Kriegsgebiet Afghanistan–Pakistan aufmachten, um sich dort jihadistischen Organisationen anzuschließen. Doch hat es in der Geschichte des deutschen Jihadismus noch nie eine derart massive Ausreise innerhalb von nur etwa zwei Jahren gegeben. Über 400 Personen sollen zwischen 2012 und Mitte 2014 allein aus Deutschland nach Syrien gereist sein, wobei dies die offiziell festgestellten Zahlen sind und eine möglicherweise existierende Dunkelziffer dabei noch nicht miteingerechnet ist. Zum Vergleich: Von den beginnenden 1990er Jahren bis 2010 sollen es «lediglich» 200 Personen gewesen sein, bei denen konkrete Hinweise dafür vorlagen, dass sie eine paramilitärische Ausbildung in einem jihadistischen Trainingslager absolvierten.

Was sind neben der geographischen Lage Syriens die Gründe, weshalb einige Jugendliche glauben, der vermeintlichen Pflicht des Jihads dort nachkommen zu müssen? Zum einen hat sich der Salafismus, und damit auch seine jihadistische Ausprägung, in Deutschland in den letzten Jahren immer mehr ausgebreitet und viele neue Anhänger gefunden. Auch wenn der überwiegende Teil der Salafisten nicht gewaltorientiert ist, so rekrutieren sich die Jihad-Touristen doch immer wieder aus dieser Szene. Wichtige jihadistische Schriften wurden ab den 2000er Jahren ins Deutsche übersetzt und verbreitet, was die heutige Mobilisierung gefördert hat. Weiterhin ist es durch die sozialen Netzwerke für terroristische Gruppierungen wesentlich einfacher geworden, ihre Propagandaerzeugnisse weltweit und in vielen Sprachen zu verbreiten und so teilweise fast in Echtzeit von geführten Schlachten und sonstigen Entwicklungen vor Ort zu berichten. Attraktiv waren auch die zunächst noch überschaubaren Fronten: der Sunniten mordende Diktator Bashar al-Asad auf der einen und die gottgefälligen, gerechten Mujahidin, die für die Schwachen und Unterdrückten eintreten, auf der anderen Seite – das ist die Wahrnehmung des Konflikts bei nicht wenigen Jugendlichen in Deutschland, die zudem der Meinung sind, dass die Welt wegschaue und sie daher die Muslime vor Ort unterstützen müssten. Im Laufe des Konflikts traten weitere Motive, wie die Aussicht auf die Wiederrichtung des Kalifats, hinzu.

Der Syrienkrieg mag vielen Deutschen fern erscheinen, und doch wird er Teile einer Generation in Deutschland beeinflussen: junge Menschen, die tatsächlich dort gekämpft haben, ebenso wie jene, die sie in Deutschland zurückließen – ihre Verwandten, Freunde und Bekannten. Der Krieg wird aber auch jene prägen, die sich durch Unterstützerleistungen von Deutschland aus in das Geschehen einbringen oder die Propagandavideos der Jihadisten vor Ort konsumieren. Für einen Teil der Jugendlichen in Europa könnte der syrische Bürgerkrieg ähnlich bestimmend werden, wie es der Spanische Bürgerkrieg für manche linksorientierten jungen Menschen in den 1930er Jahren war, auch wenn die damalige Mobilisierung quantitativ viel bedeutender war.

Diejenigen, die an der Front waren, überlebt haben und anschließend in ihre Heimatländer zurückkehren, werden eine besondere Herausforderung für ihre Heimatgesellschaften darstellen. Diese richtet sich zum einen an die Sicherheitsbehörden, deren schwierige Aufgabe es sein wird, diejenigen Rückkehrer zu identifizieren, die eine Gefahr darstellen könnten. Es ist aber auch für das soziale Umfeld der Rückkehrer sowie für weitere Teile der Zivilgesellschaft, etwa für Träger sozialer Arbeit, erforderlich, Rückkehrern, die von dem Erlebten schockiert sind, eine Re-Integration und eine Bewältigung des Kriegs-Traumas zu ermöglichen, damit sie auch langfristig nicht zur Gefahr für sich und andere werden.

Der Jihad ist vor den Toren Europas angekommen: geogra-

Ausblick: Jihad vor den Toren Europas

phisch und durch die massive Beteiligung europäischer Kämpfer. Die personellen Zuwächse der Jihadisten in den letzten Jahren, ihre Gebietsgewinne, die Eroberungen von Einkommensquellen und von schweren Waffen schufen eine Situation, die so vor wenigen Jahren nicht denkbar gewesen wäre. Der Nahe und Mittlere Osten gleitet zunehmend ins Chaos: Sunnitische Jihadisten kämpfen gegen Khomeinisten, Kurden versuchen, die Situation zum weiteren Ausbau ihrer Autonomie in Syrien und im Irak zu nutzen, gewählte Herrscher und Diktatoren versagen gleichermaßen darin, einen wirtschaftlichen und sozialen Ausgleich zwischen allen Bevölkerungsgruppen und Schichten zu erreichen, und nicht zuletzt verfolgen sowohl die Großmächte USA und Russland als auch die Regionalmächte, insbesondere Iran und die Golfstaaten, aber auch die Türkei, ihre jeweils eigenen Interessen, indem sie ihnen wohlgesinnte Politiker und auch Milizen unterstützen.

Ein bekanntes Zitat, das unter anderem Mark Twain zugeschrieben wird, besagt: «Prognosen sind schwierig, besonders wenn sie die Zukunft betreffen.»

Dennoch lässt sich wohl eine Prognose wagen: Das, was als Rebellion gegen Bashar al-Asad begann, sich zum bewaffneten Aufstand und schließlich zum Bürgerkrieg mit regionaler Beteiligung entwickelte, wird das ethnische, religiöse, soziale, wirtschaftliche und politische Gefüge des Nahen und Mittleren Ostens langfristig und schwerwiegend verändern. Die Geschehnisse in Syrien und im Irak dürfen dabei nicht isoliert betrachtet werden, denn die Jihadisten verfügen mittlerweile über ein verlässliches Netz, das sich insbesondere von Tunesien über Libyen, Ägypten, Jordanien bis nach Syrien und Irak erstreckt, aber auch darüber hinaus international gut verankert ist. Europa, die USA und die Mächte der Region des Nahen und Mittleren Ostens sollten sich darüber klar sein, dass sie gemeinsam Wege der Zusammenarbeit finden müssen, um ein weiteres Erstarken der Jihadisten, ein weiteres Anwachsen der Zahl von Vertriebenen und Geflüchteten sowie ein zunehmendes Abgleiten der Region in Gewalt und Anarchie zu verhindern. Dazu gehört unabdingbar auch, wirtschaftliche Prosperität, Rechtsstaatlichkeit, soziale Sicherheit und politische Teilhabe zu fördern und zu fordern.

Zeittafel

8. März 1963	Staatsstreich durch eine Gruppe von Offizieren und Beginn der Herrschaft der Baʿth-Partei
Februar 1964	In der Stadt Baniyas kommt es zu Straßenschlachten zwischen religiös-konservativen und pro-Baʿth Studenten. Das Bürgertum wird immer unzufriedener mit der Wirtschaftspolitik. Als Folge findet der erste Händlerstreik in Homs statt. Die Anführer des Streiks werden verhaftet.
April 1964	Aufstand von Hama, der mit Demonstrationen und einem Händlerstreik endet. Eine Gruppe um Marwan Hadid sieht die Chance zum militärisch geführten Aufstand. Die ersten bewaffneten Aufstände von Islamisten beginnen. Als Reaktion erlässt das Regime den Militärbefehl Nr. 67, der die Zerstörung eines jeden Hauses vorsieht, aus dem heraus geschossen wird. Hadid wird nach der Niederschlagung des Aufstands verhaftet.
1968	Marwan Hadid und seine Anhänger werden in Lagern der palästinensischen al-Fatah in Jordanien militärisch ausgebildet.
16. November 1970	Ein Baʿth-interner Militärputsch bringt Hafiz al-Asad endgültig die Macht. Ein Jahr später wird er Staatspräsident.
1970	Die Wahl des neuen Generalinspekteurs der syrischen Muslimbruderschaft wird vom amtierenden Generalinspekteur ʿIsam al-ʿAttar (seit 1964 im Exil) und anderen gemäßigten Muslimbrüdern boykottiert. Die Radikalen wählen Abu Ghudda.
1975	Erneute Wahl zur Führung der Muslimbruderschaft: Der zum radikalen Flügel gehörende ʿAdnan Saad al-Din setzt sich gegen den gemäßigten Kandidaten Hasan Huwaidi durch. Der radikale Flügel hat damit vorübergehend seine Macht gefestigt.

Zeittafel

Ab Mitte der 1970er Jahre	Unzufriedenheit der Arbeiter mit der Wirtschafts- und Sozialpolitik al-Asads sowie mit zunehmender Korruption. Die Arbeitskämpfe nehmen zu.
1973	Marwan Hadid gründet die al-Tali'a al-Muqatila li-Hizb Allah (Die kämpfende Avantgarde der Partei Gottes), die später in «Organisation der kämpfenden Avantgarde der Muslimbrüder» umbenannt wird.
31. Mai/1. Juni 1976	Syrien marschiert mit Bodentruppen in den Libanon ein, wo im Frühjahr 1975 ein Bürgerkrieg begonnen hat. Syrien greift jedoch nicht aufseiten der Palästinenser ein, sondern unterstützt christliche, mit Israel verbündete Milizen, was syrische Aktivisten, sowohl aus dem nationalistischen und dem linken als auch aus dem islamistischen Lager als Verrat am palästinensischen Widerstand auffassen.
Ab Frühjahr 1976	Regimefeindliche Demonstrationen und Bombenattentate erschüttern Damaskus und andere Städte Syriens. Das Regime antwortet mit Gewalt und Repression gegen jeden, der Freiheiten oder Reformen einfordert. Die Gefängnisse füllen sich mit politischen Gefangenen aus allen Lagern. Die Opposition greift verstärkt zu den Waffen, um das Regime zu stürzen.
1976	Marwan Hadid wird verhaftet und stirbt im Gefängnis. Mit seinem Tod beginnt der großflächige bewaffnete Aufstand der Islamisten in einem Klima der politischen Gewalt.
2. Februar 1982	In Hama beginnt ein massiver Aufstand gegen Hafiz al-Asad und das Ba'th-Regime. Das Militär legt große Teile der Stadt in Schutt und Asche. Zwischen 10 000 und 40 000 Menschen kommen um, ein Großteil von ihnen Zivilisten. Nach der Niederschlagung des Aufstands fliehen zahlreiche Islamisten ins Exil. Etwa dreißig Jahre dauert es, bis die islamistische Opposition erneut einen Aufstand wagt.
1982 bis 1989	Radikale Islamisten aus Syrien und anderen arabischen Ländern nehmen am ersten Afghanistankrieg (1979–1989) teil. Hier bilden sich transnationale Netzwerke der Jihadisten. Jüngere Personen wie Abu Mus'ab al-Zarqawi gehen erst gegen Ende des ersten Afghanistankrieges oder zu Beginn der 1990er Jahre nach Afghanistan.
1990er Jahre	Viele Jihadisten, darunter auch Abu Mus'ab al-Suri, halten sich in Europa auf und vernetzen sich zunehmend.
Ab 1996	Nach der Machtübernahme der Taliban 1996 und

Zeittafel

	der Ansiedlung von al-Qaida in Afghanistan zieht es viele Jihadisten, darunter al-Suri und al-Zarqawi, zurück an den Hindukusch. Dort bleiben sie bis zur Vertreibung der Taliban Ende 2001.
März 2003	Irak-Invasion durch die USA, Großbritannien und weitere Koalitionäre. Sturz Saddam Husains.
Oktober 2004	Abu Mus'ab al-Zarqawi gründet die «Basis des Jihads im Zweistromland» (Qa'idat al-Jihad fi Bilad al-Rafidain; al-Qaida im Irak).
Januar 2006	Al-Qaida im Irak gründet den Mujahidin-Rat, einen Dachverband verschiedener Gruppen des sunnitischen Widerstands gegen die Besatzungstruppen.
7. Juni 2006	Al-Zarqawi wird getötet. Sein Nachfolger wird Abu 'Umar al-Baghdadi.
Oktober 2006	Abu 'Umar al-Baghdadi gründet den Islamischen Staat im Irak (ISI).
18. April 2010	Abu 'Umar al-Baghdadi wird getötet. Nachfolger wird Ibrahim 'Awwad Ibrahim 'Ali al-Badri al-Samarra'i alias Abu Bakr al-Baghdadi.
Anfang 2011	Erste Demonstrationen in Syrien im Zuge des Arabischen Frühlings.
Ab März 2011	Ausbreitung der Proteste vom südlich gelegenen Dara'a in andere Landesteile. Bashar al-Asad reagiert mit Gewalt gegen die zunächst friedlichen Demonstrationen. Im Verlauf des Jahres 2011 kommt es als Reaktion hierauf zur Militarisierung der Opposition.
Januar 2012	Abu Muhammad al-Jaulani gibt die Gründung der Unterstützungsfront (Jabhat al-Nusra) bekannt.
11. Dezember 2012	Die USA stufen Jabhat al-Nusra als Terrororganisation ein.
April 2013	Namensänderung von ISI zu «Islamischer Staat in Irak und Syrien» (ISIS). Abu Muhammad al-Jaulani legt einen Treueeid gegenüber Aiman al-Zawahiri ab und unterstreicht so, dass er sich nur gegenüber dem Führer der al-Qaida verpflichtet fühlt. Al-Baghdadi, der in al-Jaulani seinen Stellvertreter in Syrien sieht, betrachtet ihn fortan als Verräter.
Ende 2013/Anfang 2014	Kämpfe zwischen al-Nusra-Front und ISIS brechen immer offener aus. Al-Zawahiri ruft beide Seiten zur Besonnenheit auf.
17. April 2014	ISIS veröffentlicht eine Rede seines Sprechers Abu Muhammad al-'Adnani, in der al-Zawahiri und der Führungsriege von al-Qaida ein Abweichen vom Pfad Bin Ladins vorgeworfen wird.

Zeittafel

11. Mai 2014	ISIS veröffentlicht eine weitere Ansprache Abu Muhammad al-ʿAdnanis, die einen heftigen Affront gegen al-Zawahiri und al-Qaida darstellt und den Führungsanspruch al-Qaidas über den globalen Jihad herausfordert.
9. Juni 2014:	ISIS nimmt Mosul sowie weitere wichtige Gebiete im Irak ein.
29. Juni 2014	Ausrufung des Kalifats durch ISIS. Die Organisation nennt sich nun nur noch «Islamischer Staat» (IS). Abu Bakr al-Baghdadi nennt sich fortan «Kalif Ibrahim».
4. Juli 2014	«Kalif Ibrahim» hält seine erste Freitagspredigt im Rahmen seines neuen «Amtes» im irakischen Mosul. Einen Tag später veröffentlicht IS ein Video mit dieser Ansprache.
8. August 2014	Die USA führen erste Luftschläge gegen IS durch.
14. August 2014	Rücktritt des irakischen Premierministers Nuri al-Maliki. Haidar al-Abadi wird Nachfolger.
19. August 2014	IS veröffentlicht ein Video, in dem der US-Journalist James Foley zunächst lebendig und anschließend enthauptet gezeigt wird.
24. August 2014	IS nimmt die Luftwaffenbasis Tabqa in der Provinz al-Raqqa ein.
27. August 2014	Jabhat al-Nusra und andere islamistische Rebellengruppen geben die Einnahme des syrisch-israelischen Grenzübergangs Quneitra bekannt und nehmen 45 UN-Blauhelmsoldaten gefangen.
31. August 2014	Unterstützt von US-Luftangriffen gelingt es Einheiten der irakischen Armee und radikalen schiitischen Milizen, den Belagerungsring des IS um die nordirakische Stadt Amirli zu durchbrechen.
2. September 2014	IS veröffentlicht ein Video, in dem der US-Journalist Steven Sotloff vorgeführt und anschließend seine enhauptete Leiche gezeigt wird.
9. September 2014	Bei einem Anschlag kommt die Führungsriege der Ahrar al-Sham ums Leben. Zwar wird IS der Tat bezichtigt, doch übernimmt die Organisation nicht die Verantwortung.
20. September 2014	Die Türkei erreicht die Freilassung der 49 von IS in Mosul gefangen gehaltenen Geiseln (46 Türken und 3 Iraker). Im Gegenzug werden inhaftierte IS-Mitglieder aus der Haft entlassen.
23. September 2014	Die USA beginnen mit Unterstützung regionaler Partner (z. B. Saudi-Arabien und VAE) Luftschläge gegen Stellungen des IS in Syrien.

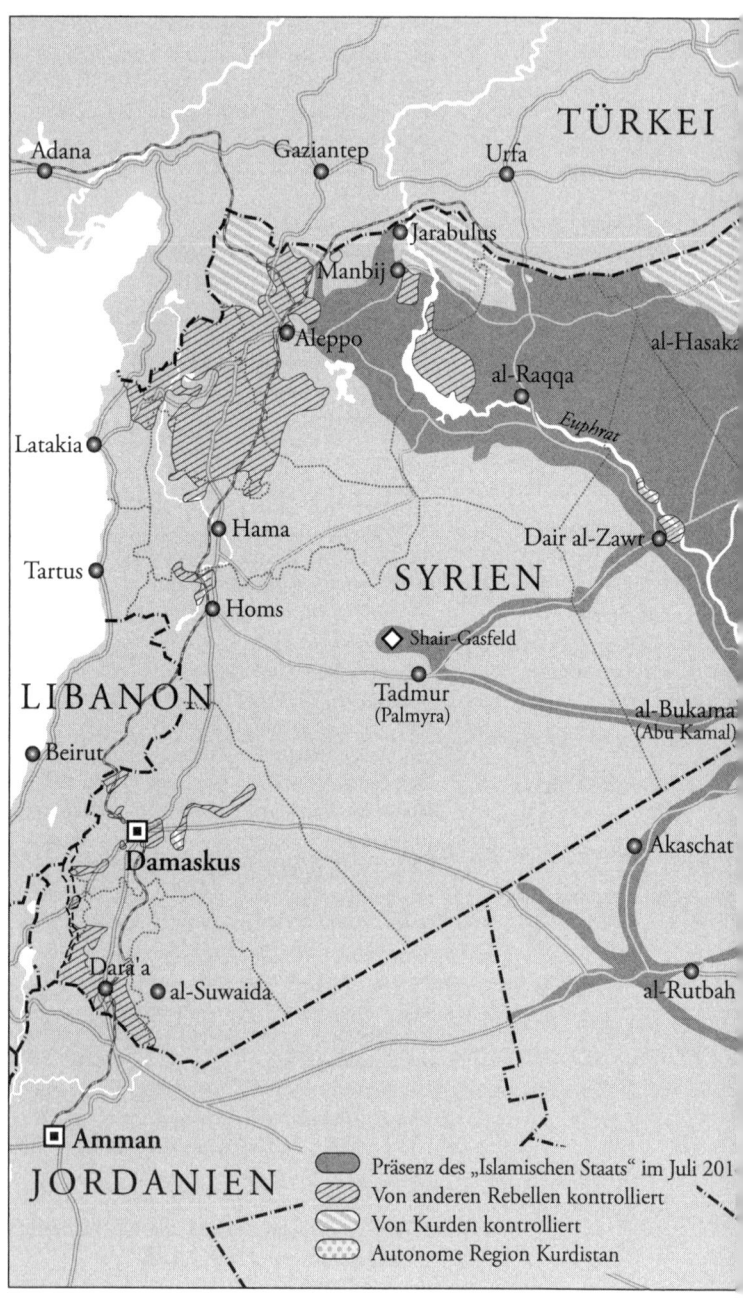

Anmerkungen

1 Mit der Ausrufung des «Kalifats» änderte die Miliz ihren Namen zudem in Islamischer Staat.
2 In: Weismann 1993, S. 606.
3 Zu Qutb siehe beispielsweise Calvert 2010.
4 Al Yadaʿ und Yarrar 1978.
5 Lia 2007, S. 38; Sivan 1985, S. 45 u. 114.
6 Lobmeyer 1995, S. 114, Fußnote 10, und ders., S. 148–152. Lobmeyer bezeichnet die Bataillone Muhammads als «vulgärislamistisch», da die Gruppierung sich zwar islamistisch artikulierte, jedoch keine ausdifferenzierte Ideologie formulierte oder konkrete politische Ziele verfolgte. Lobmeyer zufolge wurden die Bataillone nicht 1965, sondern 1964 gegründet.
7 Lobmeyer 1995, S. 114.
8 Lobmeyer 1995, S. 260.
9 Hierzu s. Lobmeyer 1995. Zur Frage der Instrumentalisierung von Religion in der Außenpolitik Saddam Husains, insbesondere gegenüber Iran, vgl. z. B. die kurze Darstellung bei Helfont 2014.
10 Lobmeyer 1995, S. 262.
11 Die Bedeutung dieses Verses erschließt sich nicht ohne weiteres. Das verwendete Wort *warid* (Halsschlagader) findet sich in Koran 50:16: «Wir schufen einst den Menschen und wissen ganz genau, was seine Seele ihm einzuflüstern sucht: Denn *wir* sind ihm viel näher als seine Halsschlagader» (Übersetzung Bobzin 2010). Gemeint sein könnte, dass der Tag der Schlacht früher kommen könnte, als man denkt, und dass man dann den Koran geehrt haben sollte, um in das Paradies zu gelangen, da es nach dem Tod keine Möglichkeit zur Reue mehr gebe.
12 Die Taktik, gegen Regierungseinrichtungen, insbesondere Nachrichtendienstgebäude, mittels Autobomben vorzugehen, setzten islamistisch motivierte Aufständische übrigens 31 Jahre später fort. So wurden am 17. März 2012 bei zwei Anschlägen 27 Menschen getötet. Die Autobomben waren vor der Geheimdienstzentrale der Luftwaffe und vor dem Hauptquartier der Kriminalpolizei explodiert.
13 Die umfangreichste Biographie stammt von Brnyjar Lia. Dieser hat die ihm zur Verfügung stehenden Primär- und Sekundärquellen umfassend

Anmerkungen 205

ausgewertet und dazu das Buch «Architect of Global Jihad – The Life of Al Qaeda Strategist Abu Musʾab al-Suri» (London 2007) veröffentlicht. Dem Leser, der sich näher für die Thematik interessiert, sei daher Lias Werk ans Herz gelegt.

14 Al-Suri kritisierte etwa die in den späten 1990er Jahren begonnene Medienkampagne des Usama Bin Ladin, die er als Gast der Taliban von Afghanistan aus startete, was dem Taliban-Staat schadete, da dieser nun weltweit als Hort des Terrorismus in Verruf kam und ihn in den Fokus der USA brachte.

15 Yvonne Ridley (13.08.2010), *Interview with the wife of Abu Musʿab al-Suri*, Cageprisoners.com.

16 Dies ist die Bezeichnung für den Irak, da dort Tigris und Euphrat fließen.

17 Siehe hierzu die Studie von Don Rassler und Vahid Brown (14.07.2011).

18 Eine Differenz betraf etwa die Haltung gegenüber dem Taliban-Regime, dessen begeisterter Anhänger al-Suri war, während al-Zarqawi diesem eher kritisch gegenüberstand. Bereits damals zeigte sich die Neigung al-Zarqawis, andere Muslime, und seien sie auch noch so streng in ihrer Glaubensauffassung, als «Ungläubige» zu brandmarken, also den *takfir* (Exkommunizierung) auszusprechen. So bezichtigte al-Zarqawi etwa den Taliban-Gouverneur von Jalalabad des Unglaubens. Vgl. Lia 2007, S. 269.

19 Die eigentliche Zahl der Einzeldokumente belief sich auf fast 700 Papiere. Doch waren darunter auch Dubletten und Blankopapiere. Nach einer Bereinigung durch Joseph Felter und Brian Fishman vom «Combating Terrorism Center» blieben noch 606 Dokumente übrig.

20 595 Dokumente der *Sinjar Records* enthielten die Nationalität der Kämpfer. 244 hiervon waren Saudi-Araber.

21 Die Auswertung von Felter und Fishman über die *Sinjar-Records* macht über die genannte Stadt «Dair» keine weiteren Angaben. Es könnte sein, dass dies als Kurzbezeichnung für Dair al-Zaur in den Papieren verwendet wurde. Dies würde bedeuten, dass die 11,4 % Syrer, die laut *Sinjar-Records* aus «Dair» stammen, den 34,3 % aus Dair al-Zaur stammenden Kämpfern hinzugerechnet werden müssen.

22 Für eine ausführlichere Beschreibung der Auswirkungen des Arabischen Frühlings auf den Jihadismus vgl. Said 2013 und Jones 2014.

23 Mit Kern-al-Qaida ist die Mutterorganisation von al-Qaida um Usama Bin Ladin und Aiman al-Zawahiri gemeint, aus der sich später Regionalableger entwickelt haben.

24 Jones 2014, S. xi.

25 Hierzu vgl. Zelin 2013.

26 Mufti bezeichnet eine Person, die islamische Rechtsgutachten (fatwa, pl. fatawa) erlässt.

27 Dies ist bei weitem nicht allein das Ziel der al-Qaida, sondern eher gemeinsame Marschroute mit anderen sunnitischen Islamisten wie der

Hizb al-Tahrir. ISIS ist also al-Qaida sowie auch anderen Organisationen mit der Ausrufung des Kalifats am 29. Juni 2014 zuvorgekommen und hat damit al-Qaida deren Langzeitziel streitig gemacht (s. Kapitel «Al Qaida oder ISIS – wer errichtet das Kalifat?»).
28 Dies sind die ersten Verse aus der offiziellen ISIS-Hymne «Meine Gemeinde: Die Morgendämmerung ist bereits angebrochen».
29 Arabischer Titel: *Shahada li-haqn dima' al-mujahidin bi-l-Sham.*
30 Abu Hamza al-Muhajir ist ein weiterer *nom de guerre* von Abu Ayyub al-Masri, einem Ägypter, der bereits in seinem Heimatland mit al-Zawahiri in Verbindung stand und vermutlich Mitglied von dessen Organisation Islamischer Jihad war.
31 In einigen Berichten und Studien wird Abu Hamza al-Muhajir als de facto-Anführer von ISI benannt. Auch wenn die Strukturen der Führung von ISI letztlich wohl nie ganz geklärt werden können, was auch in der Natur einer klandestinen Organisation liegt, so zeigen Verlautbarungen der jihadistischen Szene selbst, wie etwa die Meldung al-Qaidas zum Tod der beiden Anführer von ISI vom 26. April 2010, dass Abu ʿUmar al-Baghdadi zumindest offiziell der *amir* war und al-Muhajir stets «Kriegsminister», wie er auch Verbindungsmann zu Kern-al-Qaida war.
32 Das arabische Akronym für ISIS lautet *Daʿish*.
33 Hieraus ergibt sich das in Medien und anderen Publikationen zuweilen zu lesende Akronym ISIG statt ISIS.
34 Gesehen von einer Position im Hijaz in Richtung aufgehender Sonne, also Osten.
35 Diese Praxis wird von ISIS selbst dokumentiert, etwa in dem Ende Mai 2014 erschienenen Video «Die beste Gemeinschaft» (*Khair Umma*), das von der ISIS-Medienstelle al-Furqan herausgebracht wurde.
36 Arabisch: *al-amr bi-l-maʿruf wa-l-nahy ʿan al-munkar*. Dieses *hisba* genannte Konzept geht zurück auf Koran 3:104 und 3:110. Zur *hisba* allgemein vgl. Cook 2000 und zur hanbalitischen Lesart bis hin zu Ibn ʿAbd al-Wahhab ebd., 114–192.
37 Siehe hierfür etwa das al-Furqan-Video «Die beste Gemeinschaft».
38 Arabischer Titel: *Baqiya fi l-ʿIraq wa-l-Sham.*
39 Tweet, übersetzt aus dem Arabischen, des Accounts @KtaibAlahrar (Ahrar al-Sham) mit mehr als 18 000 Followern. Der Tweet bezieht sich auf den mittelalterlichen Islam-Gelehrten Ibn Taimiyya (gest. 1328), auf dessen Fatwa gegen die Nusairier (Alawiten) sich Islamisten in Syrien oft berufen. Der Tweet wurde am 30. Mai 2014 veröffentlicht, also zu einer Zeit, als die Kämpfe zwischen verschiedenen Rebellengruppen, darunter JaN und ISIS, insbesondere in Dair al-Zaur, aber auch anderen Teilen Syriens besonders heftig tobten. ISIS wurde vonseiten der islamistischen Rebellen vorgeworfen, die Mujahidin zu bekämpfen statt des Regimes der alawitischen al-Asads.
40 Jones 2014, S. 28.
41 In der Gründungserklärung der IF (*Mithaq al-Jabha al-Islamiyya*) vom

Anmerkungen 207

22.11.2013 werden folgende Gruppen als konstituierende Mitglieder benannt: Ahrar al-Sham, Suqur al-Sham, Ansar al-Sham, Jaish al-Islam, Liwa al-Tauhid sowie Liwa al-Haqq. Weiterhin gehört die Kurdisch-Islamische Front zu den Gründungsmitgliedern, die jedoch nicht zu den Erstunterzeichnern zählt. Weitere Kampfverbände schlossen sich in den Wochen und Monaten nach der Gründung von IF der Dachorganisation an.

42 Lister (Mai 2014).
43 Auch die algerische Armee war jedoch an diversen Massakern an der Zivilbevölkerung beteiligt.
44 «Rede das Shaikh Zahran ʿAllush, Anführer der Islamischen Armee über die Gruppe ISIS» (*Khitab al-shaikh Zahran ʿAllush qaʾid Jaish al-Islam haula fasil daʿish*).
45 Arabischer Titel: *Ma kana hadha manhajana wa-lan yakun.*
46 Arabischer Titel: *Shahada li-haqn dimaʾ al-mujahidin bi-l-Sham.*
47 Arabischer Titel: *ʿUdhran amir al-Qaʿida.*
48 Gartenstein-Ross 21.4.2014. Aufgrund der in dem Interview geäußerten Kritik an ISIS sollte das Interview vermutlich nicht oder nicht zum damaligen Zeitpunkt veröffentlicht werden, da wahrscheinlich noch Hoffnungen auf eine Wiedereingliederung von ISIS in das al-Qaida-Netzwerk bestanden. Zu dem Interview vgl. auch Joscelyn 21.4.2014.
49 Lia 2007, 187.
50 Arabischer Titel: *Risala ila ahl al-jihad wa-muhibbihi.*
51 «Erklärung zum ‹Islamischen Staat in Irak und Syrien› und die verpflichtende Position ihm gegenüber» (*Bayan hal ‹al-Daula al-Islamiyya fi l-ʿIraq wa-l-Sham› wa-l-mauqif al-wajib tajahaha*).
52 Schriftliches Interview mit Joas Wagemakers vom 29. Mai 2014.
53 Schriftliches Interview mit Joas Wagemakers vom 29. Mai 2014.
54 «Hadha baʿd ma ʿindi wa lais kullhu», 1.7.2014, *tawhed.ws.*
55 Schriftliches Interview mit Joas Wagemakers vom 29. Mai 2014.
56 Alle Zahlen gemäß Stand Juni 2014.
57 Milton et al. (Juni 2014).
58 Jaish al-Mujahidin existiert seit 2004 und ist somit eine der ältesten sunnitisch geprägten Aufstandsmilizen im Irak, die nach dem Einmarsch der USA entstanden waren. Die Gruppe war für diverse Angriffe auf US-Truppen verantwortlich. Sie ist nun Teil des Aufstands gegen die Regierung al-Maliki.
59 So etwa beim «Hawidscha-Massaker» nahe Kirkuk, bei dem irakische Truppen gegen Protestierende brutal vorgingen und dabei mindestens 50 Zivilisten, andere Schätzungen sprechen von 300, töteten.
60 Der Irak ist einer der wichtigsten Handelspartner Irans. Das Handelsvolumen zwischen beiden Ländern war 2013 auf mehr als 12 Milliarden US-$ angewachsen.
61 Hierzu s. Gartenstein-Ross und Magen (18.7.2014).
62 Für eine erste Übersicht zum Spanischen Bürgerkrieg siehe Collado Seidel 2010.

63 Zu den ausländischen Kämpfern siehe Malet 2013.
64 Zelin/Kohlmann/al-Khouri Juni 2013, S. 2.
65 Ebd., S. 1.
66 Zelin gibt in seiner Studie vom 17.12.2013 die Zahl von 11 000 *foreign fighters* an. Lister schätzt die Zahl in seinem im Mai 2014 veröffentlichten Bericht auf 7000–10 000 Kämpfer, und zuletzt veröffentlichte Barret im Juni 2014 eine Studie, in der er von 12 000 Ausländern ausgeht, die sich in den letzten drei Jahren am Syrienkrieg beteiligt haben.
67 Zelin 2.4.2013.
68 Zelin 17.12.2013.
69 Zelin 5.12.2013.
70 Zelin (5.12.2013) schätzte deren Zahl auf 3000 bis 5000 Personen
71 Von den Jihadisten wird die AAH verhöhnend als ʿAsaʾib Ahl al-Batil (Liga der Leute des Trugs) bezeichnet. Zur AAH s. Wyer (2012).
72 Hierzu vgl. Köpfer 2014.
73 Die Dokumentation stammt aus der Reihe «Wild Germany» und trägt den Titel «Islamistischer Rap».
74 «Von Deso Dogg zu Abou Maleeq», *Dajjal Televison*, Oktober 2010.
75 Video: «Abu Talha al-Almani ‹Mein Treueeid an den Islamischen Staat›» (April 2014).
76 Video: «Abu Talha al-Almani ‹Mein Treueeid an den Islamischen Staat›».
77 Interview mit Claudia Dantschke am 18.6.2014.
78 Interview mit Claudia Dantschke am 18.6.2014.
79 Video: «Pierre Vogel Interview mit Deso Dogg» (2010).
80 Bei Abu Abdullah und Abu Dujana handelt es sich um Aliasnamen.
81 Schmidt 2012, S. 127.
82 Interview mit Claudia Dantschke am 18.6.2014.
83 Die korrekte Umschrift müsste *dar al-kufr* oder *daru l-kufr* lauten.
84 Natürlich gilt in Saudi-Arabien auf den meisten Rechtsgebieten islamisches Recht, doch kritisieren die Jihadisten, dass die Scharia nicht überall, etwa in der Außenpolitik, angewendet wird, und nicht so, wie sie es für richtig halten. Ihre Kritik gilt aber hauptsächlich der saudischen Königsfamilie, der sie unislamisches Verhalten vorwerfen. So paktiere diese mit den «Ungläubigen», gemeint sind sowohl Staaten der westlichen Welt als auch sogenannte «Apostaten-Regime» der muslimischen Länder. Auch unternehme Saudi-Arabien keine ausreichenden Bemühungen, um Palästina zu «befreien». Weiterhin zeige die Königsfamilie durch ihr Verhalten (Korruption, ausschweifendes Leben etc.), dass sie keine wahren Muslime seien, wie sie auch das Volk um die Einnahmen aus dem Ölverkauf brächten.
85 Arabischer Titel: *al-Kawashif al-jaliyya fi kufr al-daula al-saʿudiyya*.
86 Schriftliches Interview mit Joas Wagemakers vom 29. Mai 2014.
87 Es handelt sich hier um Mahmouds eigene Übersetzung des vierten Verses der 60. Koransure. In der Übersetzung von Hartmut Bobzin (2010) heißt es hier: «Wir wollen nichts von euch wissen. Offenkundig wurden

Feindschaft und Hass zwischen uns und euch für immer, bis ihr einzig und allein an Gott glaubt.»
88 Video: «Unter meinen Füssen – Die Staatsbürgerschaft der Kreuzzügler».
89 Interview mit Claudia Dantschke am 18.6.2014.
90 Interview mit Claudia Dantschke am 18.6.2014.
91 Diese und die folgenden Angaben sind dem Video «Abdul Adhim – Stellungnahme zu den Ausschreitungen in Bonn» entnommen.
92 Der Namenszusatz al-Sulami bezeichnet einen dem Stamm der Saulaim Zugehörigen, dessen Territorium im Gebiet des Hijaz (heute Teil von Saudi-Arabien) lag. In der späteren islamischen Geschichte trugen daher diverse Persönlichkeiten den Zunamen al-Sulami.
Es ist möglich, dass sich al-Sulami hier auf den Damaszener ʿAli Ibn Tahir al-Sulami (wahrsch. gest. 1106) bezieht. Über ihn ist recht wenig bekannt, doch gilt er als einer der ersten Prediger, die zum Jihad gegen die Kreuzfahrer nach dem ersten Kreuzzug aufrufen. Er warnte dabei beständig vor der Gefahr der christlichen Eroberung und vor der Vernachlässigung des Jihads als Glaubenspflicht. Heutige Jihadisten begreifen sich ebenfalls in einem Krieg gegen die «neuen Kreuzzügler» und sind der Meinung, dass westliche Staaten nur deshalb wirtschaftlich und militärisch überlegen sind, weil die Pflicht zum Jihad in Vergessenheit geraten sei. Daher scheint es durchaus möglich, dass diese historische Person Vorbild für den Namen al-Sulami gewesen sein könnte.
93 Teilweise wird die Organisation auch als Jund al-Sham (Armee Syriens) bezeichnet. Für weitere Informationen zur Jund al-Sham und zu Tschetschenen im Syrienkonflikt vgl. Steinberg 2014.
94 Die beschriebene Position Cusperts gegenüber der Freien Syrischen Armee (FSA), die er hier als eher verbündet beschreibt, steht im Widerspruch zu seiner vehementen Ablehnung der FSA, die er in dem am 8. Dezember 2013 veröffentlichten Video «A Special Interview with the Brother Mujahid Abu Talha al-Almani» äußerte. Die FSA, so Cuspert, befürworte die Demokratie, weshalb er sich ihr auch nicht angeschlossen habe.
95 Laut Bundesverwaltungsamt kann ein Deutscher, gemäß § 26 Staatsangehörigkeitsgesetz, seine Staatsangehörigkeit abgeben. Dies muss jedoch in schriftlicher Form geschehen. Zudem muss der Antragssteller eine weitere Staatsangehörigkeit besitzen, um nicht staatenlos zu werden. Rechtswirksam wird der Verzicht nach Antrag auch nur, wenn die zuständige Behörde den Antrag genehmigt und eine Urkunde an den Antragsteller ausgehändigt wird. Bei Cuspert liegen die Voraussetzungen für den Verzicht auf die Staatsangehörigkeit also allesamt nicht vor.
96 Schmidt 2012, S. 131.
97 *inna al-jihad ka-l-tair lahu janahan yartafiʿ bi-hima jinah al-ansar wa-jinah al-muhajirin.*

98 http://hijra-shaam.die-botschaft.net/wahre-geschichten-aus-sham-5/
99 Boitiaux, Charlotte (12.02.2014). «Confessions of a French jihadist in Syria.» *France24.com*.
100 Es handelt sich hierbei um ein virtuelles Netzwerk, das über eine Facebook-Seite und eine Internetseite nach außen kommuniziert. Allerdings ist anzunehmen, dass sich die Betreiber auch aus dem nicht-virtuellen Raum kennen. Es gibt zudem weitere Abteilungen der Medienorganisation al-Ghuraba, die auf Arabisch, Niederländisch, Albanisch und Französisch publizieren.
101 Hier waren auch weitere *ijazas* für Mahmoud zu finden, die von bekannteren und unbekannteren jihadistischen «Gelehrten» stammten, u. a. Abu Saʿad al-ʿAmili, ʿUmar al-Haddushi und al-Hasan al-Kattani. Teilweise waren die Lehrerlaubnisse, denen eigentlich in der islamischen Gelehrsamkeit eine sehr hohe Stellung zukommt, auf kleine Notizzettel geschrieben. Da Mahmoud unmöglich tatsächlich bei all den genannten «Gelehrten» gelernt haben kann (einige von ihnen wie al-Kattani verbüßen auch Haftstrafen), scheint die *ijaza*-Sammlung eher Ausdruck der Hilfestellung für Mahmoud zu sein, als dass sie tatsächliche Aussagen über dessen Stufe der Gelehrsamkeit trifft.
102 Auf Arabisch wird das Wort Shaikh allgemein als Ehrenbezeichnung für ältere Männer oder sonstige angesehene Personen verwendet. Es kann aber auch das Oberhaupt eines Stammes bezeichnen. Im religiösen Sprachgebrauch ist damit eine Person gemeint, die über ein außerordentlich hohes Wissen in Angelegenheiten des Islams verfügt.
103 Carter et al. 2014.
104 Der Titel lautet «Abu Abdullah – Benefizveranstaltung vom 21.4.2013 Hamburg».
105 Im englischsprachigen Raum hat sich aus der Soziologie dafür der Begriff des *framing* (einen Rahmen geben) eingebürgert.
106 Auf diese Prophezeiung bezieht sich der Name der JaN-Medienstelle «Das weiße Minarett».
107 Zu den eschatologischen Traditionen vgl. Cook 2002.
108 Einige grammatikalische Fehler, die dem Sprecher unterlaufen sind, wurden hier zum besseren Verständnis verbessert. Weiterhin wurde auf die Wiedergabe von Segensformeln nach der Nennung Gottes, Muhammads oder Jesus' verzichtet.
109 Bashar al-Asad ist selbst noch keine 60 Jahre alt. Er wurde 1965 geboren und ist erst seit 2000 Präsident Syriens. Hier steht Bashar stellvertretend für seinen Vater Hafiz al-Asad, der jedoch auch erst 1970 Premier und 1971 Präsident wurde.
110 Gemeint ist ein Auszug aus Koran 8:72. Ungewöhnlich ist die Ausdrucksweise «in den letzten Seiten». Dies nicht nur aufgrund der unpassenden Präposition «in», sondern weil Koranstellen üblicherweise mit Sure und Vers angegeben werden und nicht mit der ungefähren Position des Textes auf einer Seite. «Abu Abdullah» zitiert hier vor der deutschen

Übersetzung den arabischen Originaltext, den ich an dieser Stelle jedoch nicht wiedergebe, da die meisten Leser hiermit weniger anfangen können als mit der freien Übersetzung durch «Abu Abdullah».
111 In Boston detonierten während des dort stattfindenden Marathons am 15. April 2013 Sprengsätze. Drei Menschen wurden dabei getötet.
112 Hier bezieht sich «Abu Abdullah» auf Koran 3:169. Diesen Vers zitiert er an dieser Stelle auf Arabisch und übersetzt ihn teilweise auch ins Deutsche.
113 Koranbelegstellen 7:137, 17:1, 21:70–71, 21:81 und 34:18.
114 Abu Qatada al-Filastini, in: Blattmann 2013, S. 480.
115 Abu Qatada al-Filastini, in: Blattmann 2013, S. 481.
116 Vgl. Filiu 2011 und Cook 2005.
117 Video «Und Allah ist der Versorger».
118 Report Mainz 17.9.2013.
119 Report Mainz 17.9.2013.
120 In Presseberichten war zum Teil fälschlicherweise auch von Marco G. die Rede.
121 Vgl. zur Geschichte von David G. «Allgäuer Gotteskrieger stirbt in Syrien.» *Kontrovers* (BR), 19.02.2014.
122 Das arabische Wort, das im Deutschen zumeist mit «Märtyrer» übersetzt wird, lautet *shahid*, Pl. *shuhadaʾ*. Das Wort leitet sich von der Wurzel *sh-h-d* ab, was als Verbalstamm die Bedeutung von «Zeugnis ablegen» besitzt. Ein *shahid* ist daher zunächst ein «Zeuge». Es bieten sich mehrere Erklärungen an, weshalb gerade das Wort *shahid* in der islamischen Tradition die Bedeutung des Märtyrers angenommen hat. Beeinflusst wurde diese semantische Auflading wohl durch das syrische Wort *sahda*. Mit diesem Wort wurde das christliche Konzept des Martyriums in die syrische Bibel (Peschitta) übersetzt. Zudem ist der *shahid* jemand, der mit seinem Leben Zeugnis für seinen Glauben abgelegt hat. Andere Überlegungen besagen, dass der Märtyrer am Tag des Jüngsten Gerichtes Zeugnis bei Gott für oder gegen andere Menschen ablegen darf und dass dies der Zusammenhang mit dem Wort *shahid* sei. Für eine ausführliche Besprechung hierzu vgl. Cook 2007, S. 12–30 sowie Kohlberg, Art. «Shahīd».
123 Malik ibn Anas ibn Malik ibn Abī ʿAmir al-Asbahi (gest. 795), Muḥammad ibn Idris al-Shafʿi (gest. 820) und Ahmad ibn Hanbal (gest. 855) waren jeweils Namensgeber für drei der vier großen sunnitischen Rechtsschulen der Malikiten, Schafiiten und Hanbaliten (die vierte Schule sind die Hanafiten).
124 Das «Buch des Jihads» von Ibn al-Nahhas gilt als eines der einflussreichsten in der jihadistischen Szene. Turki al-Binʿali behauptet in der von ihm verfassten Kurzbiographie des ISIS-Sprechers al-ʿAdnani, dass dieser Ibn al-Nahhas Buch «mehr als dreimal» gelesen habe.
125 «Nederlandse oud-militair traint jihadisten.» *Nieuwsuur*, 26.1.2014.
126 Bakker 2013, S. 4–5.

127 Dieses Durchschnittsalter gibt Richard Barret in seiner Studie vom Juni 2014 an. Das Alter bezieht sich jedoch auf die Gesamtheit der ausländischen Kämpfer in Syrien. Von Land zu Land kann das Durchschnittsalter deutlich abweichen. Die französische Stiftung CPDSI etwa kam zu dem Ergebnis, dass die meisten französischen Jihad-Reisenden zwischen 18 und 21 Jahre alt seien, damit wären sie deutlich jünger als der von Barret ermittelte Durchschnitt.

128 Die entsprechenden Paragraphen sind 89a, 89b und 91 StGB. Der Paragraf 89a («Vorbereitung einer schweren staatsgefährdenden Gewalttat») rief zum Teil Kritik hervor, da einige Fachleute der Meinung sind, er setze zu weit im Vorfeld von Straftaten an und kriminalisiere etwa den Besuch bestimmter Internetseiten. Der Bundesgerichtshof bestätigte diese Sicht in einer Entscheidung vom 9. Mai 2014 und mahnte zu einer zurückhaltenden Auslegung des Paragrafen. Vgl. Janisch 9.5.2014.

129 Hierzu vgl. Bakker Dezember 2013.

130 Associated Press, 25.05.2014.

131 Arabischer Titel: *Ghazwat al-sifara al-iraniyya fi Bairut*.

132 Für eine detaillierte Studie des Konfliktes s. Schaefer (2010). Eine ausführliche Geschichte der Tschetschenen findet sich in dem Werk von Jaimoukha (2005).

133 Zur Haltung Saudi-Arabiens und Qatars vgl. Steinberg April 2014.

134 Zoltan (Mai 2014).

135 Jeremy Weinstein gibt jedoch zu bedenken, dass die Kontrolle über Ressourcen für Rebellengruppen auch eine Art Fluch sein kann, da durch die Möglichkeit der Verteilung von Einkommensquellen Opportunisten angezogen werden. Dies führe zu einem Disziplinverlust, was mit einem Rückgang der Unterstützung aus der Bevölkerung einherginge. Auch kann ein interner Verteilungskrieg die Miliz schwächen. Vgl. Weinstein 2007.

136 In: Bakker (Dezember 2013), S. 20.

Literaturhinweise

Vorwort und Einleitung:

Edlinger, Fritz und Tyma Kraitt (Hrsg.) (2013). *Syrien. Hintergründe, Analysen, Berichte*. Wien.
Hokayam, Emile (2013). *Syria's Uprising and the Fracturing of the Levant*. Oxon.
Nuspliger, Nikolaus (27.1.2014). «Besorgnis über europäische Syrien-Kämpfer». *Neue Zürcher Zeitung*, S. 6.
Tretbar, Christian und Christopher Ziedler (25.1.2014). «Trip zur Radikalisierung». *Tagesspiegel*, Berlin, S. A2.

1. Syrien und das lange Gedächtnis des Jihads

Amnesty International (1983). *Syria, an amnesty international Briefing*. London.
Brisard, Jean-Charles (2005). *Zarqawi. The New Face of al-Qaeda*. New York.
Calvert, John (2010). *Sayyid Qutb and the Origins of Radical Islamism*. London.
Edlinger, Fritz und Tyma Kraitt (Hrsg.) (2013). *Syrien. Hintergründe, Analysen, Berichte*. Wien.
Felter, Joseph und Brian Fishman (2007). *Al-Qaʿidas Foreign Fighters in Iraq. A First Look at the Sinjar Records*. Combating Terrorism Center, US Military Academy West Point, New York.
Hassan, Hassan (4.3.2014). «A jihadist blueprint for hearts and minds is gaining traction in Syria». *The National*, Abu Dhabi.
Helfont, Samuel (2014). «Saddam and the Islamists: The Baʿthist Regime's Instrumentalization of Religion in Foreign Affairs». *Middle East Journal*, 68:3, S. 352–366.
Hokayam, Emile (2013). *Syria's Uprising and the Fracturing of the Levant*. Oxon.
Jadaʿ, Ahmad ʿAbd al-Latif al- und Husni Adham Jarrar (1978). *Shuʿaraʾ al-daʿwa al-islamiyya*. Band 5. Beirut (9 Bde.).
Jones, Setg G. (2014). *A Persistant Threat. The Evolution of al Qaʿida and Other Salafi Jihadists*. RAND, National Defense Research Institute, Washington (u. a.).
Khatib, Line (2011). *Islamic Revivalism in Syria. The rise and fall of Baʿthist secularism*. New York.

Levèvre, Raphaël (2013). *Ashes of Hama. The Muslim Brotherhood in Syria*, New York.
Lobmeyer, Hans Günter (1995). *Opposition und Widerstand in Syrien*. Hamburg.
Lia, Brynjar (2007). *Architect of Global Jihad. The Life of Al Qaeda Strategist Abu Musʿab al-Suri*. London.
Neumann, Peter (2014). «Suspects into Collaborators: Assad and the Jihadists», London Review of Books (36:7), S. 19–21.
Rassler, Don und Vahid Brown (14.7.2011). *The Haqqani Nexus and the Evolution of al-Qaʿida*. Combating Terrorism Center at West Point.
Rubin, Michael (2010). «Syria's Path to Islamist Terror». Middle East Quarterly, S. 27–37.
Said, Behnam (2013). «Djihadismus nach dem Arabischen Frühling und das Vermittlungsangebot Muhammad al-Zawahiris». *Zeitschrift für Außen- und Sicherheitspolitik* 6:3, S. 429–452.
Sivan, Emmanuel (1985). *Radical Islam. Medieval Theology and Modern Politics*. New Haven/London.
Wagemakers, Joas (2012). *A Quietist Jihadi. The Ideology and Influence of Abu Muhammad al-Maqdisi*. New York.
Weismann, Itzchak (1993). «Saʿid Hawwa: the making of a radical Muslim thinker in modern Syria». *Middle Eastern Studies* 29:4, S. 601–623.
Zelin, Aaron (2013). «Missionare des Jihads in Libyen und Tunesien». In *Salafismus. Auf der Suche nach dem wahren Islam*, Behnam T. Said und Hazim Fouad (Hrsg.), Freiburg, S. 320–349.

2. Der zweite syrische Jihad und der Irak

ʿAli, ʿAbdullah Sulaiman (9.2.2014). «Abu Mariya al-Qahtani: min shurti lada Brimir ila mutazzaʿim li-‹al-Nusra›». *as-Safir Newspaper* (Onlineausgabe: *assafir.com*).
al-Hayat (14.2.2014). «‹Abu Qatada› yuayyidu tafjirat Lubnan: difaʿ ʿan al-nafs». (Onlineausgabe: *alhayat.com*).
al-Quds al-Arabi (2.7.2014). «‹Daʿish› tuhkim saitaratha ʿala madina al-Bukamal al-suriyya al-hududiyya maʿa al-ʿIraq». *al-Quds al-Arabi*, S. 5.
Barfi, Barak und Aaron Y. Zelin (10.10.2013). «Al Qaeda's Syrian Strategy». *Foreign Policy*.
Barret, Richard (Juni 2014). *Foreign Fighters in Syria*. The Soufan Group. New York.
Binmahdi, Hasan (29.5.2014). «al-ʿaidun min Suriya masdar qalaq fi l-Maghrib». *Magharebia.com*.
Bergen, Peter L. (2003). *Heiliger Krieg Inc. Osama bin Ladens Terrornetz*. Berlin.
Boitiaux, Charlotte (12.2.2014). «Confessions of a French jihadist in Syria». *France24.com*.
Bosworth, C. E. (1997). «al-Shām», The Encyclopaedia of Islam – New Edition, Vol. IX, S. 261 f. Leiden.

Literaturhinweise

Brauns, Nick (28.3.2014). «Kobani unter Belagerung». *Junge Welt*, S. 6.

Cole, Juan (14.6.2014). «Enter the Ayatollah: Sistani calls on Iraqis to enlist in Fight against ‹Terrorists›». *Juancole.com*.

Cook, Michael (2000). *Commanding Right and Forbidding Wrong in Islamic Thought*. New York.

Collado Seidel, Carlos (2010). *Der Spanische Bürgerkrieg: Geschichte eines europäischen Konflikts*. 2., durchges. und aktualis. Auflage. München.

Ehrhardt, Christoph (3.8.2012). «Syrischer Jungbrunnen». *Frankfurter Allgemeine Zeitung*, S. 8.

Fishman, Brian (2006). «After Zarqawi; The Dilemmas and Future of Al Qaeda in Iraq». *The Washington Quarterly* 29:4, S. 19–32.

Fürtig, Henner (2004). *Kleine Geschichte des Irak*. München.

Gartenstein-Ross, Daveed (21.4.2014). Guest Post: «Ayman al-Zawahiri on Jihadist Infighting and the Islamic State of Iraq and al-Sham». *Jihadology.net*.

Gartenstein-Ross, Daveed und Amichai Magen (18.7.2014). «The jihadist governance dilemma». *The Washington Post* (hier Onlineausgabe: *washingtonpost.com*).

Heras, Nicholas A. (Oktober 2013). «The Battle for Syria's Al-Hasakah Province». *CTC Sentinel* 6:10, S. 22–25.

Heras, Nicholas A. (16.5.2014). «Iraqi Shia's Milita Asa'ib Ahl al-Haq Expends Operations to Syria». *Terrorism Monitor* XII:10, S. 4 f.

Joscelyn, Thomas (21.4.2014). «Zawahiri discusses infighting in Syria, opposition to Egyptian Government». *Longworjournal.org*.

Landis, Joshua (4.1.2014). «The Battle between ISIS and Syria's Rebel Militias». *Joshualandis.com/blog/battle-isis-syrias-rebel-militas*.

Landis, Joshua (15.12.2014). «Zahran Alloush: His Ideology and Beliefs». *Joshualandis.com/blog/zahran-alloush*.

Lewis, Paul, Spencer Ackerman und Saeed Kamali (16.6.2014). «Iraq Crisis: US willing to work with Iran but officials play down military talk». *The Guardian* (hier Onlineausgabe: *theguardian.com*).

Lister, Charles (Mai 2014). *Dynamic Stalemate: Surveying Syria's Military Landscape*. Brookings Doha Center, Doha.

Luck, Taylor (11.6.2014). «Jailed Al Qaeda leader set for release amid ‹death threats›». *The Jordanian Times* (hier: Onlineausgabe: *jordantimes.com*).

Malet, David (2013). *Foreign Fighters: Transnational Identity in Civil Conflicts*. Oxford u. a.

Milton, Daniel, Bryan Price und Muhammad al-ʿUbaydi (Juni 2014). «The Islamic State in Iraq and the Levant: More than Just a June Surprise». *CTC Sentinel* 7:6, S. 1–4.

Peterson, Scott (13.6.2014). «Iraq turmoil has one winner: the Kurds». *csmonitor.com*.

Rabasa, Angel et al. (2006). Beyond al-Qaeda. / Part 1, The Global Jihadist Movement. Rand Corporation. Santa Monica.

Shishani, Murad Batal al- (22.11.2012). «Jihad in Syria: A Profile of Jabhat al-Nusra». *Terrorism Monitor* X:22, S. 4–6.

Smyth, Phillip und Nicholas A. Heras (7.6.2014). «The Hezbollah Cavalcade: Iran's Important Weapon in the Middle East». *Fairobserver.com*.

Smyth, Phillip (August 2013). «From Karabala to Sayyida Zaynab: Iraqi Fighters in Syria's Shiʿa Militias». *CTC Sentinel* 6:8, S. 28–32.

Stock, Jonathan (28.4.2014). «Tanja, 36, Guerillera». *Der Spiegel*, Nr. 18.

Svensson, Birgit (16.1.2013). «Ist die Arabellion im Zweistromland angekommen?». *qantara.de*.

United Nations Security Council (27.1.2014). *Report of the Secretary-General on Children and Armed Conflict in the Syrian Arab Republic*.

Vice News (Januar 2014). *Syria. Al-Qaeda's New Home* (Video-Reportage).

Westall, Sylvia (3.7.2014). «Islamic State seizes oil field and towns in Syria's east.» *Reuters*.

Wright, Lawrence (2008). *Der Tod wird euch finden. Al-Qaida und der Weg zum 11. September*. München.

Wyer, Sam (2012). «The Resurgence of Asaʾib Ahl Al-Haq». *Middle East Security Report 7*, Washington.

Zelin, Aaron (2.4.2013). «European Foreign Fighters in Syria». *ICSR Insight*. (Onlinepublikation: *icsr.info*)

Zelin, Aaron Y., Evan F. Kohlmann und Laith al-Khouri (Juni 2013). *Convoy of Martyrs in the Levant. A Joint Study Charting the Evolving Role of Sunni Foreign Fighters in the Armed Uprising Against the Assad Regime in Syria*. Flashpoint Partners. Online abrufbar unter *flashpoint-intel.com*.

Zelin, Aaron (5.12.2013). «Who are the Foreign Fighters in Syria?». Interview mit Aaron Zelin, durchgeführt von Aaron Lund. *The Washington Institute* (Online publiziert: *washingtoninstitute.com*).

Zelin, Aaron (17.12.2013). «Up to 11,000 foreign fighters in Syria; steep rise among Western Europeans». *ICSR Insight*.

Zelin, Aaron (Juni 2014). «The War between ISIS and al-Qaeda for Supremacy of the Global Jihadist Movement». *Research Notes*. Washington.

3. Deutsche im syrischen Jihad

Bakker, Edwin (Dezember 2013). *Dealing with European Foreign Fighters in Syria: Governance Challenges & Legal Implications*. ICCT Research Paper. The Hague.

Bakker, Edwin (2011). «Characteristics of Jihadi Terrorists in Europe (2001–2009)». In: Rik Coolsaet (Hrsg.), *Jihadi Terrorism and the Radicalisation Challenge: European and American Experiences*. Surrey, S. 131–144.

Barret, Richard (Juni 2014). *Foreign Fighters in Syria*. The Soufan Group. New York.

Blattmann, Kaja (Übersetzerin) (2013). «Conversation with the Shaykh Abu Qatada inside the British Prisons (2008)». *Die Welt des Islams*, 53:3-4, S. 479–482.

Boitiaux, Charlotte (12.2.2014). «Confessions of a French jihadist in Syria». *France24.com*.

Literaturhinweise

Cáceres, Javier (2.6.2014). «Der Albtraum von Brüssel». *Süddeutsche Zeitung*, S. 6.
Carter, Joseph, Shiraz Maher und Peter Neumann (2014). *Greenbirds: Measuring Importance and Influence in Syrian Foreign Fighter Networks*. ICRS, King's College London.
Cook, David (2002). *Studies in Muslim Apocalyptic*. New Jersey.
Cook, David (2005). *Contemporary Muslim Apocalyptic Literature*. New York.
Cook, David (2007). *Martyrdom in Islam*. Cambridge.
Der Standard (11.3.2008). *Dem angeblichen Terroristen.* (hier: Onlineausgabe: derstandard.at).
Deutscher Bundestag (6.2.2014). Drucksache 18/454. Antwort der Bundesregierung auf die Kleine Anfrage der Abgeordneten Ulla Jelpke, Wolfgang Gehrcke, Sevim Dağdelen, weiterer Abgeordneter und der Fraktion DIE LINKE. – Drucksache 18/326 –.
Diehl, Jörg und Fidelius Schmid (27.2.2014). «Vom Niederrhein in den Heiligen Krieg». *Spiegel Online*.
Durm, Martin (07.11.2013). «Dschihad gegen westliche Helfer». *Deutschlandfunk*.
Ehrhardt, Christoph (18.2.2014). «Reisende kann man nicht aufhalten». *Frankfurter Allgemeine Zeitung*, S. 3.
Filiu, Jean-Pierre (2011). Apocalypse in Islam. Berkeley u. a.
Gezer, Özlem und Fidelius Schmid (14.7.2014). «Die verlorenen Söhne». *Der Spiegel*, S. 26–29.
Gude, Hubert, Souad Mekhennet und Christoph Scheuermann (14.5.2012). «Die Ehre der Löwen». *Der Spiegel*, S. 42–45.
Ibn an-Nahhas ad-Dumyati, Ahmad Ibn Ibrahim (2002). *Mashariʿ al-ashwaq ila masriʿ al-ʿushshaq wa-muthir al-gharam ila dar al-salam – fi l-jihad wa-fadaiʾilhu* (2 Bde). Beirut.
Janisch, Wolfgang (9.5.2014). «Der überdehnte Terror-Paragraf». *Süddeutsche Zeitung*, S. 5.
Köpfer, Benno (2014). «Ghurabaʾ – das Konzept der Fremden in salafistischen Strömungen». In: *Salafismus. Auf der Suche nach dem wahren Islam*, Behnam T. Said und Hazim Fouad (Hrsg.), Freiburg, S. 442–473.
Kohlberg, E. (1997). «Shahīd», The Encyclopaedia of Islam – New Edition, Vol. IX, S. 203–207. Leiden.
Kraetzer, Ulrich (2014). *Salafisten. Bedrohung für Deutschland?* Gütersloh.
Malet, David (2013). *Foreign Fighters: Transnational Identity in Civil Conflicts*. Oxford u. a..
Paraszcuk, Joanna (26.3.2014). «Syria: Who is Muslim Abu Walid Shishani? Part One». *Chechensinsyria.com*.
Report Mainz (17.09.2013). «Rupert Neudeck (Grünhelme) erhebt schwere Vorwürfe gegen islamistischen Verein «Helfen in Not»». *Report Mainz*.
Schmidt, Wolf (2012). *Jung, deutsch, Taliban*. Berlin.
Steinberg, Guido (Juni 2014). «Eine tschetschenische al-Qaida?». *SWP-Aktuell*. Berlin.
Wernicke, Christian (3.6.2014). «Eine tödliche Mischung». *Süddeutsche Zeitung*, S. 2.

4. Krieg um Syrien: Geopolitische Interessen

al-Quds al-Arabi (19.11.2013). «Kata'ib 'Abd Allah 'Azzam tatabanna al-tafjirain amam al-sifara al-iraniyya fi Bairut». (hier Onlineausgabe: *alquds.co.uk*).

Assafir Newspaper (17.6.2014). «Nasrallah: laulana lawasalat da'ish ila Bairut». (hier Onlineausgabe: *assafir.com*).

Associated Press (25.5.2014). *Hezbollah Chief Warns of Foreign Fighters in Syria*.

Bakker, Edwin (Dezember 2013). *Dealing with European Foreign Fighters in Syria: Governance Challenges & Legal Implications*. ICCT Research Paper. The Hague.

Fulton, Will, Joseph Holliday und Sam Wyer (Mai 2013). *Iranian Strategy in Syria*. Institute for the Study of War and AEI's Critical Threats Project, Washington.

Hokayam, Emile (2013). *Syria's Uprising and the Fracturing of the Levant*. Oxon.

Holliday, Joseph (März 2012). «Syria's Armed Opposition». *Middle East Security Report 3*. Institute for the Study of War. Washington.

Jaimoukha, Amjad (2005). *The Chechens. A Handbook*. Oxon.

Larrabe, F. Stephen und Alireza Nader (2013). *Turkish-Iranian relations in a changing Middle East*. RAND. Santa Monica.

Pall, Zoltan (Mai 2014). *Kuwaiti Salafism and its Growing Influence in the Levant*. Carnegie Endowment for International Peace. Washington.

Paraszczuk, Joanna (4.6.2014). «The Clash Over ‹Real Jihad› in Syria: ISIS vs. the Caucasus Emirate». *Jihadology.net*.

Schaefer, Robert W. (2010). *The Insurgency in Chechnya and the North Caucasus*. Santa Barbara.

Smyth, Phillip (August 2013). «From Karabala to Sayyida Zaynab: Iraqi Fighters in Syria's Shi'a Militias». *CTC Sentinel* 6:8, S. 28–32.

Steinberg, Guido (April 2014). *Anführer der Gegenrevolution. Saudi-Arabien und der arabische Frühling*. SWP-Studie. Berlin.

Trenin, Dimitr (Februar 2013). *The Mythical Alliance. Russia's Syria Policy*. Carnegie Moscow Center.

Westall, Sylvia (12.5.2014). «Kuwaiti minister accused by U. S. over terrorism fundings quits». *The Daily Star* (hier Onlineausgabe: *dailystar.com*).

Ausblick: Jihad vor den Toren Europas

Bakker, Edwin (Dezember 2013). *Dealing with European Foreign Fighters in Syria: Governance Challenges & Legal Implications*. ICCT Research Paper. The Hague.

Lister, Charles (Mai 2014). *Dynamic Stalemate: Surveying Syria's Military Landscape*. Brookings Doha Center, Doha.

Weinstein, Jeremy (2007). *Inside Rebellion: The Politics of Insurgent Violence*. Cambridge u. a.

Bildnachweis

Seite 70: © picture alliance / AP Photo | *Seite 90:* © picture alliance / abaca | *Seite 103:* © picture alliance / AP Photo | *Seite 107:* © picture alliance / AP Photo | *Seite 179:* © picture alliance / AA | *Seite 193:* © picture alliance / AP Photo

Karte Seite 202/203: © Peter Palm, Berlin

Register

ʿAbd al-Halim, Tariq 85 f., 92
ʿAbdullah-ʿAzzam-Brigaden 177 f.
Abu Abdullah (Brahim Belkaid) 124, 146–148, 150 f., 153 f., 208, 210 f.
Abu Ayyub al-Masri (s. auch Abu Hamza al-Muhajir) 67, 206
Abu Bakr al-Baghdadi (Ibrahim ʿAwwad Ibrahim ʿAli al-Badri al-Samarraʾi) 59 f., 67–69, 71, 81, 86 f., 90 f., 96, 136, 144, 191, 200 f.
Abu Bakr Naji 192
Abu Dahdah (Imad al-Din Barakat Yarkas) 38
Abu Dujana 30, 124, 208
Abu Hammam al-Shami (Faruq al-Suri) 61, 73
Abu Hammam Bakr Bin ʿAbd al-ʿAziz al-Athari (s. auch Abu Sufyan al-Sulami und Turki Bin Mubarak al-Binʿali) 83, 132
Abu Hamza al-Muhajir (s. auch Abu Ayyub al-Masri) 67, 206
Abu Kamal (auch al-Bukamal und Abukamal) 46, 79, 107
Abu Khalid al-Suri (s. auch Muhammad al-Bahaya) 74–76, 84
Abu Mariya al-Qahtani (s. auch al-Juburi, Maisar ʿAli Bin Musa Bin ʿAbdullah) 59, 80, 88, 97
Abu Mahmud al-Shami (s. auch Sami al-ʿUraidi) 40
Abu Muhammad al-ʿAdnani 47, 84 f., 88 f., 91, 93 f., 99 f., 103, 144, 201, 211
Abu Nagie, Ibrahim 147
Abu Qatada al-Filastini 92, 152
Abu Rayya (s. auch Husain al-Sulaiman) 72
Abu ʿUmar al-Baghdadi 66 f., 200
Abu ʿUmar al-Shishani 73, 108

Abu Walid al-Shishani (s. auch Muslim Margoshvili) 133
Adhim, Abdul 123 f., 130 f., 209
Afghanistan 13, 35–38, 43–46, 49, 53, 56, 61, 83, 90, 104, 112–114, 118, 139 f., 152, 157, 164 f., 169, 173, 181, 183, 194 f., 200, 205
Ahrar al-Sham 59, 72, 74, 76, 108, 145, 184, 206 f.
al-ʿAjmi, Hajjaj 185
al-ʿAjmi, Shafi 185 f.
al-ʿAjmi, Nayif 186
Aleppo 9 f., 25, 31–36, 58, 73 f., 78 f., 91, 102, 137, 141, 156
Algerien 74, 113, 150
al-Qaida auf der Arabischen Halbinsel (AQAH) 19, 49, 52, 76
ʿAli, ʿAbd al-ʿAziz (s. auch Abu Usama al-Misri) 36, 83, 97, 132
ʿAllush, Zahran 59, 76, 80, 184, 186, 207
al-ʿAmili, Abu Saʿad 82, 84, 92, 97, 158, 210
Amman 36 f., 96
Anbar 41, 77, 98, 100 f., 192
Apokalypse 153 f.
Ansar al-Islam (AAI) 44, 100
Ansar al-Sharia in Tunesien (AST) 51 f., 115, 132, 191 f.
Ansar al-Sharia in Libyen (ASL) 51 f., 191 f.
Armee des Islams (Jaish al-Islam) 76, 80, 184, 186
al-ʿArur, ʿAdnan 185 f.
al-Asad, Bashar 10 f., 19, 21, 24, 56 f., 59, 62, 68, 71–75, 78–80, 87, 93, 111, 114, 116 f., 147, 149 f., 153, 163, 172 f., 175–180, 183–185, 187–190, 196 f., 200, 206, 210

Register

al-Asad, Hafiz 9, 18–20, 24, 26–28, 32–35, 198 f., 210
ʿAsaʾib Ahl al-Haqq (Liga der Leute des Rechts; AAH) 117, 179, 208
al-Asir, Ahmad 177
Azawad 132
ʿAzzam, ʿAbdullah 37, 75, 112, 163 f., 177 f.

Badr-Organisation (s. auch Munazzama Badr) 117
Baʿth 17 f., 20 f., 23 f., 26–28, 32, 58, 87, 100, 178, 190, 198 f.
Bagdad 13, 28, 100, 102 f.
baiʿa (Treueeid) 60 f., 65, 96, 136
Baiʿat al-Imam (Jamaʿat al-Muwahhidin) 43
al-Banna, Hasan 22 f., 26, 36
Barzani, Masud 102
Belgien 38, 115 f., 172 f.
Ben Abda, Sabri 156
Berlin 121, 125, 157
Bin Ladin, Usama 13, 23, 37, 40, 42, 44, 48 f., 53, 61, 65–68, 74 f., 86–88, 93 f., 112 f., 125, 141, 157, 191, 201, 205
al-Binʿali, Turki Bin Mubarak 47, 83, 97, 132, 144 f., 211 (s. auch Abu Hammam Bakr Bin ʿAbd al-ʿAziz al-Athari *und* Turki Bin Mubarak al-Binʿali)
Bonn 129, 137, 209
Bosnien 38, 113, 157, 169
Brüssel 167
al-Bukamal (auch: Albukamal, Albu Kamal und Abu Kamal) 46, 79, 107 f., 214

Chouka, Mounir 165
Chouka, Yassin 30
Cuspert, Denis 15, 83, 121–125, 129–137, 144 f., 155, 157, 165, 209

daʿwa 43, 124, 138, 159
Dair al-Zaur 45 f., 58, 79 f., 88, 108, 192
Dajjal 148 f.
Damaskus 9 f., 23, 25, 32, 34, 117, 148 f., 180, 184, 187, 190, 199
Daraʿa 21, 46, 59, 190, 200

DawaFFM 124
Die Wahre Religion (DWR) 124 f., 147, 154
Dinslaken-Lohberg 13, 139, 162, 166, 171, 205 f.

Erdogan, Recep Tayyip 57, 187–189

Falludscha 42, 98 f., 101
Faruq al-Suri (s. auch Abu Hammam al-Shami) 61
fitna 82, 86
Freie Syrische Armee (FSA) 57, 73, 141, 143, 145, 159 f., 184–186, 188, 209

Gaza 122 f.
al-Gharib, Abu Usama (s. auch Mahmoud, Mohamed) 84, 118, 120
Al Ghuraba Media 114
Globale Islamische Medienfront (GIMF) 120, 135
Groupe Islamique Armé (Bewaffnete Islamische Gruppe; GIA) 38, 40, 92 f., 113

Hadid, Marwan 18 f., 22–30, 35, 163, 198 f.
Hama 9 f., 20–25, 27, 32–35, 37, 179, 185, 190, 198 f.
al-Hamid, Muhammad 21 f., 24
Harakat al-Nujaba (Bewegung der Edlen) 117
al-Hasaka 46, 58, 77, 79, 192
Hatay 141
Hatim, Maʾmun Bin ʿAbd al-Hamid 76, 83, 97, 144
Hawwa, Saʿid 21 f., 24, 26, 34–36
Helfen in Not (e.V.) 146, 154, 156
Hizb al-Tahrir 122
Hizbullah 71, 116 f., 147, 176–180, 185
hijra 133, 137–139
Husain, Saddam 26, 28, 60, 99 f., 178, 190, 200, 204

Ibn al-Nahhas 164 f., 211
Irak 10 f., 13–16, 19, 26, 28, 36, 41 f., 44–47, 49, 52, 56–62, 65–72, 77,

81, 85–87, 89, 91, 95 f., 99–108, 113, 117, 132, 136, 140, 148 f., 151 f., 154, 162, 176, 178–180, 184 f., 189–194, 197, 200, 205, 207
Iran 10, 57, 89, 103–105, 147, 175–180, 185, 187, 197, 201, 204, 207
ʿIsa s. Jesus
Islamische Bewegung Usbekistans (IBU) 30, 139, 165
Islamische Front (s. auch al-Jabha al-Islamiyya; IF) 71 f., 80, 159, 185 f., 207
Israel 24 f., 34, 43, 47, 68, 103, 149, 152 f., 178, 183, 199
al-Issawi, Rafi 101

al-Jabha al-Islamiyya (s. auch Islamische Front) 53, 59, 71–73, 76, 78, 80, 159, 184 f., 206
Jaish al-Islam (s. auch Armee des Islams) 76, 184, 207
Jaish al-Mahdi (Armee des Mahdi) 103, 117
al-Jauziyya, Ibn Qayyim 119, 166
Jesus 149
Jordanien 24, 26, 36 f., 43, 46–48, 140, 152 f., 155, 183 f., 192 f., 197 f.
al-Jaulani, Abu Muhammad 47, 56 f., 59–61, 68, 75 f., 81, 87, 94, 108, 191, 200
al-Juburi, Maisar ʿAli Bin Musa Bin ʿAbdullah (s. auch Abu Mariya al-Qahtani) 59 f.

Kämpfende Avantgarde der Muslimbrüder (s. auch Organisation der Kämpfenden Avantgarde der Muslimbrüder, Tanzim al-Taliʿa al-Muqatila li-l-Ikhwan al-Muslimin) 25 f., 35–38, 199
Karan, Burak 162, 165
Kataʾib Hizbullah (Hizbullah-Bataillone) 117, 179
Kataʾib Sayyid al-Shuhadaʾ (Bataillone des Herrn der Märtyrer) 117
Kaukasus 113, 180–182
Kaukasus-Emirat 96

Kharijiten (khawarij) 93 f.
Khattab, Amir (Salih ʿAbdullah al-Suwailam) 133, 181
Kilis 141
Kinder 16, 32, 63 f., 110, 121, 139, 146
Krekar, Mullah 44
kuffar 125, 128 f., 138 f., 143, 150, 156, 159
Kurden 17, 44, 58, 77 f., 101, 189, 197
Kurdistan 58, 102, 189
Kuwait 185 f.

Latakia 17 f., 32, 46, 59, 78, 134
Lau, Sven 154, 156 f.
Libanon 10, 27, 61, 68, 117, 140, 152, 176 f., 179 f., 193, 199

Mahmoud, Mohamed 15, 43, 83 f., 118–121, 125–134, 144 f., 208, 210
Majlis Shura al-Mujahidin (s. auch Mujahidin-Rat) 60, 80
malahim 149, 153
Mali 132 f.
al-Maliki, Nuri 100–102, 104, 107, 109, 117, 176, 207
al-Maqdisi, Abu Muhammad (ʿIsam Muhammad Tahir al-Barqawi) 12, 43 f., 75, 92, 94–97, 126–129
Märtyrer 28–30, 117, 136, 150, 162–166, 211
Millatu-Ibrahim 43, 83, 118, 121, 125, 128–131, 133 f., 114, 162
al-Misri, Abu Usama (s. auch ʿAbd al-ʿAziz ʿAli) 36 f.
Mosul 60, 90, 96, 99 f., 117, 201
al-Muhaisini, ʿAbdullah Muhammad 97
Muhammad al-Bahaya (s. auch Abu Khalid al-Suri) 74
Mujahidin-Rat (s. auch Majlis Shura al-Mujahidin) 66 f., 80, 200
Munazzamat Badr (Badr-Organisation) 117
Muslim Margoshvili (s. auch Abu Walid al-Shishani) 133

Naqshbandiyya 21
Nasrallah, Hasan 167 f.

Register

Nemmouche, Mehdi 167, 169
Ninive 45, 58, 77, 98–100, 192

Obama, Barack 104
Organisation der Kämpfenden Avantgarde der Muslimbrüder (*Tanzim al-Taliʿa al-Muqatila li-l-Ikhwan al-Muslimin*; s. auch Kämpfende Avantgarde) 25 f., 35, 199

Pakistan 13, 30, 39, 44, 49, 56, 82, 90, 111 f., 114, 118, 139, 157, 165, 173, 183, 194 f.
Palästina 68, 122 f., 150, 152 f., 179, 208
Paradies 9, 14, 28 f., 164–166, 204
Partiya Yekitîya Demokrat (PYD, Partei der Demokratischen Union) 58, 77, 189
Peschmerga 101
PKK (Arbeiterpartei Kurdistans) 58, 189

Qatar 47, 183–185, 187, 212
Quneitra 59
Qutb, Sayyid 23, 26, 36, 204

al-Raqqa 58, 69, 77, 88, 107, 136, 142, 193
Rojava 77 f.
Russland 175 f., 180–183, 197

al-Sadr, Muqtada 101, 103, 117
Salafimedia 125
Saraya al-Salam 103
Saudi-Arabien 13, 26, 37, 89, 97, 105, 112, 114, 127 f., 176, 181, 183–187, 208 f., 121
Seyam, Reda 124, 157, 169
Shair-Gasfeld 137
Shamcenter 131, 133
al-Shanqiti, Abu al-Mundhir 51, 158
shirk 31, 70
shuhadaʾ 150, 211
al-Sibaʿi, Hani 85 f., 92, 97
al-Sistani, ʿAli 102 f.
Solingen 129
al-Sulaiman, Husain (alias Abu Rayya) 72
al-Sulami, Abu Sufyan (s. *auch* Turki Bin Mubarak al-Binʿali *und* Abu Hammam Bakr Bin ʿAbd al-ʿAziz al-Athari) 83, 97, 132, 209
al-Suri, Abu Musʿab 20, 35–44, 74 f., 92 f., 111, 127, 151, 200, 205
Sykes-Picot-Abkommen 106

takfir 75, 94, 159 f., 205
Taimiyya, Ibn 71, 206
Taliban 40, 44, 90, 96, 136, 200, 205
al-Tartusi, Abu Basir 92
al-Tauhid wa-l-Jihad (TWJ) 42, 45
Tschetschenien 38, 73, 108, 113, 133, 169, 181 f., 209, 212
Türkei 57, 78, 116, 131, 140, 152, 155, 173, 175, 183, 185, 187–189, 195, 197
Tunesien 48, 50–52, 89, 115, 132, 149, 158, 189–192, 194, 197

umma 31, 35, 85, 149 f., 185
al-ʿUqla, ʿAdnan 37
al-ʿUraidi, Sami (s. *auch* Abu Mahmud al-Shami) 40 f., 60, 86, 138
USA 34, 39 f., 44, 46 f., 49, 53, 56 f., 59, 61 f., 65 f., 89, 99 f., 103–105, 107, 113 f., 116, 153, 159, 172, 175 f., 178, 182–184, 197, 200 f., 205, 207

Vogel, Pierre 123 f., 154, 156, 160 f.
Volksverteidigungseinheiten (Yekîneyên Parastina Gel, YPG) 57 f., 69, 73, 77 f.

Weißes Minarett 63, 148 f., 210

Yarkas, Imad al-Din Barakat (s. *auch* Abu Dahdah) 38

al-Zarqawi, Abu Musʿab (Ahmad Fadil Nazzal al-Khalayila) 42–47, 61, 65 f., 70 f., 75, 95, 111, 199 f.
al-Zawahiri, Aiman 23, 39, 44, 48, 53 f., 60 f., 64, 66–69, 74 f., 79, 81–89, 93–95, 160, 191, 200 f., 205 f.
al-Zawahiri, Muhammad 50, 53 f.

Bücher zur islamischen Welt

Tilman Seidensticker
Islamismus
Geschichte, Vordenker, Organisationen
2014. 127 Seiten. Paperback
C.H.Beck Wissen Band 2827

Heinz Halm
Der Islam
Geschichte und Gegenwart
8., durchgesehene und erweiterte Auflage.
2011. 112 Seiten mit 3 Karten und 1 Graphik. Paperback
C.H.Beck Wissen Band 2145

Navid Kermani
Ausnahmezustand
Reisen in eine beunruhigte Welt
2. Auflage. 2013. 253 Seiten mit 10 Karten. Gebunden

Gudrun Krämer
Demokratie im Islam
Der Kampf für Toleranz und Freiheit in der arabischen Welt
2011. 219 Seiten. Paperback
Beck'sche Reihe Band 6006

Gudrun Krämer
Geschichte des Islam
2005. 334 Seiten mit 87 Abbildungen und 5 Karten. Gebunden

Johanna Pink
Geschichte Ägyptens
Von der Spätantike bis zur Gegenwart
2014. 304 Seiten mit 24 Abbildungen und 6 Karten. Broschiert